ro
ro
ro

Über den Verfasser

Uwe Flick, Prof. Dr. phil., geb. 1956 in Heidelberg, Professor für Qualitative Forschung an der Alice Salomon Hochschule Berlin und Privatdozent an der Freien Universität Berlin, Fachbereich Erziehungswissenschaft und Psychologie. Studium der Psychologie und Soziologie in München und Berlin. Wissenschaftlicher Mitarbeiter an der Freien Universität Berlin (1985–1989). 1989 bis 1996 Wissenschaftlicher Assistent und Oberassistent an der Technischen Universität Berlin, Institut für Psychologie. Habilitation 1994 an der Technischen Universität Berlin. 1996 bis 1997 Hochschuldozent und Leiter des Arbeitsbereichs Medizinische Soziologie an der Medizinischen Hochschule Hannover. Lehr- und Forschungstätigkeiten u. a. an der École des Hautes Études en Sciences Sociales, Paris, der London School of Economics, der City University London, Massey University Auckland (Neuseeland), Santiago de Chile, Karlstad, Padua, Lissabon, Wien. Adjunct Professor an der Memorial University of Newfoundland, St. John's, Kanada (2000–2003). Forschung und Lehre zu: Forschungsmethoden, Alltagswissen, individuelle und öffentliche Gesundheit, Qualitative Evaluation, Jugendobdachlosigkeit, Gesundheit und Alter.

Buchpublikationen: Qualitative Sozialforschung – eine Einführung (Neuausgabe: Reinbek bei Hamburg 2007, ^{2}2009). Qualitative Forschung – ein Handbuch (Hrsg. mit E. v. Kardorff und I. Steinke; Reinbek bei Hamburg 2000, ^{6}2008, London u. a. 2004); Handbuch Qualitative Sozialforschung (Hrsg. mit E. v. Kardorff, H. Keupp, L. v. Rosenstiel und S. Wolff; München 1991, ^{2}1995); An Introduction to Qualitative Research (London u. a. 1998; 4th ed. 2009); Psychologie des Sozialen (Hrsg.; Reinbek bei Hamburg 1995; Cambridge u. a. 1998); Psychologie des technisierten Alltags (Opladen 1996); Wann fühlen wir uns gesund? (Hrsg.; Weinheim 1998); Innovation durch New Public Health (Hrsg.; Göttingen 2002); Gesundheit als Leitidee? (mit U. Walter u. a.; Bern 2004); Triangulation – eine Einführung (Wiesbaden ^{2}2008); Alt und gesund? (mit U. Walter u. a.; Wiesbaden 2006); Qualitative Evaluationsforschung (Hrsg.; Reinbek bei Hamburg 2006); The SAGE Qualitative Research Kit (Hrsg.; London u. a. 2007); Designing Qualitative Research (London u. a. 2008); Managing Quality in Qualitative Research (London u. a. 2008); Gesundheit auf der Straße (mit G. Röhnsch; Weinheim 2008).

Uwe Flick

Sozialforschung

Methoden und Anwendungen
Ein Überblick für die BA-Studiengänge

rowohlts enzyklopädie
im Rowohlt Taschenbuch Verlag

rowohlts enzyklopädie
Herausgegeben von Burghard König

Originalausgabe
Veröffentlicht im Rowohlt Taschenbuch Verlag,
Reinbek bei Hamburg, September 2009

Umschlaggestaltung any.way, Walter Hellmann
Satz Proforma, TheSans (InDesign)
bei Pinkuin Satz und Datentechnik, Berlin
Druck und Bindung CPI – Clausen & Bosse, Leck
Printed in Germany
ISBN 978 3 499 55702 6

Inhalt

1 Wozu Sozialforschung? – Einleitung und Überblick

Ziele: Nachdem Sie dieses Kapitel gelesen haben, sollten Sie
- ein erstes Verständnis von Sozialforschung gewonnen haben,
- einen Eindruck von den Gemeinsamkeiten und Unterschieden qualitativer und quantitativer Forschung haben,
- einschätzen können, welche Aufgaben Sozialforschung hat und was sie leisten kann, und
- den Aufbau des Buchs kennen.

Zielsetzung des Buchs

In Zeiten des Umbruchs und der Veränderung werden gesicherte Erkenntnisse immer wichtiger. Sozialforschung, die solche Erkenntnisse produzieren kann, gewinnt damit an Bedeutung. Empirisch gestützte Aussagen über das Auseinanderklaffen zwischen Arm und Reich in der Gesellschaft, über die Veränderung des Krankheitsspektrums und darüber, wie sich das Leben in sozialer Benachteiligung oder mit einer bestimmten Krankheit beispielsweise gestaltet, können eine Basis für die Planung und Umsetzung sozialer und gesundheitsbezogener Interventionen und Programme sein. Solche Erkenntnisse können – je nach Thema und Fragestellung – die unterschiedlichen Formen der Sozialforschung zur Verfügung stellen.

Gleichzeitig durchlaufen die Hochschulen und ihre Studiengänge einen tiefgreifenden Wandel. Die Umstellung der Diplomstudiengänge auf Bachelor und Master führt zu einer Verkürzung der grundständigen Ausbildung an den Hochschulen und bei den meisten Bachelorstudiengängen auch zu einer Reduzierung der angebotenen Inhalte. In vielen Fällen bleiben jedoch zumindest grundlegende Kenntnisse der Sozialforschung eine der zu vermittelnden Kernkompetenzen.

Sozialforschung zerfiel lange Zeit in unterschiedliche ‹Lager›, die häufig mit der Gegenüberstellung von «qualitativer» und «quantitativer» Forschung markiert werden. Die Beziehung zwischen den Lagern sind in der Forschung, in der Ausbildung und in der Literatur oft durch eine starke Abgrenzung gegenüber der jeweils anderen Seite («Das brauchen wir nicht», «Das ist doch keine Forschung», «Das ist nicht relevant» o. Ä.) gekennzeichnet. Oder man hat sich auf ein freundlich ignorantes Nebeneinander geeinigt – es gibt eben quantitative Forschung auf der einen und qualitative Forschung auf der anderen Seite wie auch Kurse zu dem einen und zu dem anderen Ansatz.

Entsprechend sind viele Lehrbücher der Sozialforschung verfügbar, die dem gerade beschriebenen Zustand in unterschiedlicher Weise Rechnung tragen: Entweder widmen sie sich von vornherein dem einen oder den anderen Ansatz, ohne die andere Seite zu berücksichtigen (z. B. Schnell, Hill & Esser 2008 für die quantitative Forschung oder die speziellen Einführungen in qualitative Forschung). Oder sie konzentrieren sich überwiegend auf die eine Richtung und erwähnen die andere sehr kursorisch (z. B. Kromrey 2006) bzw. in einem gesonderten Kapitel (z. B. Bortz & Döring 2006). Gleichzeitig werden die Lehrbücher immer umfangreicher und detaillierter in dem Bereich, den sie als Schwerpunkt behandeln. Dabei wird durch diese Einseitigkeit und die gleichzeitige Spezialisierung und Umfänglichkeit den Bedürfnissen der neuen Bachelor-Studiengänge und insbesondere der darin Studierenden nicht mehr Rechnung getragen. Vor allem jedoch geht über diese Spezialisierung, Differenzierung und Abgrenzung der Blick aufs Ganze verloren. Der Überblick dazu, was Sozialforschung insgesamt – unabhängig von den jeweiligen Varianten und diese übergreifend – kennzeichnet und was sie leisten kann und attraktiv macht, kommt dabei oft zu kurz.

Dieses Buch will vorbereitend, ergänzend und orientierend einen ersten Überblick über Sozialforschung in ihren Varianten geben sowie Gemeinsamkeiten und Unterschiede zwischen diesen verdeutlichen. Damit will es nicht die umfassenderen und detaillierten Einführungen in die empirische Sozialforschung (Diekmann 2007), die qualitative Sozialforschung (Flick 2007a) oder die Statistik (Kühnel & Krebs 2006) ersetzen. Vielmehr soll es in einem orientierenden Überblick auf die Vertiefung vorbereiten, die solche Bücher und darauf aufbauende Lehrveranstaltungen liefern. Schließlich soll es ein Verständnis für die Relevanz der Sozialforschung insgesamt vermitteln sowie Neugier und Lust auf Sozialforschung wecken.

Was ist Sozialforschung?

Wissenschaft und Forschung, ihre Ansätze und ihre Erkenntnisse durchdringen immer weitere Bereiche des öffentlichen und manchmal auch des privaten Lebens. Dies gilt nicht nur für die Sozialforschung, sondern auch für Naturwissenschaften oder die Medizin. Sozialforschung wird jedoch immer mehr zur Grundlage für politische und praktische Entscheidungen. Zunächst einmal soll geklärt werden, was Sozialforschung eigentlich ist.

Alltag und Wissenschaft

Viele der Themen und Phänomene, mit denen sich Sozialforschung beschäftigt, spielen auch im Alltag eine Rolle, wie einige Beispiele zeigen:

Gesundheit hat einen hohen Stellenwert im Alltag. In der Regel wird sie jedoch nur explizit zum Thema, wenn gesundheitliche Probleme auftauchen oder drohen: Beschwerden schaffen Handlungsdruck, und man fängt man intuitiv an, eine *Lösung* für das Problem zu finden, nach Ursachen und Erklärungen zu suchen, wenn notwendig zum Arzt zu gehen und gegebenenfalls auch das eigene Verhalten zu ändern – etwa weniger zu essen oder mehr Sport zu treiben. Aus der Suche nach Ursachen und Erklärungen und aus den eigenen Erfahrungen resultiert häufig eine Alltagstheorie, die nicht unbedingt bewusst sein muss, sondern häufig implizit bleibt. Ob Alltagserklärungen und -theorien zutreffen oder nicht, wird pragmatisch geprüft – tragen sie dazu bei, dass die Probleme gelöst und Beschwerden weniger werden? Wenn solches Wissen die Lösung des konkreten Problems in der aktuellen Situation ermöglicht, erfüllt es seinen Zweck, und es ist nicht erheblich, ob das auch bei anderen Menschen oder allgemein zutrifft. In diesem Kontext werden zunehmend auch Erkenntnisse aus der Wissenschaft, d. h. bestimmte Theorien oder Forschungsergebnisse etwa aus den Medien, aufgegriffen – z. B. Rauchen erhöht das Risiko, an Krebs zu erkranken.

Gesundheit, gesundheitliche Probleme und der Umgang mit ihnen werden auch als wissenschaftliche Probleme relevant und zum Gegenstand nicht zuletzt für die Sozialforschung. Im Unterschied zu dem gerade skizzierten Umgang mit diesem Thema im Alltag steht hier die *Analyse* von Problemen im Vordergrund im Rahmen einer systematischen Untersuchung. Dabei geht es um das Hinterfragen und Aufbrechen von Routinen – etwa des Zusammenhangs zwischen bestimmten Verhaltensweisen (z. B. Rauchen) und spezifischen Gesundheitsproblemen (beispielsweise der Wahrscheinlichkeit, an Krebs zu erkranken). Um dies zu ermöglichen, wird eine Situation der Handlungsentlastung geschaffen – indem etwa ein längerer Zeitraum für die Untersuchung von Problemen angesetzt wird ohne den Druck, sofort eine Lösung für das Problem zu finden. Erkenntnisse werden hier nicht intuitiv gewonnen, sondern unter Heranziehung wissenschaftlicher Theorien. Werden dabei Theorien entwickelt, so geschieht dies über die explizite Ausformulierung von Zusammenhängen und methodengeleitet (z. B. systematische Analysen der vorhandenen Literatur oder Befragungen). Theorien werden methodengestützt geprüft. Für beide Ziele – Entwicklung und Prüfung von Theorie – werden Methoden der Sozialforschung eingesetzt. Das dabei gewonnene Wissen wird vom konkreten Beispiel abstrahiert und in Richtung allgemeiner Zusammenhänge weiterentwickelt. Verallgemeinerung von Erkenntnissen steht hier eher im Vordergrund als die Lösung eines konkreten Problems im Einzelfall.

Alltagswissen und Problemlösungen im Alltag können zu Ausgangspunkten für Theoriebildung und empirische Forschung werden: Welche

	Alltagswissen und -handeln	**Wissenschaft und Forschung**
Kontext der Erkenntnisgewinnung	Handlungsdruck Lösung von Problemen hat Vorrang: – Routinen werden nicht hinterfragt – Nachdenken nur bei praktischem Problem	Handlungsentlastung Analyse von Problemen hat Vorrang: – Systematische Analyse – Hinterfragen und Aufbrechen von Routinen
Weg der Erkenntnisgewinnung	Intuition implizite Theoriebildung erfahrungsgeleitete Theoriebildung pragmatische Theorieprüfung Ausprobieren von Lösungen für Probleme	Heranziehung wissenschaftlicher Theorien explizite Theoriebildung methodengeleitete Theoriebildung Verwendung von Forschungsmethoden
Status des Wissens	konkret und situationsbezogen	abstrakt und verallgemeinernd
Verhältnis zwischen Alltagswissen und Wissenschaft	Alltagserkenntnisse können als Ausgangspunkt für Theoriebildung und empirische Forschung verwendet werden	Alltagserkenntnisse sind zunehmend beeinflusst von wissenschaftlichen Theorien und Forschungsergebnissen

Tabelle 1.1: Alltag und Wissenschaft

Typen von Alltagserklärungen für eine bestimmte Erkrankung lassen sich beispielsweise in einer Befragung von Patienten[1] identifizieren?

In Tabelle 1.1 sind die genannten Unterschiede zwischen Alltagswissen und -handeln auf der einen Seite, Wissenschaft und Forschung auf der anderen Seite in dreifacher Hinsicht gegenübergestellt: in Bezug auf den Kontext der Erkenntnisgewinnung, auf den dabei eingeschlagenen Weg und auf den Status des Wissens. Abschließend wird das wechselseitige Verhältnis zwischen Alltagswissen und Wissenschaft skizziert (vgl. Tabelle 1.1).

Was kennzeichnet Sozialforschung im Umgang mit solchen Themen und im Unterschied zu alltäglichen Auseinandersetzungen mit ihnen?

- Sozialforschung setzt sich *systematisch* und vor allem *empirisch* mit den Themen auseinander.
- Dazu werden *Fragestellungen* entwickelt (vgl. Kapitel 2).
- Zu ihrer Beantwortung werden *Daten gesammelt und ausgewertet.*
- Diese Daten werden unter Einsatz von *Forschungsmethoden* erhoben und analysiert (vgl. Kapitel 5, 6).
- Die Ergebnisse sollen über die untersuchten Beispiele (Fälle, Stichproben etc.) hinaus *verallgemeinert* werden (vgl. Kapitel 10).
- Aus der systematischen Anwendung von Forschungsmethoden und ihren Ergebnissen werden *Beschreibungen* oder *Erklärungen* der untersuchten Phänomene abgeleitet.
- Für eine systematische Herangehensweise sind *Zeit, Freiräume und Ressourcen* erforderlich (vgl. Kapitel 4).

Die bisherigen Ausführungen lassen sich in zweierlei Hinsicht ergänzen: Bereits an dieser Stelle sollte einerseits betont werden, dass es unterschiedliche Arten gibt, Sozialforschung zu betreiben (s. u.). Aus dem bisher Behandelten lässt sich andererseits eine erste generelle Definition von Sozialforschung ableiten (vgl. Kasten 1.1).

1 Aus Gründen einer besseren Lesbarkeit wurde darauf verzichtet, immer die männliche und die weibliche Form zu verwenden. Leserinnen und Leser mögen sich bitte abwechselnd eine weibliche und eine männliche Person vorstellen, wenn von Patienten oder Forschern die Rede ist.

Kasten 1.1: **Definition von Sozialforschung**
Sozialforschung ist die systematische Analyse von Fragestellungen unter Einsatz von empirischen Methoden (z.B. der Befragung, Beobachtung, Datenanalyse etc.) mit dem Ziel, verallgemeinerbare Aussagen empirisch begründet treffen oder überprüfen zu können. Dabei lassen sich verschiedene Ansätze differenzieren sowie eine Vielzahl von Anwendungsbereichen (Gesundheit, Bildung, Armut etc.). Es lassen sich auch unterschiedliche Zielsetzungen verfolgen, die von der genauen Beschreibung eines Phänomens über dessen Erklärung bis zur Bewertung eines Vorgehens oder einer Institution reichen können.

Aufgabenbestimmung von Sozialforschung

Grundsätzlich lassen sich drei Arten von Aufgaben für Sozialforschung differenzieren, wobei die Verwendungsweise der Ergebnisse zum Unterscheidungsmerkmal wird.

Erkenntnis: Beschreiben, Verstehen und Erklären von Phänomenen

Eine Hauptaufgabe von Sozialforschung ist in wissenschaftlichen Interessen begründet. Dabei steht die Erkenntnisfunktion im Vordergrund. Wenn ein neues Phänomen auftaucht, beispielsweise eine neue Krankheit, wird zunächst eine genaue *Beschreibung* ihrer Eigenschaften (z.B. der damit verbundenen Symptome, ihres Verlaufs, der Häufigkeit ihres Auftretens etc.) auf der Basis von Daten und ihrer Analyse notwendig. Der erste Schritt kann eine genaue Beschreibung von Umständen sein, unter denen sie auftritt, oder eine genaue Analyse der subjektiven Erfahrungen von Betroffenen, um die Zusammenhänge, Auswirkungen und Bedeutungen der Krankheit zu *verstehen*. Später lassen sich konkrete *Erklärungen* finden und überprüfen, welche Faktoren diese Erkrankung auslösen, welche Lebensumstände oder welche Medikamente welchen Einfluss auf den Verlauf haben etc. Solche Analysen können dann Erklärungen liefern im Sinne von Ursache-Wirkungs-Zusammenhängen.

Bei den drei Schritten – Beschreiben, Verstehen und Erklären von Phänomenen – steht jedoch zunächst das wissenschaftliche Interesse der Erkenntnis im Vordergrund, die entsprechende Forschung stellt einen Beitrag zur *Grundlagenforschung* in dem jeweiligen Bereich dar. Zielgruppe der Forschung und ihrer Ergebnisse bleibt dabei vor allem die Wissenschaft.

Praxisorientierte Forschung: angewandte und partizipative Forschung

Ein großer Teil der Sozialforschung wird in Praxiskontexten durchgeführt – etwa in Krankenhäusern oder Schulen. Dabei stehen Fragestellungen im Vordergrund, die auf das Handeln – etwa von Ärzten, Pflegekräften oder Lehrern – in den Institutionen oder auf die besonderen Bedingungen der Arbeit darin – Routinen im Krankenhaus, Schüler-Lehrer-Beziehungen beispielsweise – gerichtet sind. Die Ergebnisse solcher *angewandten Forschung* werden ebenfalls nach Regeln wissenschaftlicher Analysen ermittelt. Sie sollen dann aber auch für die Praxis und die Lösung von Problemen darin relevant werden.

Einen Sonderfall stellt die *partizipative Forschung* dar. Dabei sollen Veränderungen im analysierten Feld nicht erst durch die Ergebnisse nach Abschluss der Untersuchung, sondern schon durch die Studie und während ihrer Durchführung initiiert werden. So würde sich ein solcher Ansatz nicht darauf beschränken, den Alltag der Pflege von Migranten zu beschreiben, sondern auch darauf abzielen, durch den Erkenntnisprozess diesen Alltag unmittelbar zu verändern. Dabei werden die Informationen, die der Forscher gewinnt, an die Untersuchungsteilnehmer unmittelbar zurückgemeldet. Die Beziehung zwischen Forscher und Untersuchungsteilnehmer verändert sich dabei: Aus einer üblicherweise monologischen Beziehung (der Interviewpartner stellt seine Sichtweise dar, der Forscher hört zu und notiert) wird eine dialogische Beziehung (der Interviewpartner stellt seine Sichtweise dar, der Forscher hört zu und macht Vorschläge zur Veränderung der Situation). Aus einer Subjekt-Objekt-Beziehung wird eine Beziehung zwischen zwei Subjekten – dem Forscher und dem Untersuchungsteilnehmer. Die Bewertung der

Forschung und ihrer Ergebnisse wird nicht mehr (nur) an den üblichen Kriterien der Wissenschaftlichkeit (vgl. Kapitel 10) orientiert. Vielmehr wird die Frage nach dem Nutzen der Forschung für die Untersuchungsteilnehmer zum zentralen Kriterium. Forschung ist dabei nicht nur als ein Erkenntnisprozess des Forschers zu sehen, sondern als ein Erkenntnis-, Lern- und Veränderungsprozess auf beiden Seiten (vgl. Unger & Wright 2008).

Grundlage für politische und praktische Entscheidungen

Seit Mitte des 20. Jahrhunderts hat Sozialforschung als Entscheidungsgrundlage und -hilfe in praktischen und politischen Kontexten an Bedeutung gewonnen: So werden mittlerweile regelmäßige Bestandsaufnahmen in bestimmten Bereichen durchgeführt – von der Gesundheitsberichterstattung über den Armuts-, den Alten- und den Kinder- und Jugendbericht. Diese Studien geben Ministerien auf Bundes- und Länderebene in Auftrag. Dabei wird häufig keine eigene Forschung durchgeführt. Vielmehr werden die vorliegenden Ergebnisse zusammengefasst, ausgewertet und verglichen. Wie aber die Shell-Jugendstudie (Shell Deutschland Holding 2006), die PISA-Studien (z.B. PISA Konsortium Deutschland 2007) oder der Jugendgesundheitssurvey (Hurrelmann et al. 2003; Richter et al. 2008) zeigen, sind in den Bereichen Jugend, Bildung und Gesundheit auch eigene Studien die Basis für solche Bestandsaufnahmen. Diese sammeln einerseits repräsentative Daten beispielsweise über die Altersgruppe der 11- bis 15-Jährigen in Deutschland, andererseits beinhalten sie auch Fallstudien mit gezielt ausgewählten Einzelfällen (etwa im Beispiel der Shell-Jugendstudie). Wo Daten aus repräsentativen Studien nicht verfügbar oder erwartbar sind, wird zum Teil auch nur mit Fallstudien gearbeitet (vgl. Lüders 2006 zu diesem Thema).

In vielen Bereichen werden Entscheidungen über die Einrichtung, Fortführung oder Verstetigung von Angeboten, Programmen oder Institutionen auf der Basis von *Evaluationen* bestehender Beispiele oder Modellversuche getroffen (zur Evaluation vgl. Stockmann 2004 und Flick 2006a). Dabei liefert die Sozialforschung nicht nur Daten und Ergebnisse als Grundlage für Entscheidungen, sondern nimmt auch selbst Bewer-

Forschungsbereich	Kennzeichen	Ziel	Beispiel	Untersuchung an
Grundlagenforschung	Entwicklung oder Testen von Theorien	allgemeine Aussagen ohne spezifischen Praxisbezug	Vertrauen in sozialen Beziehungen	Zufallsauswahl von Studenten oder unspezifischen Gruppen
Angewandte Forschung	Entwicklung oder Überprüfung von Theorien in Praxisfeldern	auf das jeweilige Feld bezogene Aussagen	Vertrauen in der Arzt-Patient-Beziehung in der ambulanten Chirurgie	Ärzte und Patienten in Praxen der ambulanten Chirurgie
Aktionsforschung	Analyse von Zusammenhängen bei deren gleichzeitiger Veränderung	Intervention in das untersuchte Feld	Analyse und Verbesserung der pflegerischen Versorgung von Migrantinnen	Patientinnen z. B. türkischer Herkunft, die von bestehenden ambulanten Diensten (nicht ausreichend) versorgt werden

Tabelle 1.2: Aufgaben- und Forschungsbereiche der Sozialforschung

Forschungsbereich	Kennzeichen	Ziel	Beispiel	Untersuchung an
Evaluation	Sammlung und Analyse von Daten als Grundlage für die Bewertung von Erfolg und Misserfolg	Bewertung institutioneller Angebote und Veränderungen	Verbesserung der Vertrauensbeziehung zwischen Arzt und Patient in der ambulanten Chirurgie durch bessere Information	Patienten in der ambulanten Chirurgie
Gesundheitsberichterstattung	Dokumentation gesundheitsrelevanter Daten	Bestandsaufnahmen von Entwicklungen und Veränderungen im Gesundheitszustand der Bevölkerung	Häufigkeit von Berufskrankheiten	Routinedaten der Krankenkassen

tungen vor – indem etwa festgestellt wird, dass ein Schulmodell seine Ziele eher erreicht als ein anderer Schultyp.

Tabelle 1.2 fasst die hier kurz skizzierten Aufgaben- und Forschungsbereiche der Sozialforschung noch einmal zusammen.

Was kann Sozialforschung leisten?

In den genannten Bereichen kann Sozialforschung Folgendes leisten:

- Themen, Felder und Phänomene *explorieren* und davon erste Beschreibungen vorlegen.
- Durch die Erhebung und Analyse von Daten neue Zusammenhänge *entdecken.*
- Empirische Daten und Analysen als Grundlage der *Entwicklung von Theorien* liefern.
- Vorhandene Theorien und Wissensbestände einer *empirischen Überprüfung* unterziehen.
- Empirisch gesichert die *Wirkung* von Interventionen, Behandlungen, Programmen etc. *dokumentieren.*
- Wissen, d.h. Daten, Analysen und Ergebnisse, als – gesicherte – *Grundlage* für die politische, administrative und *Entscheidungsfindung* zur Verfügung stellen.

Was kann Sozialforschung nicht – und was doch?

Auch Sozialforschung hat ihre Grenzen. So lässt sich das Ziel, *eine* Theorie aufzustellen, die eine Gesellschaft und die Phänomene darin erklären kann und die auch noch einer empirischen Überprüfung standhält, nicht erreichen. Ebenso wenig gibt es *die* Methode zur Untersuchung *aller* relevanten Phänomene. Schließlich kann sie auch nicht *unmittelbare* Lösungen für aktuelle, drängende Probleme liefern. Auf allen drei Ebenen müssen die Ansprüche an Sozialforschung relativiert werden, damit sie realistisch bleiben und erfüllt werden können. So ließ sich eine Vielzahl von Theorien formulieren, die auch empirisch überprüft werden und die jeweils bestimmte Phänomene, Teilbereiche und Aspekte erklären können. Mittlerweile steht ein weites Spektrum sozialwissenschaftlicher Methoden zur Verfügung, aus dem die für das jeweilige Problem angemessene Methode ausgewählt und darauf angewendet werden kann. Schließlich liefert Sozialforschung Wissen über Details und Zusammenhänge, das sich zur Lösung gesellschaftlicher Probleme heranziehen lässt.

Qualitative und quantitative Forschung

Viele Themen wurden bislang kurz angerissen und werden im weiteren Verlauf des Buchs wieder aufgegriffen und vertieft. Zuvor sollen jedoch noch einige Vorbemerkungen zu den eingangs schon erwähnten ‹Lagern› zur Orientierung stehen. Die Begriffe «qualitative Forschung» und «quantitative Forschung» bezeichnen und fassen jeweils eine Reihe von Forschungsansätzen, Methoden und theoretischen Hintergründen zusammen, die in sich teilweise grundsätzliche Unterschiede aufweisen. So werden psychologische Experimente und soziologische Umfragen unter dem Begriff «quantitative Forschung» eingeordnet, obwohl im konkreten methodischen Vorgehen die Unterschiede eher überwiegen als die Gemeinsamkeiten. Ebenso finden wir in der qualitativen Forschung eine Reihe von Herangehensweisen mit sehr unterschiedlichem Verständnis ihres Gegenstandes und Vorgehens – etwa die Forschung, die mit Lebensgeschichten von einzelnen Interviewpartnern arbeitet, und die Ethnographie, die Beschreibungen von Lebenswelten und sozialen Situationen in den Vordergrund stellt (vgl. Flick 2007a, Kapitel 17). Trotzdem haben sich solche Gegenüberstellungen eingebürgert. Anstelle «qualitativer» Forschung (Flick 2007a, b) wird auch von «rekonstruktiver» (Bohnsack 2007), «interpretativer» (Rosenthal 2006) und «nicht-standardisierter» Forschung gesprochen, wobei dann das Spektrum der behandelten Ansätze deutlich eingeschränkter ist. Statt von «quantitativ» wird von «standardisiert», «empirisch» gesprochen, doch auch diese Begriffe sind nicht trennscharf. Was kennzeichnet qualitative Forschung, was wird mit quantitativer Forschung verknüpft?

Kennzeichen qualitativer und quantitativer Forschung

Hier sollen einige Kennzeichen beider Forschungsrichtungen eher schlaglichtartig skizziert werden (vgl. Diekmann 2007 und Flick 2007a).

(1) Quantitative Forschung

Quantitative Forschung lässt sich durch folgende Kennzeichen bzw. Ziele charakterisieren: Bei einer Untersuchung (z. B. von Belastung von Studierenden) geht sie in der Regel von einem *Konzept* aus (z. B. Stress), das in einem *theoretischen Konstrukt* ausformuliert wird (z. B. in einem Stressmodell, das aufgestellt oder aus der Literatur übernommen wird). Für die Untersuchung formuliert man *Hypothesen*, die in ihr geprüft werden (z. B.: Für Studierende in Geisteswissenschaften ist das Studium stärker eine Belastung als für Studierende in den Naturwissenschaften). In der Untersuchung selbst erhält der Vorgang des *Messens* große Bedeutung, um darüber beispielsweise Unterschiede zwischen Personen hinsichtlich der zu untersuchenden Eigenschaften festzustellen (z. B.: Es gibt Studierende mit größeren und mit kleineren Belastungen im Studium). Meist kann man jedoch das theoretische Konzept nicht unmittelbar einer Messung zuführen. Vielmehr müssen *Indikatoren* gefunden werden, die eine (stellvertretende) Messung erlauben, das heißt, das Konzept muss in diesen Indikatoren *operationalisiert* werden. In unserem Beispiel könnte man den Stress vor einer Prüfung etwa in physiologischen Indikatoren (z. B. erhöhter Blutdruck) operationalisieren und dann Blutdruckmessungen durchführen. Häufiger wird jedoch der Weg der Operationalisierung in bestimmten Fragen gewählt (z. B.: Vor Prüfungen fühle ich mich regelmäßig stark unter Druck gesetzt) mit spezifischen Antwortmöglichkeiten (wie in dem Beispiel in Abbildung 1.1)

Beispiel Likert-Skala

O	O	O	O	O
trifft vollständig zu	trifft zu	weiß nicht	trifft nicht zu	trifft überhaupt nicht zu

Abbildung 1.1: Antwortmöglichkeiten

Die Datenerhebung wird dann *standardisiert* durchgeführt (z.B. befragt man alle Teilnehmer an der Studie unter gleichen Bedingungen und auf dieselbe Weise). Methodisches Ideal ist dabei die *Messung* in der Naturwissenschaft. Durch die Standardisierung der Erhebungssituation sollen die Kriterien der *Reliabilität* (Verlässlichkeit), *Validität* (Gültigkeit) und *Objektivität* (vgl. hierzu Kapitel 10) eingehalten werden. Quantitative Forschung ist weiterhin an *Kausalitäten* interessiert – z.B. zu zeigen, dass der Stress vor einer Prüfung von dieser und nicht von anderen Umständen ausgelöst wird. Deshalb wird eine Untersuchungssituation geschaffen, in der die Einwirkung anderer Umstände weitgehend ausgeschlossen werden kann. Dafür werden die Messinstrumente, auch in Wiederholungsmessungen, auf die *Konstanz* ihrer Messungen überprüft. Ziel der Untersuchung ist, *generalisierbare* Ergebnisse zu erhalten: So sollen die Ergebnisse auch außerhalb der eigentlichen Messsituation gültig sein (der Studierende empfindet Stress oder hat den erhöhten Blutdruck vor Prüfungen, auch wenn er nicht zu Forschungszwecken untersucht wird). Außerdem sollen die Ergebnisse, die an der untersuchten Gruppe erzielt wurden, auf Studierende insgesamt übertragbar sein. Aus diesem Grund zieht der Forscher eine nach Kriterien der *Repräsentativität* ausgewählte Stichprobe – im Idealfall eine *Zufallsstichprobe* (vgl. hierzu Kapitel 4) – aus der *Grundgesamtheit* von allen Studierenden. Dies soll gewährleisten, dass von der Stichprobe auf die Grundgesamtheit hin verallgemeinert werden kann. Der einzelne Untersuchungsteilnehmer interessiert entsprechend nicht als Subjekt (Wie erlebt der Student Josef Meier den Stress vor Prüfungen?), sondern ist ein typisches Beispiel für die Studierenden oder eine Teilgruppe. Es ist auch weniger seine Gesamtsituation als seine spezifische (z.B. physiologische) Reaktion auf eine bestimmte Bedingung (bevorstehende Prüfung) relevant.

Der Orientierung an der Messung in den Naturwissenschaften entspricht auch die Zielsetzung der *Replizierbarkeit* – die Messung muss prinzipiell wiederholbar sein und dann – vorausgesetzt, der Gegenstand hat sich nicht verändert – zu den gleichen Ergebnissen führen. In unserem Beispiel: Wird der Blutdruck vor der Prüfung beim gleichen Studierenden wiederholt gemessen, muss der gemessene Wert identisch sein – außer es gibt gute Gründe für eine Veränderung, etwa weil er steigt, je näher die Prüfung kommt. Schließlich arbeitet quantitative Forschung mit Zahlen – die Messung ergibt einen bestimmten Blutdruckwert, die Antwortmöglichkeiten in Abbildung 1.1 können in Zahlenwerte von 1 bis 5 überführt werden. Diese Zahlenwerte erlauben eine *statistische Analyse* der Daten (vgl. für eine ausführlichere Darstellung dieser Kennzeichen quantitativer Forschung Bryman 2004). Kromrey (2006, S. 34) definiert die «Strategie der sogenannten quantitativen Forschung» als «ein streng zielorientiertes Vorgehen, das die ‹Objektivität› seiner Resultate durch möglichst weitgehende Standardisierung aller Teilschritte anstrebt und das zur Qualitätssicherung die intersubjektive Nachprüfbarkeit des gesamten Prozesses als zentrale Norm postuliert».

Für den *Studienteilnehmer* stellt sich die Untersuchungssituation gegebenenfalls so dar: Er ist als Mitglied einer bestimmten Gruppe relevant, aus der er per Zufall ausgewählt wurde. Er wird mit einer Reihe von vorgegebenen Fragen konfrontiert, auf die er eine begrenzte Anzahl von ebenfalls vorgegebenen Antwortmöglichkeiten hat. Informationen über diese Antworten hinaus ebenso wie eigene Einschätzungen, subjektive Befindlichkeiten oder Rückfragen und Kommentare zu den Fragen bzw. dem Thema sind nicht Teil der Untersuchungssituation.

(2) Qualitative Forschung

In der *qualitativen* Forschung werden andere Akzente gesetzt. Sie geht in der Regel *nicht* von einem theoretischen Modell des Gegenstandes aus und verzichtet entsprechend auf Hypothesen und Operationalisierung. Sie orientiert sich auch nicht an der Messung (in Anlehnung an die Naturwissenschaften). Schließlich ist sie weder an der weitgehenden Standardisierung der Untersuchungssituation interessiert noch an der Sicherstellung der Repräsentativität durch eine Zufallsauswahl der Untersuchungsteilnehmer.

Stattdessen wählen qualitative Forscher die Untersuchungsteilnehmer *gezielt* aus und beziehen wenige Fälle nach ihrer Relevanz ein. Die Datenerhebung ist offener gestaltet und zielt auf ein umfassenderes Bild ab, das die Rekonstruktion des untersuchten Falls ermöglicht. Zu diesem Zweck werden nicht eindeutig vorgegebene Fragen und Antwortmöglichkeiten verwendet, sondern *offene* Fragen, die der Teilnehmer spontan in eigenen Worten beantworten soll. Oft arbeiten Forscher hier mit Erzählungen von Lebensgeschichten.

Qualitative Forschung nähert sich einem Thema wie in unserem Beispiel mit folgenden Zugängen: Zum einen zielt sie darauf ab, den *subjektiv gemeinten Sinn* des untersuchten Gegenstandes aus der Perspektive der Beteiligten zu erfassen – was heißt es für den befragten Studierenden, das Studium als Belastung zu erleben? Dabei geht es in der Regel auch um den *latenten Sinn* in einer Situation – welche sind die unbewussten Anteile oder die zugrunde liegenden Konflikte, die das Erleben von Belastung beim Studierenden beeinflussen? Es steht weniger im Vordergrund, eine Ursache in ihrer Wirkung zu untersuchen, als die Komplexität der Handlungssituation Studium aus der Sicht der Beteiligten zu beschreiben bzw. zu rekonstruieren. Dabei werden in vielen Fällen auch das soziale Handeln und die Lebenswelt der Beteiligten beschrieben. Ziel ist dabei weniger, Bekanntes (etwa vorliegende Theorien bzw. Hypothesen) zu überprüfen, als Neues in der untersuchten Situation zu entdecken und daraus Hypothesen oder eine Theorie zu entwickeln. Aus diesem Grund wird die Forschungssituation nicht standardisiert, sondern so offen wie möglich gestaltet. Es werden wenige Fälle untersucht, diese dafür aber ausführlicher in ihrer Komplexität analysiert. Generalisierung wird hier nicht im statistischen Sinn (Verallgemeinerung auf die Bevölkerung beispielsweise), sondern auf theoretischer Ebene angestrebt (vgl. für eine ausführlichere Darstellung der hier angesprochenen Kennzeichen Flick 2007a).

Für den *Studienteilnehmer* stellt sich die Untersuchungssituation folgendermaßen dar: Er wird als Subjekt in die Untersuchung einbezogen, das konkret seine Erfahrungen und Sichtweisen aus seiner Lebenssituation einbringen soll. Er hat einen großen Spielraum darin, was er als wesentlich erachtet, was er auf die entsprechenden Fragen hin antwortet und wie und vor allem auch wie ausführlich er dies tut. Die Forschungssituation ist stärker als ein Dialog gestaltet, in dem Rückfragen, neue Aspekte und eigene Einschätzungen ihren Platz finden sollen.

Unterschiede

In dieser Beschreibung der Kennzeichen beider Forschungsrichtungen zeigen sich schon einige der wesentlichen *Unterschiede* im Herangehen an das Untersuchte (Gegenstand, Feld, Personen darin):

	Qualitative Forschung	**Quantitative Forschung**
Theorie	als Endpunkt, soll entwickelt werden	als Ausgangspunkt, soll überprüft werden
Fallauswahl	gezielt nach theoretischer Ergiebigkeit des Falls	an (statistischer) Repräsentativität orientiert, im Idealfall eine Zufallsauswahl
Datenerhebung	offen	standardisiert
Datenauswertung	interpretierend	statistisch
Verallgemeinerung	im theoretischen Sinn	im statistischen Sinn auf die Grundgesamtheit

Tabelle 1.3: Unterschiede zwischen qualitativer und quantitativer Forschung

Gemeinsamkeiten qualitativer und quantitativer Forschung

Trotzdem sollten noch einmal die *Gemeinsamkeiten* der beiden Herangehensweisen unterstrichen werden: Beide Ansätze

- arbeiten *systematisch* unter Heranziehung von empirischen Methoden (vgl. Kapitel 5 und 6);
- zielen darauf ab, ihre Erkenntnisse *zu verallgemeinern* – auf andere Situationen als die Untersuchungssituation und auf andere Personen als die Untersuchungsteilnehmer (vgl. Kapitel 10);
- verfolgen bestimmte *Fragestellungen*, für die jeweils gewählte Methoden angemessen sein müssen (vgl. Kapitel 2);
- sollen diese in einem geplanten Vorgehen beantworten (vgl. Kapitel 4);
- müssen ihr Vorgehen *transparent* machen (d. h. nachvollziehbar für

den Leser) in der Darstellung ihrer Ergebnisse und der Wege, die dahin geführt haben (vgl. Kapitel 9);
- müssen ihr Vorgehen auf die *ethische* Vertretbarkeit und Angemessenheit überprüfen (vgl. Kapitel 11).

Vorteile, Nachteile

Der *Vorteil* quantitativer Forschung ist meist, dass eine große Anzahl von Fällen in relativ kurzer Zeit auf bestimmte Aspekte hin untersucht werden kann und dass die Ergebnisse einen hohen Grad an Verallgemeinerbarkeit haben. Der *Nachteil* ist dabei, dass das konkret Untersuchte nicht notwendigerweise die für die Beteiligten relevanten Aspekte erfasst und den Kontext der damit verbundenen Bedeutungen nicht genügend berücksichtigen kann.

Der *Vorteil* qualitativer Forschung ist in der Regel, dass detaillierte und genaue Analysen weniger Fälle erstellt werden können, in denen die Beteiligten einen wesentlich größeren Spielraum haben, das für sie Relevante zum Thema zu machen und in seinen Kontexten darzustellen. Der *Nachteil* ist, dass solche Analysen häufig zeitaufwendig sind und vergleichsweise weniger auf die breite Masse hin verallgemeinert werden können.

Synergien, Kombinationen

Die hier in aller Kürze skizzierten Stärken und Schwächen sowie Unterschiede beider Herangehensweisen lassen sich einerseits zum Ausgangspunkt nehmen für die Entscheidung, welche der methodischen Alternativen für eine bestimmte Fragestellung gewählt werden sollte (vgl. Kapitel 7). Andererseits kann man durch die Kombination qualitativer und quantitativer Forschung (vgl. Kapitel 8) die jeweiligen Schwächen und Grenzen ausgleichen und in der Kombination Synergien zwischen beiden herstellen.

Sozialforschung zwischen Frust und Lust: Warum Forschung Spaß machen kann

In vielen Studiengängen erscheinen Kurse zur Methodenlehre und Statistik häufig als lästiges Übel – da muss man durch, auch wenn man nicht weiß, warum und wofür. Methoden zu erlernen kann anstrengend und mühselig sein, und wenn das Ganze noch mit einer schwierigen Klausur seinen Abschluss finden soll, dann ist gelegentlich die Begeisterung von dem damit verbundenen Prüfungsstress überlagert. Methoden anzuwenden kann Zeit kosten, Geduld erfordern und oft auch eine Herausforderung darstellen. Jedoch können gerade die Systematik des Vorgehens und der konkrete Zugang zu praktischen Aspekten in der empirischen Forschung im Studium und in der anschließenden Berufstätigkeit (als Soziologin, Sozialarbeiter etc.) neue Erkenntnisse liefern. Mit einer ausreichenden Neugier lassen sich in der Auswertung von Daten neue Zusammenhänge entdecken. Interviews, Lebensgeschichten oder teilnehmende Beobachtungen geben einen Einblick in konkrete Lebenssituationen oder darin, wie Institutionen funktionieren. In den meisten Forschungsprozessen erfährt man nicht nur über die Teilnehmer, sondern auch über sich selbst eine Menge – wenn man sich mit Themen wie Gesundheit, Belastung im Studium, Existenzprobleme bei sozialer Benachteiligung etc. in konkreten Lebenslagen beschäftigt. Gerade im Kontext theoretisch anspruchsvoller Studiengänge und -inhalte kann die Auseinandersetzung mit empirischen Daten nicht nur eine aufschlussreiche Alternative zur Theorie sein, sondern auch eine konkrete Bezugnahme der Theorien auf alltägliche Probleme und Lebenssituationen ermöglichen.

Orientierungspunkte im Feld der Sozialforschung

Kenntnisse der Sozialforschung können für Studierende in unterschiedlichen Studiengängen in zweierlei Hinsicht bedeutsam werden: einerseits als Ausgangspunkt und Grundlage für die *Durchführung* eigener empirischer Studien etwa im Rahmen von Bachelor-, Master- oder Doktorarbeiten wie auch in der eigenen späteren beruflichen Tätigkeit in der

Soziologie, Erziehungswissenschaft, Sozialarbeit etc. Andererseits, um vorliegende Studien und ihre Ergebnisse *einschätzen* und *bewerten* und gegebenenfalls damit *argumentieren* zu können. Für beides lässt sich eine Reihe von Leitfragen formulieren, nach denen Forschung grundsätzlich eingeschätzt werden kann (in der Planung der eigenen oder der Rezeption der Untersuchungen anderer Forscher):

1. Was wird konkret untersucht?
   - Was ist der Gegenstand, was ist die Fragestellung der Studie?
2. Wie wird sichergestellt, dass auch wirklich das untersucht wird, was untersucht werden soll?
   - Wie wird die Studie geplant, welches Design wird angewendet bzw. konstruiert, wie werden Verfälschungen ausgeschlossen?
3. Wofür steht das Untersuchte?
   - Welcher Anspruch auf Verallgemeinerung wird erhoben, und wie wird er eingelöst?
4. Ist das Vorgehen in der Studie ethisch vertretbar und theoretisch begründet?
   - Wie werden dabei die Untersuchungsteilnehmer vor dem Missbrauch der auf sie bezogenen Daten geschützt?
   - In welche theoretische Perspektive ist die Untersuchung eingebettet?
5. Welche methodischen Ansprüche werden gestellt und erfüllt?
   - Welche Kriterien werden angelegt?
6. Ermöglicht die Darstellung der Ergebnisse und des Vorgehens, nachzuvollziehen, wie die Ergebnisse erzielt wurden und wie vorgegangen wurde?
   - Ist die Studie in ihrer Darstellung transparent und schlüssig?
7. Ist das gewählte Vorgehen überzeugend?
   - Sind Design und Methoden für den untersuchten Gegenstand angemessen?
8. Kann damit die angestrebte Verallgemeinerung realisiert werden?

Tabelle 1.4: Leitfragen zur Orientierung in der Sozialforschung

Diese Leitfragen lassen sich unabhängig vom gewählten methodischen Vorgehen stellen und auf die unterschiedlichen methodischen Alternativen anwenden. Sie sind sowohl für qualitative als auch für quantitative Studien relevant und können zur Bewertung einer Einzelfallstudie ebenso herangezogen werden wie bei einer repräsentativen Umfrage in der Bevölkerung eines Landes. Sie stecken einen Rahmen für Beobachtungen ebenso wie für Befragungen ab oder für die Verwendung vorliegender Daten und Dokumente (vgl. ausführlicher hierzu Kapitel 12).

Überblick über das Buch

Die in diesem Kapitel sehr knapp umrissene Orientierung über das Feld der Sozialforschung soll in den anschließenden Kapiteln in folgenden Schritten weiter entfaltet werden. Das *2. Kapitel* stellt an einigen Beispielen vor, wie Fragestellungen der Sozialforschung entstehen, welche Quellen sie haben können und was Fragestellungen bei quantitativer und qualitativer Sozialforschung kennzeichnet, was sie unterscheidet und was sie gemeinsam haben. Dabei wird auch auf die Verwendung von Hypothesen eingegangen.

Im *3. Kapitel* wird ein kurzer Überblick über einige der wichtigsten erkenntnistheoretischen Ausgangspunkte gegeben, die bei quantitativer und qualitativer Forschung jeweils im Hintergrund stehen können.

Das *4. Kapitel* widmet sich Fragen der Planung von Sozialforschung. Hierzu stellt es zunächst kurz die Schritte des Forschungsprozesses bei standardisierter und bei qualitativer Forschung vor. Daran anschließend behandelt es die wichtigsten Forschungsdesigns in beiden Bereichen. Der dritte Hauptpunkt in diesem Kapitel ist die Auswahl von Untersuchungseinheiten (Teilnehmern an einer Befragung beispielsweise): Für die Stichprobenziehung und das Sampling werden einige der wesentlichen Strategien beschrieben.

Die Methoden der Datenerhebung stehen im *5. Kapitel* im Vordergrund. Dabei werden Befragung, Beobachtung und die Verwendung bereits existierender Datensätze besprochen und Fragen des Messens und Dokumentierens erläutert.

Die Analyse quantitativer und qualitativer Daten ist der Gegenstand des *6. Kapitels.* Es widmet sich Inhaltsanalysen, deskriptiv-statischen und interpretativen Analysen sowie Fallanalysen und Typenbildung.

Vor dem Hintergrund der im 5. und 6. Kapitel behandelten methodischen Alternativen umreißt das *7. Kapitel* die Auswahl von Methoden und Forschungsansätzen bei der Verfolgung eigener Fragestellungen. Im Zentrum stehen dabei die Entscheidungen in den verschiedenen Schritten des Forschungsprozesses bei qualitativer und quantitativer Forschung.

Das *8. Kapitel* verdeutlicht die Grenzen der verschiedenen Vorgehensweisen in der quantitativen und in der qualitativen Forschung und jeweils beider Richtungen insgesamt, um daran anschließend Ansätze der Kombination unterschiedlicher Vorgehensweisen zu beschreiben. Dabei wird auf die Triangulation und den Methodenmix sowie integrierte Sozialforschung als Alternativen eingegangen.

Im *9. Kapitel* geht es um Fragen der Darstellung und Verwendung von Forschung und Ergebnissen. Es beschreibt, wie sich Ergebnisse bei quantitativer und bei qualitativer Forschung darstellen lassen, wie man diese an Teilnehmer rückmelden und wie man mit Daten in praktischen Kontexten argumentieren kann.

Die Bewertung empirischer Studien bei quantitativer und bei qualitativer Forschung ist Thema im *10. Kapitel.* Dort werden Kriterien in beiden Bereichen und ebenso Fragen der Verallgemeinerung diskutiert.

Das *elfte Kapitel* behandelt Fragen der Forschungsethik bei quantitativer und qualitativer Sozialforschung, des Datenschutzes, der Regeln guter Forschungspraxis und die Rolle von Ethikkommission und -richtlinien.

Im *zwölften Kapitel* werden die bis dahin behandelten Themen für die Umsetzung von Sozialforschung in drei (für das Studium) relevanten Bereichen noch einmal zusammengeführt: für das Lesen von Darstellungen empirischer Forschung, für die Konzeption von Exposés (etwa bei Bachelorarbeiten) und für die Durchführung empirischer Projekte (etwa im Rahmen von Abschlussarbeiten).

Den Abschluss bildet ein *Glossar*, das die wichtigsten Begriffe erläutert, die in diesem Buch verwendet werden.

Kernpunkte

- Alltagserkenntnis und Sozialforschung unterscheiden sich in der Systematik ihres Vorgehens.
- Sozialforschung kann verschiedene Aufgaben (Erkenntnis, anwendungsorientierte und beratungsbezogene Forschung) haben.
- Quantitative und qualitative Forschung bieten unterschiedliche Ansätze, haben aber jeweils Grenzen in dem, was sich damit erforschen lässt.
- Quantitative und qualitative Forschung können sich aber auch konstruktiv ergänzen.
- Es lassen sich gemeinsame Kennzeichen unter den verschiedenen Ansätzen ausmachen.

Weiterführende Literatur

Bryman, A. (2004). Social Research Methods (2. Auflage). Oxford: Oxford University Press.

Diekmann, A. (2007). Empirische Sozialforschung (17. Auflage). Reinbek bei Hamburg: Rowohlt.

Flick, U. (2007a). Qualitative Sozialforschung – Eine Einführung. Reinbek bei Hamburg: Rowohlt.

Flick, U., Kardorff, E. v. & Steinke, I. (Hrsg.) (2008). Qualitative Forschung – ein Handbuch (6. durchgesehene und aktualisierte Auflage). Reinbek bei Hamburg: Rowohlt.

2 Von einer Idee zur Fragestellung

Ziele: Nachdem Sie dieses Kapitel gelesen haben, sollten Sie
- wissen, welche Ausgangspunkte Sozialforschung nehmen kann,
- eine Vorstellung davon haben, wie Fragestellungen entstehen,
- einschätzen können, wie sich diese in der qualitativen und quantitativen Sozialforschung unterscheiden, und
- die Verwendung von Hypothesen verstanden haben.

Dieses Kapitel soll anhand von Beispielen verdeutlichen, wie aus allgemeinen Interessen und persönlichen oder sozialen Hintergründen der Forscher Fragestellungen für empirische Untersuchungen entstehen können.

Was sind Ausgangspunkte für Forschung?

In der Entwicklung der Sozialforschung findet sich eine Reihe von Beispielen, an denen sich zeigen lässt, wie Ideen für Forschungsthemen und daraus Fragestellungen entstehen. Für Glaser und Strauss (1965/2002) ergab sich die Idee zur Untersuchung der «Interaktion mit Sterbenden» aus ihren Erfahrungen, als ihre Mütter im Krankenhaus verstarben. Die Autoren beschreiben ausführlich, wie diese Erfahrungen ihr Interesse auf Prozesse der Kommunikation mit Sterbenden und über sie gelenkt haben, die sie später als Bewusstheitskontexte empirisch und theoretisch beschrieben haben. In diesem Fall sind aktuelle persönliche Erfahrungen der Forscher der Hintergrund für die Entwicklung eines Forschungsinteresses und einer entsprechenden Fragestellung.

Hochschild (2006) verweist auf frühe Erfahrungen als Kind mit dem im Elternhaus stattfindenden gesellschaftlichen Leben als dem Ursprung für ihr späteres Forschungsinteresse am ‹Gefühlsmanagement›: «Wenn ich mich recht erinnere, begann ich mich für den Umgang mit Gefühlen zu interessieren, als meine Eltern in den diplomatischen Dienst der Vereinigten Staaten eintraten» (2006, S. 10). Dabei kam sie in Kontakt mit Diplomaten mit unterschiedlichem kulturellen Hintergrund und konnte deren diverse Arten zu lächeln und die Bedeutung des jeweiligen Lächelns beobachten. Ihre Neugier, wie emotionale Ausdrucksweisen (Lächeln oder Händeschütteln) Bedeutungen auf verschiedenen Ebenen übermitteln können – von Person zu Person wie auch von dem Land, das die jeweilige Person vertritt, zu dem Land, das der Interaktionspartner repräsentiert –, entwickelte sich in diesem Zusammenhang. Dies führte (deutlich später) zu einem konkreten Forschungsinteresse: «Ich wollte herausfinden, worauf wir in unserem Handeln einwirken. Daher beschloss ich der Hypothese nachzugehen, dass Gefühle als Botschafter des Selbst fungieren, die uns ganz direkt über Diskrepanzen zwischen unserer aktuellen Wahrnehmung und unseren Erwartungen informieren und uns sagen, wie wir darauf reagieren sollen» (2006, S. 11).

Dieses Interesse hat die Autorin in einer Studie («Das gekaufte Herz» – Hochschild 2006) an zwei Gruppen umgesetzt, die mit Kontakten im öffentlichen Raum arbeiten (Flugbegleiter und Angestellte von Inkassobüros). Darin zeigt sie, wie Gefühlsarbeit funktioniert, wenn es darum geht, Gefühle im Kontakt mit Kunden einzubringen oder zu unterdrücken.

Marie Jahoda (1995) beschreibt, wie der Anstoß für ihre Studie mit Paul Lazarsfeld und Hans Zeisel (1933) in den späten 1920er Jahren über «Die Arbeitslosen von Marienthal» und die Wirkungen langanhaltender Arbeitslosigkeit von dem damaligen Vorsitzenden der sozialdemokratischen Partei Österreichs ausgeht. Hintergrund waren die Weltwirtschaftskrise von 1929 und das politische Interesse der Forscher, zu untersuchen, wie sich eine Dorfgemeinschaft verändert, wenn die Mehrzahl ihrer Mitglieder arbeitslos wird. Daraus leitet sich die Frage nach der

Einstellung in der Bevölkerung gegenüber der Arbeitslosigkeit und nach deren psychosozialen Konsequenzen ab.

Diese Beispiele zeigen unterschiedliche Quellen für Forschungsinteressen, -ideen und Fragestellungen. Sie reichen von persönlichen Erfahrungen (Glaser und Strauss) über soziale Erfahrungen und Umstände (Hochschild) bis zu gesellschaftlichen Problemen und politischen Auftragstellungen (Jahoda et al.). In allen Fällen entwickelt sich ein allgemeines Interesse, das dann konkretisiert und umgesetzt wird.

Forschung kann unterschiedliche Ausgangspunkte nehmen.

- Häufig werden Forschungsprobleme *im Alltag entdeckt*: Im Alltag einer Institution wird beispielsweise festgestellt, dass Wartezeiten in bestimmten Situationen entstehen. Um herauszufinden, unter welchen Bedingungen sie auftreten, und um gegebenenfalls eine Lösung für das Problem zu finden, wird mit der systematischen Erforschung solcher Situationen begonnen.
- Oder es fehlen Daten und empirische Erkenntnisse zu einem bestimmten Problem – der gesundheitlichen Lage der Jugendlichen in Deutschland oder einer spezifischen Teilgruppe darin: beispielsweise Jugendliche, die auf der Straße leben.
- Eine dritte Quelle für die Identifikation von Forschungsproblemen sind Abhandlungen in der *Fachliteratur* – beispielsweise liegt eine bestimmte Theorie vor, die empirisch überprüft werden soll. Oder die Analyse vorliegender Literatur zeigt, dass zu einem Problem Erkenntnislücken bestehen. Diese soll empirische Forschung schließen.
- Viertens entstehen Forschungsprobleme als *Folge vorausgegangener Untersuchungen*, die neue Fragen aufgeworfen haben oder bestimmte Fragen unbeantwortet lassen.

Wie entstehen Fragestellungen?

An zwei aktuellen Beispielen soll die Entstehung von Fragestellungen beleuchtet werden.

Der Jugendgesundheitssurvey der Weltgesundheitsorganisation WHO

In dieser Studie werden in 36 Ländern Kinder und Jugendliche mit einem standardisierten Fragebogen zu ihrem Gesundheitszustand und -verhalten befragt. Sie soll eine Gesundheitsberichterstattung für die junge Generation realisieren und darüber zu einer Verbesserung der Prävention und Gesundheitsförderung für diese Altersgruppe beitragen. In Deutschland wurde diese Befragung seit 1993 wiederholt durchgeführt, zuletzt 2006 (vgl. Hurrelmann et al. 2003 und Richter et al. 2008). Zur Zielsetzung schreiben Hurrelmann et al. (2003, S. 2):

> «Im vorliegenden Jugendgesundheitssurvey geht es neben deskriptiven Fragestellungen zur körperlichen, psychischen und sozialen Gesundheit und zum Gesundheitsverhalten vor allem um die Frage, inwieweit gesundheitsrelevante Lebensstile mit subjektiver Gesundheit zusammenhängen und inwieweit personale und soziale Risiko- bzw. Schutzfaktoren für die Prävention der Gesundheitsstörungen zusammen mit ihrer subjektiven Repräsentation sowohl in körperlicher als auch in psychischer Hinsicht identifiziert werden können.»

In Deutschland werden in dieser Untersuchung Jugendliche im Alter von 11, 13 und 15 Jahren in Schulen befragt. Für die internationale Studie wird eine repräsentative Stichprobe gezogen, die insgesamt ca. 23 000 Jugendliche in verschiedenen Bundesländern umfasst, aus denen dann noch einmal 5650 für die Analysen im Jugendgesundheitssurvey nach dem Zufallsprinzip ausgewählt wurden. Diese sollten in einem Fragebogen Fragen zu ihrer subjektiven Gesundheit, zu Unfallrisiken und Gewalt, Substanzkonsum (Tabak, Drogen, Alkohol), Essverhalten, körperlicher Aktivität, Freundeskreis und Familie und zur Schule beantworten. Die Fragestellung für diese Studie entstand aus dem Interesse, einen repräsentativen Überblick über die gesundheitliche Situation und das gesundheitsrelevante Verhalten der Jugendlichen in Deutschland sowie im Vergleich mit anderen Ländern zu gewinnen.

Gesundheit auf der Straße – obdachlose Jugendliche

Einen anderen Zugang zu einem ähnlichen Thema sucht das zweite Beispiel. Die zuvor kurz beschriebene Studie gibt zwar einen guten Überblick über die gesundheitliche Situation der Jugend in Deutschland und anderen Ländern im Durchschnitt. Dabei kommen jedoch spezielle, insbesondere kleine Teilgruppen mit ihrer spezifischen Lebenssituation nicht in den Blick. Das liegt an der Zufallsauswahl und an dem Zugang über Schulen. Jugendliche, die auf der Straße leben und nicht oder kaum zur Schule gehen, werden dabei nicht erfasst. Für eine Analyse der spezifischen Situation sowie des Gesundheitsverhaltens und -bewusstseins dieser Gruppe ist ein anderer Zugang notwendig. Entsprechend werden im zweiten Beispiel (vgl. Flick & Röhnsch 2008) gezielt Jugendliche an den spezifischen Treffpunkten obdachloser Jugendlicher für Interviews ausgewählt. Die Teilnehmer sollen dabei zwischen 14 und 20 Jahre alt sein und keinen festen bzw. regelmäßigen Wohnsitz mehr haben. Um ein umfassenderes Bild von ihrem Gesundheitsbewusstsein und -handeln unter den Bedingungen ‹der Straße› zu gewinnen, werden sie nicht nur interviewt, sondern mit teilnehmender Beobachtung in ihrem Alltag phasenweise begleitet. Die thematischen Bereiche der Interviews waren ähnlich wie im ersten Beispiel, ergänzt um die Besonderheiten des Lebens auf der Straße und wie der Jugendliche dorthin gelangt ist.

Nachdem zunächst bei der Auswahl der Jugendlichen und bei ihrer Befragung Krankheit nicht im Vordergrund stand, hat der zweite Teil der Studie die Situation chronisch kranker Straßenjugendlicher zum Gegenstand. Neben Interviews mit Jugendlichen mit unterschiedlichen chronischen Erkrankungen (von Asthma über Hautkrankheiten bis Hepatitis) sind auch Expertenbefragungen mit Ärzten und Sozialarbeitern ein weiterer Zugang, um Einschätzungen zur Versorgungssituation der Zielgruppe zu erhalten.

In beiden Beispielen geht es darum, die gesundheitliche und soziale Situation von Jugendlichen zu erforschen – einerseits der Jugendlichen in Deutschland, andererseits einer Teilgruppe unter besonders belastenden Lebensbedingungen. In beiden Fällen sollen die Erkenntnisse dazu dienen, die Prävention von gesundheitlichen Problemen bei den Zielgruppen zu verbessern und die Versorgungsangebote für sie so zu gestalten, dass sie auch angenommen werden und ihre Ziele besser erreichen.

Fragestellungen in quantitativer und in qualitativer Forschung

Fragestellungen, auch als Forschungsfragen bezeichnet, lassen sich unter verschiedenen Blickwinkeln beleuchten:

Von außen betrachtet, sollten sie im Kontext von Sozialforschung eine gesellschaftlich relevante Problemstellung aufgreifen. Bei unseren Beispielen sind dies die gesundheitliche Lage und Versorgung von Jugendlichen – und insbesondere die Defizite in beidem: Gibt es besonders starke oder häufige Gesundheitsprobleme und Versorgungslücken für bestimmte Teilgruppen oder für Jugendliche insgesamt?

Die Beantwortung der Fragestellungen sollte einen Nutzen erbringen – neue Erkenntnisse, neue Lösungsvorschläge für das untersuchte Problem etc. Hier kann z.B. die Dokumentation der Veränderung der gesundheitlichen Lage durch wiederholte Studien einen Erkenntnisfortschritt bringen (wie beim Jugendgesundheitssurvey) oder die Untersuchung eines bislang nur allgemein erforschten Themas an einer spezifischen Teilgruppe, über die es diesbezüglich noch keine Erkenntnisse gibt (wie im zweiten Beispiel).

Darüber hinaus, und mehr wissenschaftsintern betrachtet, soll die Fragestellung theoretisch begründet sein – eingebettet in eine bestimmte Forschungsperspektive. Im Jugendgesundheitssurvey ist dies ein Modell des Zusammenhangs zwischen sozialer Struktur, der sozialen Position des Einzelnen in dieser Struktur, der sozialen bzw. materiellen Umwelt, in der er lebt, in Kombination mit verhaltensbezogenen und physiologischen Faktoren, was dann jeweils die Wahrscheinlichkeit beeinflusst, Krankheit und Verletzungen zu erleiden mit ihren jeweiligen sozialen Konsequenzen (vgl. Richter et al. 2008, S. 14). Aus diesem Modell leiten sich die konkreten Fragestellungen des Projekts sowie weiterhin die gestellten Fragen im Fragebogen ab. Im Beispiel der jugendlichen Obdachlosen ist der theoretische Hintergrund der Ansatz der sozialen Repräsentationen (vgl. Flick 1995a). Dessen Kernannahme ist, dass sich abhängig von sozialen Rahmenbedingungen in verschiedenen sozialen Gruppen besondere Wissensformen und Inhalte herausbilden, die einhergehen mit bestimmten gruppenspezifischen Handlungsweisen. Zentral ist dabei die Annahme, dass Themen für die jeweiligen Gruppen und ihre Mitglieder spezifische Inhalte und Bedeutungen haben. Daraus leiten sich dann die auf die Lebenswelt Obdachlosigkeit und die Bedeutung von Gesundheit darin bezogenen Fragestellungen ab sowie die konkreten Fragen in den Interviews.

Schließlich sollten Fragestellungen mit den Methoden der Sozialforschung bearbeitbar sein. Dies schließt ein, Forschungsfragen so zu formulieren, dass sich prinzipiell eine der verfügbaren Methoden (vgl. Kapitel 5 und 6) zu ihrer Beantwortung nutzen lässt – gegebenenfalls nach einer Anpassung oder Modifikation. Entsprechend können die Fragestellungen des Jugendgesundheitssurveys mit einem Fragebogen beantwortet werden, der in seinen inhaltlichen Dimensionen für das Projekt entwickelt wurde. Im zweiten Beispiel werden die Fragestellungen mit Interviews (speziell episodischen und Experteninterviews – vgl. Kapitel 5) und Beobachtungen untersucht.

Entscheidende Qualitäten von Fragestellungen sind ihre Spezifität und Fokussierung: Sie sollen so eindeutig und zielgerichtet formuliert werden, dass sie genaue Vorgaben erlauben, was (wer und wie) gefragt bzw. beobachtet wird. Das schließt nicht aus, dass eine Studie mehrere Teil- oder Unterfragestellungen umfassen kann. Jedoch ist zu vermeiden, dass die Forschungsfragen zu ungenau bleiben und die Studie mit zu vielen Fragestellungen überladen ist.

Fragestellungen sollen nicht nur festlegen, was genau untersucht werden soll und wie, sondern auch, welche Aspekte des Themas ausgeschlossen werden können.

Diese Punkte treffen auf jede Art von Sozialforschung und ihrer Umsetzung zu – sowohl im Kontext qualitativer als auch quantitativer Forschung. Insgesamt betrachtet lässt sich eine Reihe von möglichen, grundsätzlichen Fragestellungen in der Sozialforschung unterscheiden:

1. Welcher Typ?
2. Welche Struktur?

3. Wie häufig?
4. Welche Ursachen?
5. Welche Prozesse?
6. Welche Konsequenzen?
7. Strategien der Beteiligten?

Diese Fragestellungen können jeweils auf verschiedenen Ebenen (Wissen, Handlungen, Situationen, Institutionen) bzw. an unterschiedlichen Einheiten (z.B. Personen, Gruppen, Gemeinden etc.) untersucht werden. Generell betrachtet lässt sich (vgl. hierzu Bude 1995) zwischen Fragestellungen unterscheiden, die sich an der Beschreibung von Gestalten oder der Beschreibung von Prozessen orientieren. Im einen Fall geht es darum, zu beschreiben, wie es zu einem bestimmten vorfindbaren Zustand (welcher Typ, wie häufig?) gekommen ist (Ursachen, Strategien) und wie sich dieser Zustand erhält (Struktur). Im anderen Fall ist das Ziel, zu beschreiben, wie sich etwas entwickelt bzw. verändert (Ursachen, Prozesse, Konsequenzen, Strategien). Prozessbeschreibungen und Zustandsbeschreibungen als die beiden zentralen Typen von Fragestellungen lassen sich dann auf verschiedene Untersuchungseinheiten (vgl. Flick 2007a, S. 138; Lofland & Lofland 1984) anwenden:

8. Bedeutungen
9. Handlungsweisen
10. Episoden
11. Kontakte
12. Rollen
13. Beziehungen
14. Gruppen
15. Organisationen
16. Lebensstile
17. etc.

Diese beiden Listen von Fragestellungen und Untersuchungseinheiten lassen sich zudem nach qualitativer und quantitativer Forschung differenzieren: So ist letztere an der Häufigkeit (und Verteilung) von Phänomenen sowie ihren Ursachen interessiert. Qualitative Forschung fragt nach den Bedeutungen, die mit bestimmten Phänomenen verknüpft sind, oder nach den Prozessen, die den Umgang damit zeigen.

In unseren Beispielen fragt der Jugendgesundheitssurvey nach Häufigkeiten (3.) und Strukturen (2.) im Umgang mit Gesundheit bei einer bestimmten Gruppe (14. – hier Jugendlichen). Das zweite Beispiel fokussiert Bedeutungen (8.) und Handlungsweisen (9.) auf der Ebene der Strategien der Beteiligten (7.) mit Blick auf die dabei anzutreffenden Typen (1.) von Bedeutungen oder Handlungsweisen bei den Jugendlichen.

Zur Rolle von Hypothesen

Qualitative und quantitative Forschung unterscheiden sich darin, welche Fragestellungen verfolgt werden bzw. untersucht werden können. Ein weiterer Unterschied liegt in der Rolle, die Hypothesen dabei spielen.

Quantitative Forschung sollte immer von einer Hypothese ausgehen. Hypothesen formulieren einen Zusammenhang, der dann empirisch geprüft wird. Solche Zusammenhänge sind etwa Wenn-dann-Aussage oder Je-desto-Aussagen. Die erste Form des Zusammenhangs könnte etwa folgende Hypothese ausdrücken: «Wenn Jugendliche einer niedrigen sozialen Schicht angehören, dann ist ihr Risiko für bestimmte Erkrankungen deutlich höher.» Die zweite Form des Zusammenhangs findet sich in folgender Hypothese: «Je niedriger die soziale Schicht, der ein Jugendlicher angehört, desto häufiger ist er von bestimmten Krankheiten betroffen.»

Hypothesen sollen dabei deutlich machen,

- von welchem Geltungsbereich sie ausgehen (sollen sie immer und überall gelten oder nur unter bestimmten räumlich-zeitlichen Bedingungen?),
- für welchen Objekt- bzw. Individuenbereich sie zutreffen sollen (z. B. der Mensch an sich oder Männer oder Frauen unter 30 Jahren etc.),
- ob sie für alle Objekte oder Individuen in diesem Bereich relevant sein sollen und
- auf welche zwei Prädikate, d. h. Eigenschaften der Individuen im Objektbereich (z. B. soziale Schicht; Krankheitsrisiko), sie zutreffen sollen (vgl. Schnell, Hill & Esser 2008, S. 60).

Weiterhin sollen Hypothesen begrifflich klar formuliert sein und in einen theoretischen Rahmen eingebettet sein. Sie sollen spezifisch sein, indem alle darin enthaltenen Vorhersagen explizit gemacht werden. Die Hypothesen müssen mit den vorhandenen Methoden in Beziehung stehen und empirische Bezüge haben (wodurch und mit welchen Methoden lassen sie sich überprüfen? – vgl. Weischer 2007, S. 122 f.).

Das weitere Vorgehen in der quantitativen Forschung richtet sich in der Regel auf die Prüfung der aufgestellten Hypothesen – der Suche nach empirischen Belegen, die diese bestätigen bzw. widerlegen können.

Während quantitative Forschung von Hypothesen ausgeht, spielen sie bei qualitativer Forschung eine nachgeordnete Rolle. Hier geht es nicht darum, eine eingangs formulierte Hypothese zu prüfen. In einigen Fällen werden im Laufe des Prozesses (Arbeits-)Hypothesen aufgestellt, an denen sich der Forscher orientiert und für die er Belege oder Gegenbeispiele sucht – was aber in der Regel mit den Prinzipien des Hypothesentestens wenig gemein hat.

Jede Form von Sozialforschung sollte von einer klaren Forschungsfrage ausgehen. Unterschiedliche Typen von Forschungsfragen legen die eine oder andere methodische Vorgehensweise nahe bzw. können nur mit bestimmten Methoden beantwortet werden. Hypothesen spielen dabei unterschiedliche Rollen – in der quantitativen Forschung sind sie unverzichtbarer Ausgangspunkt, in der qualitativen Forschung gelegentlich ein heuristisches Werkzeug.

Leitfaden für die Formulierung von Fragestellungen

Die folgenden Aspekte sollte man bei der Formulierung von Fragestellungen berücksichtigen:

Kasten 2.1: **Leitfaden für die Formulierung von Fragestellungen**

1. Jede Untersuchung sollte eine Fragestellung haben, die auch ausformuliert ist.
2. Man sollte sich darüber im Klaren sein, woher die Fragestellung kommt und was man damit erreichen will:
   - Was ist möglicherweise der eigene biographische Bezug zur Fragestellung?
   - Ist das inhaltliche Interesse für die Fragestellung ausschlaggebend, oder ist ihre Beantwortung mehr Mittel zum Zweck, um etwa einen Studienabschluss zu erlangen?
3. Wie viele Fragestellungen hat die Studie?
   - Wenn es zu viele sind, welche ist die zentrale Fragestellung?
4. Lässt sich die Fragestellung beantworten?
   - Wie könnte eine Antwort aussehen?
5. Kann die Fragestellung empirisch beantwortet werden?
   - Wer kann dazu Aufschlüsse liefern, und sind diese Personen erreichbar?
   - Wo kann man solche Personen finden?
   - Welche Situationen können gegebenenfalls Aufschlüsse liefern für die Beantwortung der Fragestellung, und sind die Situationen zugänglich?
6. Wie eindeutig ist die Fragestellung formuliert?
7. Welche methodischen, zeitlichen etc. Konsequenzen hat die Fragestellung?
8. Wurden bei entsprechender Untersuchungsart Hypothesen aufgestellt?
   - Sind diese eindeutig, begrenzt und überprüfbar formuliert?

Diese Fragen lassen sich bei Planung eigener Studien ebenso wie für die Einschätzung vorliegender Studien anderer Forscher stellen.

Kernpunkte

- Fragestellungen können aus praktischen Problemen entstehen, im persönlichen Hintergrund des Forschers oder in gesellschaftlichen Problemlagen begründet sein.
- Fragestellungen können auf repräsentative Ergebnisse abzielen oder auf spezielle Teilgruppen der Gesellschaft gerichtet sein.
- Sie sollten theoretisch eingebettet und empirisch bearbeitbar sein. Vor allem sollten sie spezifisch und fokussiert sein.
- Quantitative Forschung basiert auf Hypothesen, die einer Prüfung unterzogen werden. Qualitative Forschung verwendet Hypothesen nicht in diesem Sinn, sondern in der Regel eher als Arbeitshypothesen.

Weiterführende Literatur

Bortz, J. & Döring, N. (2006). Forschungsmethoden und Evaluation für Sozialwissenschaftler (3. überarbeitete Auflage). Berlin u. a.: Springer.

Diekmann, A. (2007). Empirische Sozialforschung (17. Auflage). Reinbek bei Hamburg: Rowohlt.

Flick, U. (2007a). Qualitative Sozialforschung – Eine Einführung. Reinbek bei Hamburg: Rowohlt (Kap. 9).

Lofland, J. & Lofland, L. H. (1984). Analyzing Social Settings (2. Auflage). Belmont: Wadsworth.

3 Sozialforschung zwischen Erkennen und Überprüfen – erkenntnistheoretische Ausgangspunkte

Ziele: Nachdem Sie dieses Kapitel gelesen haben, sollten Sie

- einen ersten Eindruck von den unterschiedlichen erkenntnistheoretischen Ausgangspunkten von Sozialforschung gewonnen haben,
- sehen, welche davon eher von qualitativer und welche eher von quantitativer Forschung als Bezugspunkt genommen werden,
- Vorteile und Grenzen der erkenntnistheoretischen Ausgangspunkte sehen und
- diese Ausgangspunkte zur Einschätzung der Forschung anderer heranziehen können.

Am Ende des vorangegangenen Kapitels wurde deutlich, dass je nach Art der Forschung entweder Hypothesen notwendig sind, die am Anfang des Forschungsprozesses formuliert werden – bei quantitativer Forschung. Oder dass der Forscher bei qualitativer Forschung sich auf die Formulierung von Fragestellungen beschränkt und höchstens im Prozess der Analyse Arbeitshypothesen als heuristisches Werkzeug verwendet. Dieser Unterschied ist nicht nur ein Detail in der Planung des Vorgehens (vgl. hierzu ausführlicher Kapitel 4). Dahinter steht auch ein jeweils unterschiedliches Verständnis von Erkenntnis bzw. der Beziehung von Sozialforschung und Wirklichkeit. Dieses Kapitel soll in aller Kürze die erkenntnistheoretischen Ausgangspunkte skizzieren, die Sozialforschung bei der Untersuchung eines Gegenstandes nehmen kann bzw. in der Forschungspraxis nimmt.

Positivismus

Positivismus als erkenntnistheoretisches Programm kommt ursprünglich aus den Naturwissenschaften und wird in den Sozialwissenschaften deshalb häufig eher als Kontrastfolie benutzt, um das eigene Vorgehen davon abzugrenzen, als dass es dort tatsächlich ausbuchstabiert würde. Bryman (2004, S. 11) fasst verschiedene Annahmen des Positivismus zusammen:

(1) Nur Phänomene und entsprechend Wissen, das durch die Sinne bestätigt wird, kann wirklich als Wissen bezeichnet werden (das Prinzip des *Phänomenalismus*).
(2) Theorien haben den Zweck, Hypothesen zu generieren, die gestestet werden können und dabei gestatten, die Erklärungen in Gesetzen zu überprüfen (das Prinzip des *Deduktivismus*).
(3) Zu Wissen gelangt man durch die Sammlung von Fakten, die die Basis für Gesetze liefern (das Prinzip des *Induktivismus*).
(4) Wissenschaft muss (und kann vermutlich auch) in einer Weise praktiziert werden, die wertfrei ist (das heißt *objektiv*).
(5) Es gibt eine klare Unterscheidung zwischen wissenschaftlichen und normativen Aussagen und die Annahme, dass erstere die eigentliche Domäne des Wissenschaftlers darstellen. Dieses letzte Prinzip wird durch das erste impliziert, da die Wahrheit oder anderes von normativen Aussagen nicht durch die Sinne bestätigt werden können.

Positivismus wird oft mit Realismus assoziiert. Beide gehen davon aus, dass Natur- und Sozialwissenschaften die gleichen Prinzipien in der Sammlung und Auswertung von Daten anwenden sollen und können und dass eine Welt ‹da draußen› unabhängig von ihrer Beschreibung durch uns existiert (eine externe Realität). Wissenschaft kommt zu Aussagen, indem das «Positive» (als Gegebene, Existierende, Beobachtbare) zum Ausgangspunkt wird, um daraus (induktiv) Erklärungen abzuleiten bzw. Hypothesen und Theorien daran (deduktiv) zu überprüfen und zu bestätigen. Die Verwendung des Begriffs «Positivismus» wird jedoch oft kritisiert. Hammersley (1995, S. 2) hält fest, dass «alles, was man vernünftigerweise aus der unexplizierten Verwendung des Wortes ‹Positivismus› in der Literatur zur Sozialforschung schließen kann, ist, dass der Autor oder die Autorin missbilligt, worauf auch immer er oder sie sich beziehen mag».

Kritischer Rationalismus

Kritischer Rationalismus – Kernannahmen

Deutlich skeptischer geht der kritische Rationalismus die Ableitbarkeit von Erkenntnissen aus Beobachtungen und die Überprüfung von Hypothesen und Theorien sowie die Zielsetzung, sicheres Wissen zu gewinnen, an: «Der *Rationalismus* vertritt die Auffassung, dass wir mit Hilfe unserer Vernunft in der Lage sind, die Wirklichkeit zu erkennen und angemessen zu handeln. Der *klassische Rationalismus* geht davon aus, dass es möglich ist, sicheres Wissen zu erreichen. Der *kritische Rationalismus* bestreitet diese Möglichkeit» (Albert 1992, S. 177).

Wissenschaftliche Arbeit beginnt nach Popper (1971) nicht mit Theorien oder Methoden, sondern mit Problemen, für die Lösungen gesucht werden bzw. für die unser Wissen noch nicht ausreicht. In diesem Zusammenhang wird (in der Folge von Reichenbach) zwischen Entdeckungszusammenhang (Wie entsteht eine Hypothese bzw. Theorie zur Erklärung eines Problems?) und Begründungszusammenhang (Ist die Hypothese bzw. Theorie zutreffend oder nicht?) unterschieden. Die Frage, die sich für die Wissenschaft und Wissenschaftstheorie nach Popper stellt, ist, ob und wann man aus Beobachtungen auf das Zutreffen oder Nicht-Zutreffen einer Erklärung (Hypothese bzw. Theorie) schließen kann. Dabei interessiert sich Popper nicht für den Entdeckungszusammenhang von wissenschaftlichen Hypothesen, sondern nur für den Begründungszusammenhang von Hypothesen und Gesetzen. Es geht dabei nicht um die Bestätigung (Verifikation) von wissenschaftlichen

Aussagen durch empirische Beobachtungen, sondern um die Suche nach Beobachtungen, die diese in Frage stellen (im Sinne einer Falsifikation): «Alle Aussagen müssen an der Erfahrung überprüfbar sein, müssen sich in der Konfrontation mit der Realität bewähren. Mit anderen Worten: Alle Aussagen einer empirischen Wissenschaft müssen – sofern sie unzutreffend sind – prinzipiell an der Erfahrung scheitern können» (Popper 1971, S. 15; zit. n. Kromrey 2006, S. 38).

Die Postulate seines deduktiv-empirischen Modells in diesem Zusammenhang lauten:

«1. Wissenschaftler sollten möglichst ‹kühne› Hypothesen mit hohem Informationsgehalt konstruieren und diese
2. harten Bewährungsproben, d.h. einer Vielzahl empirischer Prüfungen in unterschiedlichen Situationen, unterziehen.
3. Diejenigen gehaltvollen Hypothesen, die Falsifikationsversuchen widerstanden haben, werden (vorläufig) beibehalten; falsifizierte Hypothesen werden ausgesondert» (Diekmann 2007, S. 175).

Das heißt, wissenschaftliche Untersuchungen dienen nicht der Bestätigung, sondern der Falsifikation von Aussagen durch die empirische Überprüfung von Hypothesen. Wissen wird dabei als vorläufig angesehen, eine Theorie hat sich – wenn die abgeleiteten Hypothesen nicht widerlegt werden konnten – so lange bewährt, bis ein Gegenbeispiel gefunden wurde. Wissenschaftliche Untersuchungen haben demnach nicht das Ziel, Phänomene zu entdecken oder Theorien zu entwickeln. Wissenschaftliche Methoden und Untersuchungen dienen dazu, vorhandene Theorien kritisch zu prüfen, indem Hypothesen getestet werden. Die Zielsetzung Poppers ist, eine «normative Methodologie» (Diekmann 2007, S. 180) zu entwerfen, nach deren Logik die Prüfung von Hypothesen wissenschaftlich zu erfolgen hat.

Konkurrierende Forschungsprogramme

Was ist aber, wenn sich unterschiedliche Wege (Forschungsansätze, Methoden) der Überprüfung von Hypothesen herausbilden oder wenn es unterschiedliche Hypothesen bzw. Theorien zur Erklärung des gleichen

Problems gibt? Was, wenn sich in vielen Untersuchungen mit dem einen Ansatz die Hypothese bewährt, in einer Studie mit einem anderen Ansatz dagegen die Hypothese falsifiziert wird? Um diese Fragen zu beantworten, ohne den Ansatz des kritischen Rationalismus ganz in Frage zu stellen, gehen andere Vertreter dieser Richtung (z.B. Lakatos) von der Existenz konkurrierender Forschungsprogramme aus, die unterschiedliche Ansätze verfolgen können. Dann ist zu klären, wie sich Forschungsprogramme gegeneinander behaupten oder durchsetzen können.

Paradigmenwechsel

Dazu hat Kuhn (1962) seine These des Wechsels wissenschaftlicher ‹Paradigmen› (Forschungsprogramme) formuliert. Hier wird in Frage gestellt, ob wissenschaftlicher Fortschritt im Wesentlichen darauf beruht, dass eine bestimmte oder mehrere Hypothesen empirisch falsifiziert werden. Vielmehr erfolgt er, wenn sich neue Sichtweisen im Sinne von wissenschaftlichen Revolutionen durchsetzen (etwa die kopernikanische Wende oder dass Einsteins Relativitätstheorie an die Stelle der klassischen Mechanik getreten ist).

«Ein Paradigma formuliert die Maximen und Grundsätze, an denen sich die wissenschaftliche Praxis einer Disziplin orientiert. Unter andrem steckt ein Paradigma den Rahmen der zulässigen Forschungsmethoden ab» (Meuser 2003, S. 92 f.).

Dies stellt aber auch die Vernachlässigung des Entdeckungszusammenhangs bei Popper in Frage, da diese Wechsel in diesem Bereich ausgelöst wurden und nicht im Begründungszusammenhang durch die empirische Überprüfung und Falsifikation von Hypothesen. Obwohl der Begriff des Paradigmas im Wesentlichen an Beispielen aus der Naturwissenschaft entwickelt wurde, ist auch in den Sozialwissenschaften häufig von Paradigmen und Paradigmenwechseln die Rede.

Der kritische Rationalismus ist die wesentliche erkenntnistheoretische Grundlage für quantitative und standardisierte Forschung, die Annahmen (Hypothesen) den oben erwähnten «harten Bewährungsproben» in einer «Vielzahl empirischer Prüfungen» aussetzt. Damit wird ein Programm der Skepsis gegenüber den Konzepten der Wissenschaft, die demnach empirisch auf den Prüfstand zu stellen sind, formuliert.

Interpretatives Paradigma

Stillschweigende Unterstellungen des kritischen Rationalismus – normatives Paradigma

Die Auffassung des kritischen Rationalismus von Forschung wird auch als «normatives Paradigma» bezeichnet. Dieses geht «stillschweigend» davon aus, dass «das Wissen des Untersuchers für die Formulierung relevanter Hypothesen hinreicht», was wiederum «auf zwei – ebenfalls in der Regel stillschweigenden – Unterstellungen beruht:

1. Das für die Forschungsfragestellung bedeutsame Alltagswissen von Untersucher und Untersuchtem ist identisch.
2. Die Untersuchten befolgen die in dem Gegenstandsbereich geltenden sozialen Regeln einheitlich und eindeutig, es existiert kein Spielraum der Norminterpretation: Regeln beispielsweise der Bedeutungszuschreibung sind für alle in der Sozialwelt Lebenden eindeutig – alle Akteure kennen sie und können sie in allen Situationen in der gleichen Weise anwenden» (Kelle 1994, S. 49).

Es wird unterstellt, dass der Forscher die Lebenswelt der Untersuchungsteilnehmer ausreichend ‹kennt›, um seine Hypothese für die Prüfung einer theoretischen Annahme so zu formulieren, dass sie auch die dafür relevanten Aspekte in dieser Lebenswelt erfasst. Weiterhin wird angenommen, dass z. B. bei einer Frage im Fragebogen (mit der diese Hypothese geprüft werden soll) das Verständnis des Forschers und des Untersuchungsteilnehmers identisch ist (dass beide das Gleiche darunter verstehen bzw. damit meinen). Man setzt also voraus, dass nicht im Alltag des Untersuchten ganz andere Bedeutungen mit einem Begriff oder einer Formulierung verbunden sind als aus der Sicht des Forschers. Und schließlich wird unterstellt, dass alle Untersuchungsteilnehmer, die eine

Frage mit dem Ankreuzen von «stimme völlig zu» beantwortet haben, damit das Gleiche gemeint haben, man ihre Antworten also als identisch verstehen und zusammenfassen kann.

Interpretatives Paradigma – Kernannahmen

Als Gegenstück zu diesem normativen Paradigma der Sozialwissenschaften hat Wilson (1973) das «interpretative Paradigma» formuliert, das die gerade beschriebenen Unterstellungen in Frage stellt. Dieses «Paradigma» umfasst verschiedene Theorien und Ansätze der qualitativen Forschung. Hierbei wird nicht davon ausgegangen, dass Regeln und Bedeutungen für alle Beteiligten eindeutig sind und dass das Verständnis eines Gegenstandes aufseiten des Forschers auch ohne weiteres auf den Untersuchungsteilnehmer zu übertragen ist. Vielmehr wird angenommen, dass Bedeutungen über Interpretationsprozesse hergestellt und ausgetauscht werden und dass Forschung an der Analyse dieser Begriffe ansetzen muss. In das interpretative Paradigma fließen beispielsweise die «drei einfachen Prämissen» des Symbolischen Interaktionismus ein, die Blumer 1973, S. 81) formuliert:

> «Die erste Prämisse besagt, dass Menschen ‹Dingen› gegenüber auf der Grundlage von Bedeutungen handeln, die diese Dinge für sie besitzen. (...) Die zweite Prämisse besagt, dass die Bedeutung solcher Dinge aus der sozialen Interaktion, die man mit seinen Mitmenschen eingeht, abgeleitet ist oder aus ihr entsteht. Die dritte Prämisse besagt, dass diese Bedeutungen in einem interpretativen Prozess, den die Person in ihrer Auseinandersetzung mit den ihr begegnenden Dingen benutzt, gehandhabt und abgeändert werden.»

Daraus leitet sich die Konsequenz ab, dass zum zentralen Ansatzpunkt der Forschung die unterschiedlichen Weisen werden, in denen Subjekte Gegenstände, Ereignisse, Erfahrungen etc. mit Bedeutung versehen. Die Rekonstruktion solcher subjektiven Sichtweisen ist ein Instrument der Analyse sozialer Welten. Eine weitere zentrale Annahme ist im sogenannten Thomas-Theorem formuliert: Thomas' «Behauptung, dass dann, wenn eine Person eine Situation als real definiert, diese Situation in ihren Konsequenzen real ist, führt direkt zum fundamentalen methodologischen Prinzip des symbolischen Interaktionismus: Der Forscher muss die Welt aus dem Gesichtswinkel der Subjekte sehen, die er untersucht» (Stryker 1976, S. 259).

Ähnliches gilt für die Regeln des Handelns. Auch diese stehen nicht eindeutig fest und werden von den Menschen in einheitlicher Weise angewendet (die der Forscher dann als gegeben voraussetzen kann). Vielmehr werden sie in alltäglichen Interpretations- und Aushandlungsprozessen von den Beteiligten festgelegt, wobei Routinen eine große Rolle spielen. Diese Aushandlungsprozesse stellen einen zentralen Ansatzpunkt für Forschung nach dem interpretativen Paradigma dar.

Das darin zugrunde gelegte Verständnis von Erkenntnis und Wissenschaft ist die Grundlage für die verschiedenen Ansätze qualitativer Forschung, die sich über die Interpretation subjektiver Sichtweisen oder die detaillierte Analyse von Alltagspraktiken mit Forschungsgegenständen auseinandersetzen, wobei die Prüfung von Hypothesen kaum eine Rolle spielt. Die Skepsis des Wissenschaftlers beschränkt sich hier nicht auf die eigenen Konzepte (Hypothesen bzw. Theorien), die empirisch zu prüfen sind, sondern wird hier auf das Verständnis bei den Untersuchungsteilnehmern ausgeweitet. Es kann demnach nicht mehr einfach unterstellt werden, dass die Beteiligten das Gleiche meinen, sondern es ist konsequenterweise erst zu klären, welche (auch unterschiedlichen) Verständnisweisen eines Gegenstandes oder Begriffs im Alltag der Untersuchungsteilnehmer verwendet werden.

Konstruktivismus

Den bisher behandelten Positionen steht der (soziale oder auch radikale) Konstruktivismus gegenüber (vgl. zum Folgenden ausführlicher Flick 2008d). Eine Reihe von erkenntnistheoretischen Programmen mit unterschiedlichen Ausgangspunkten wird unter diesen Bezeichnungen zusammengefasst. Gemeinsam ist konstruktivistischen Ansätzen, dass sie das Verhältnis zur Wirklichkeit bestimmen, indem sie sich mit den konstruktiven Prozessen bei der Annäherung an diese auseinandersetzen. Konstruktivismus ist kein einheitliches Programm, sondern entwickelt sich parallel in verschiedenen Disziplinen: Psychologie, Soziologie, Philosophie, Neurobiologie, Psychiatrie, Kommunikationswissenschaft und Informatik. Insbesondere auf qualitative Forschung hat dies mit der Annahme einen großen Einfluss, dass die Wirklichkeiten, die wir untersuchen, soziale Herstellungsleistungen der Handelnden, von Interaktionen und Institutionen darstellen.

An drei Ansätzen lässt sich zeigen, wie das Zustandekommen von Wissen und seine Funktion konstruktivistisch zu beschreiben ist.

Sozialer Konstruktivismus

Sozialer Konstruktivismus in der Tradition von Schütz (1971) oder Berger und Luckmann (1969) fragt nach den sozialen (z. B. kulturellen oder historischen) Konventionalisierungen, die Wahrnehmung und Wissen im Alltag beeinflussen. So geht Schütz (1971, S. 5) von folgender Prämisse aus: «Unser gesamtes Wissen von der Welt, sei es im wissenschaftlichen oder im alltäglichen Denken, enthält Konstruktionen, das heißt einen Verband von Abstraktionen, Generalisierungen, Formalisierungen und Idealisierungen, die der jeweiligen Stufe gedanklicher Organisation gemäß sind.»

Für Schütz ist jede Form des Wissens durch Selektion und Strukturierung konstruiert. Die einzelnen Formen unterscheiden sich nach dem Grad der Strukturierung und Idealisierung, der von ihren Funktionen – konkreter als Basis alltäglichen Handelns oder abstrakter als Modell in der wissenschaftlichen Theoriebildung – abhängt. Schütz benennt verschiedene Prozesse, denen gemeinsam ist, dass die Bildung des Wissens über die Welt nicht als reine Abbildung gegebener Fakten zu verstehen ist, sondern die Inhalte in einem aktiven Herstellungsprozess konstruiert werden. Tatsachen erhalten erst über ihre Bedeutung und deren Interpretation ihre Relevanz:

> «Genau genommen gibt es nirgends so etwas wie reine und einfache Tatsachen. Alle Tatsachen sind immer schon aus einem universellen Zusammenhang durch unsere Bewusstseinsabläufe ausgewählte Tatsachen. Somit sind sie immer interpretierte Tatsachen: entweder sind sie in künstlicher Abstraktion aus ihrem Zu-

sammenhang gelöst oder aber sie werden nur in ihrem partikulären Zusammenhang gesehen. Daher tragen in beiden Fällen die Tatsachen ihren interpretativen inneren und äußeren Horizont mit sich» (Schütz 1971, S. 5).

Zentraler Gedanke ist die Unterscheidung, die Schütz (1971, S. 68) zwischen Konstruktionen ersten und zweiten Grades trifft. Danach «(...) sind die Konstruktionen der Sozialwissenschaften sozusagen Konstruktionen zweiten Grades, das heißt Konstruktionen von Konstruktionen jener Handelnden im Sozialfeld». In diesem Sinn formuliert Schütz als «erste Aufgabe der Methodologie der Sozialwissenschaften, die allgemeinen Prinzipien zu erforschen, nach denen der Mensch im Alltag seine Erfahrungen und insbesondere die der Sozialwelt ordnet».

Insbesondere sozialwissenschaftliche Forschung steht dann vor dem Problem, dass sie die Welt, die sie untersuchen will, immer nur in denjenigen Versionen antrifft, die von dieser Welt im jeweiligen Feld existieren bzw. von den interagierenden Subjekten (gemeinsam oder konkurrierend) konstruiert werden. Sozialwissenschaft produziert eine weitere Version dieser Welt. Wissenschaftliche Erkenntnis und Darstellung von Zusammenhängen umfasst damit verschiedene Prozesse der Konstruktion von Wirklichkeit. Für den sozialen Konstruktionismus erhalten die sozialen Austauschprozesse bei der Entstehung von Wissen, insbesondere der verwendeten Begriffe, eine spezielle Bedeutung. In diesem Sinn formuliert Gergen (1994, S. 49 ff.) folgende «Annahmen für eine sozialkonstruktionistische Wissenschaft»:

«Die Begriffe, mit denen wir die Welt und uns selbst erklären, werden nicht von den angenommenen Gegenständen solcher Erklärungen diktiert (...). Die Begriffe und Formen, mittels derer wir ein Verständnis der Welt und von uns selbst erreichen, sind soziale Artefakte, Produkte historisch und kulturell situierter Austauschprozesse zwischen Menschen. (...) Inwieweit eine bestimmte Erklärung der Welt oder des Selbst über die Zeit aufrechterhalten wird, hängt nicht von der objektiven Validität der Erklärung, sondern von den Eventualitäten sozialer Prozesse ab. (...) Sprache leitet ihre Bedeutung in menschlichen Angelegenheiten aus der Art, in der sie in Beziehungsmustern funktioniert, ab. Die Bewertung vorhandener Diskursformen heißt Muster kulturellen Lebens zu bewerten; solche Bewertungen verschaffen anderen kulturellen Enklaven Gehör.»

Radikaler Konstruktivismus

In der Tradition von Jean Piaget (1937) werden Erkennen, Wahrnehmung der Welt und das Wissen über sie als Konstruktionen verstanden. Der radikale Konstruktivismus (Glasersfeld 1996) führt diesen Gedanken dahin gehend fort, dass jede Form der Erkenntnis schon aufgrund der neurobiologischen Prozesse, die dabei involviert sind, nur zu den Bildern von der Welt und der Wirklichkeit, nicht jedoch zu beidem direkt Zugang habe. Dieses Verständnis im radikalen Konstruktivismus formuliert Glasersfeld (1992, S. 30) in dessen «Kernthesen»:

«1. Was wir ‹Wissen› nennen, repräsentiert keineswegs eine Welt, die angeblich jenseits unseres Kontaktes mit ihr existiert. (...) [D]er Konstruktivismus führt (...) ein modifiziertes Konzept von Erkennen/Wissen ein. Danach bezieht sich Wissen auf die Art und Weise, wie wir unsere Erfahrungswelt organisieren.
2. Der Radikale Konstruktivismus leugnet *keineswegs* eine äußere Realität. (...)
3. Mit Berkeley stimmt der Radikale Konstruktivismus darin überein, dass es unvernünftig wäre, etwas die Existenz zu bescheinigen, was nicht oder nicht irgendwann wahrgenommen werden kann/könnte. (...)
4. Von Vico übernimmt der Radikale Konstruktivismus die grundlegende Idee, dass menschliches Wissen eine menschliche Konstruktion ist. (...)
5. Der Konstruktivismus gibt die Forderung auf, Erkenntnis sei ‹wahr›, insofern sie die objektive Wirklichkeit abbilde. Stattdessen wird lediglich verlangt, dass Wissen *viabel* sein muss, insofern es in die Erfahrungswelt des Wissenden *passen* soll (...).»

Wissen organisiert demnach Erfahrungen, die erst die Erkenntnis der Welt außerhalb des erkennenden Subjekts oder Organismus ermöglichen. Erfahrungen werden durch die Begriffe und Zusammenhänge, die das erkennende Subjekt konstruiert, strukturiert und verstanden. Ob das dabei entstehende Bild wahr oder richtig ist, lässt sich nicht beantworten. Jedoch kann man seine Qualität durch seine *Viabilität* bestimmen, das heißt, inwieweit das Bild oder Modell dem Subjekt ermöglicht, sich in der Welt zurechtzufinden und in ihr zu handeln. Dabei ist ein Ansatzpunkt die Frage, wie die «Konstruktion von Begriffen» (Glasersfeld 1996, S. 132 ff.) funktioniert.

Laborkonstruktivismus

Konstruktivistische Wissen(schaft)ssoziologie und die als «Laborkonstruktivismus» (Knorr-Cetina 1984) durchgeführte Forschung zum praktischen Funktionieren wissenschaftlicher Erkenntnisprozesse fragt danach, wie soziale, historische, lokale, pragmatische etc. Faktoren wissenschaftliche Erkenntnis so beeinflussen, dass auch wissenschaftliche Fakten als soziale Konstruktionen («lokale Erzeugungen») aufzufassen sind. Diese Richtung war Ausgangspunkt für einige der aktuellen (erkenntnis-)theoretischen Ansätze in der Soziologie – etwa der Praxistheorien (Schatzki, Knorr-Cetina & Savigny 2001) oder der Akteur-Netzwerk-Theorie (Latour 2007).

Konstruktivistische Ansätze sind in der methodischen Umsetzung von Forschung weniger festgelegt. Die zuletzt beschriebene laborkonstruktivistische Forschung wird im Rahmen ethnomethodologischer Analysen von sprachlichen und anderen Praktiken durchgeführt und bedient sich dabei qualitativer Methoden. Sozialkonstruktivistische Ansätze bilden häufig die Grundlage für qualitative Forschung. Der radikale Konstruktivismus kann dagegen sowohl für qualitative als auch für quantitative Ansätze als Hintergrund dienen.

Die verschiedenen konstruktivistischen Ansätze verbindet, dass sie die Skepsis der zuvor behandelten erkenntnistheoretischen Richtungen noch einen Schritt weiter treiben: Es wird nicht nur die Überprüfung der Theorien des Wissenschaftlers (wie im kritischen Rationalismus) und die Analyse der Begriffsbildung und -verwendung im Alltag verlangt (wie im interpretativen Paradigma). Vielmehr werden die Begriffsbildungsprozesse auf beiden Seiten – beim Untersuchungsteilnehmer und beim Wissenschaftler – hinterfragt und gefordert, diese als Konstruktionsprozesse zu verstehen und zu analysieren. Dabei zeigt sich, dass solche Konstruktionsprozesse auch im naturwissenschaftlichen Labor die wissenschaftliche Erkenntnis bestimmen.

Sozialforschung zwischen Grundsätzlichem und Pragmatik – Vorteile und Grenzen der verschiedenen Ansätze

Die in diesem Kapitel vorgestellten erkenntnistheoretischen Ausgangspunkte lassen sich nicht einfach wählen für eine eigene Untersuchung, wie man sich für oder gegen eine bestimmte Methode entscheidet (vgl. hierzu Kapitel 7). Vielmehr stellt in der Regel die jeweilige erkenntnistheoretische Position einerseits schon den Ausgangspunkt für die Konzipierung eines Forschungsproblems und die Wahl der bei seiner Untersuchung eingesetzten Methoden dar. Andererseits basieren methodische Ansätze auf erkenntnistheoretischen Positionen. Eine standardisierte Untersuchung zielt in der Regel auf die Prüfung vorab formulierter Hypothesen ab und bewegt sich damit im Rahmen des kritischen Rationalismus, seltener auch in dem des Positivismus. Viele qualitative Studien mit Interviews fokussieren die Analyse subjektiver Erfahrungen und Sichtweisen und werden in der Regel im Kontext des interpretativen Paradigmas durchgeführt. Dessen sollte sich der Forscher, der sich für das eine oder andere methodische Vorgehen entscheidet, bewusst sein und sich mit den jeweiligen Hintergrundannahmen, die dabei zugrunde gelegt werden, vertraut machen.

Erkenntnistheorie hat im Kontext der Sozialforschung drei Funktionen:

- Sie soll ein theoretisches Fundament liefern für die Konzeption von Forschung und Vorgehensweisen.
- Sie soll eine Basis für die kritische Reflexion von methodischen Vorgehensweisen liefern und der Erkenntnisse, die damit gewonnen werden.
- Sie soll damit Forschung aber auch unterstützen, verbessern, ermöglichen und durchführbar machen.

Die Vorteile und Grenzen der hier vorgestellten Ansätze lassen sich wie folgt zusammenfassen:

Der *kritische Rationalismus* liefert die Grundlage für einen großen Teil der quantitativen und standardisierten Forschung. Dabei wird in der Regel dieses erkenntnistheoretische Fundament nicht mehr weiter hinterfragt. Vielmehr werden Forschungen in Anwendung der methodischen

Regeln und Standards durchgeführt, Hypothesen formuliert und getestet sowie eine breite Datenbasis (in Umfragen und Statistiken z. B.) mit repräsentativen Ergebnissen beispielsweise in Bezug auf die Bevölkerung geschaffen. Dies basiert auf den weiter oben behandelten stillschweigenden Unterstellungen. Der *Vorteil* ist dabei, dass diese und die meisten Annahmen und Praktiken etwa der Standardisierung nicht mehr weiter hinterfragt werden (müssen) und die Methoden der Umfrageforschung (in der Soziologie) oder des Experiments (in der Psychologie) wie ein Werkzeugkasten zur Verfügung stehen und angewendet werden können. Darüber ist das Vorgehen hier durch ein vergleichsweise hohes Maß an Pragmatik bestimmt. Die *Grenzen* dabei sind, dass der Entdeckungszusammenhang, die Sichtweisen der Untersuchungsteilnehmer und die darauf bezogenen nicht hypothesentestenden (qualitativen) Methoden weitgehend ausgeklammert oder auf Vorstudien beschränkt bleiben. Erkenntnisse konzentrieren sich dabei vor allem auf die Überprüfung des Bekannten bzw. Angenommenen (dessen, was vorab als Hypothese formuliert werden konnte). Tatsächlich Neues zu entdecken spielt dabei keine nennenswerte Rolle.

Das *interpretative Paradigma* liefert die Grundlage für weite Teile der qualitativen, nicht standardisierten Forschung. Dabei werden die erkenntnistheoretischen Hintergrundannahmen stärker in der Umsetzung der Forschung berücksichtigt (Wie kann man der Sichtweise der Beteiligten ausreichend Raum geben? Wie lässt sich die Herstellung sozialer Praktiken detailliert genug dokumentieren und analysieren?). Damit nimmt man in der Regel Analysen einer begrenzten Zahl von Fällen und Feldern vor, die genaue und detaillierte Beschreibungen liefern, die sich weiter zu Mustern und Typologien verdichten lassen. Der *Vorteil* ist dabei, dass die Forschung ohne stillschweigende, nicht überprüfte Unterstellungen auskommt, die Zielsetzung der Entdeckung des Neuen (Was verstehen die Untersuchten unter XYZ?) verfolgen und eine in stärkerem Maß reflektierte Anwendung von auch hierfür mittlerweile in großer Zahl verfügbaren Forschungsmethoden realisieren kann. Die *Nachteile* dabei sind, dass die Ergebnisse ihre Genauigkeit und Detailstärke häufig mit einer begrenzten Reichweite verknüpfen müssen – gerade hinsichtlich der statistischen Repräsentativität für die Bevölkerung – und die Ansprüche an gesichertes Wissen nicht erfüllen, wie sie etwa der kritische Rationalismus formuliert.

Konstruktivistische Ansätze im Sinne von Schütz fließen in viele aus dem interpretativen Paradigma hervorgegangene Forschungsmethoden und Studien ein. Im Rahmen qualitativer Methoden können sie dazu beitragen, die Herstellungsleistungen der Akteure auf spezifische Kontexte bezogen zu analysieren. Der *Vorteil* dabei ist, dass die erkenntnistheoretischen Hintergründe und Grundlagen dabei explizit werden. Die *Grenze* insbesondere bei Ansätzen des radikalen Konstruktivismus ist, dass hier vor allem theoretisch-methodologische Diskussionen geführt werden und im Vergleich dazu weniger empirische Forschung realisiert wird. Dies trifft allerdings auf den Labor- und Sozial-Konstruktivismus nicht zu.

Zusammenfassung

Die hier behandelten erkenntnistheoretischen Ausgangspunkte definieren jeweils, was der Forscher als Erkenntnis versteht, was er als Erkenntnis und Ergebnis akzeptieren und wie er im Einzelnen in der Realisierung seiner Forschung vorgehen wird (vgl. Kapitel 4). Sie liefern aber auch Anhaltspunkte dafür, wie die Forschung anderer zu bewerten ist, welchen Grundsätzen und Zielen sie verpflichtet war und wie sie diese eingelöst hat.

Leitfaden für die Einordnung von Vorgehensweisen

Bei der Realisierung eines empirischen Projekts in der Sozialforschung sollten folgende Fragen berücksichtigt und geklärt werden:

Kasten 3.1: **Leitfaden für die Einordnung von Vorgehensweisen**

1. Vor welchem (erkenntnis-)theoretischen Hintergrund wird eine Studie durchgeführt?
2. Wie wird dieser Hintergrund bei der Konzeption der Studie berücksichtigt?
3. Wie wird bei der empirischen Überprüfung von theoretischen Annahmen mit Hypothesen umgegangen?
4. Wie wird dabei berücksichtigt, dass Hypothesenprüfung nach dem Prinzip der Falsifikation und nicht der Verifikation erfolgen sollte?
5. Wenn eine Studie sich am interpretativen Paradigma orientiert – wie wird dann den Sichtweisen der Teilnehmer Rechnung getragen, wie fließen sie in die Forschung, die Daten und in deren Analyse ein?
6. Welche methodischen Konsequenzen ergeben sich für die Studie, wenn dabei von einer konstruktivistischen Position ausgegangen wird, und wie sind diese Konsequenzen umgesetzt?
7. Wie passen die gewählten Methoden der Studie mit den erkenntnistheoretischen Annahmen, die ihr zugrunde liegen, zusammen?

Diese Fragen lassen sich auch bei der Beurteilung vorliegender Studien anderer Forscher heranziehen.

Kernpunkte

- Sozialforschung kann von verschiedenen erkenntnistheoretischen Hintergründen ausgehen.
- Diese unterscheiden sich darin, was als Gegenstand von Forschung angesehen, was dabei als «Fakten» verstanden wird und welchen Stellenwert die Prüfung von Hypothesen hat.
- Dabei setzt insbesondere qualitative Forschung an der Sichtweise, Perspektive und Interpretation der Teilnehmer an.
- Konstruktivistische Positionen nehmen die alltäglichen und wissenschaftlichen Konstruktionen des Untersuchten und der Wirklichkeit zum Ausgangspunkt.
- Erkenntnistheorie soll ein Fundament für die Durchführung und Reflexion von Forschung liefern.

Weiterführende Literatur

Bryman, A. (2004). Social Research Methods (2. Auflage). Oxford: Oxford University Press.

Diekmann, A. (2007). Empirische Sozialforschung (17. Auflage). Reinbek bei Hamburg: Rowohlt.

Flick, U. (2007a). Qualitative Sozialforschung – Eine Einführung. Reinbek bei Hamburg: Rowohlt.

Flick, U., Kardorff, E. v. & Steinke, I. (Hrsg.) (2008). Qualitative Forschung – ein Handbuch (6. durchgesehene und aktualisierte Auflage). Reinbek bei Hamburg: Rowohlt.

4 Planung und Umsetzung von Sozialforschung

Ziele: Nachdem Sie dieses Kapitel gelesen haben, sollten Sie

- ein erstes Verständnis des Ablaufs von Sozialforschung gewonnen haben,
- die Gemeinsamkeiten und Unterschiede von qualitativer und quantitativer Forschung in der Forschungsplanung kennen,
- die wichtigsten Forschungsdesigns verstanden haben,
- Vorgehensweisen der Auswahl von Untersuchungsteilnehmern einschätzen können und
- die besonderen Eigenschaften der Evaluationsforschung kennen.

Nach der ersten Orientierung über die Eigenschaften und Aufgaben der Sozialforschung (vgl. Kapitel 1) behandelt dieses Kapitel zunächst die Schritte im Forschungsprozess.

Schritte des Forschungsprozesses

Bei quantitativer Forschung wird der Forschungsprozess weitgehend linear geplant, das heißt, die einzelnen Phasen folgen aufeinander. Bei qualitativer Forschung sind dagegen einige der wesentlichen Schritte stärker miteinander verzahnt, während manche wegfallen oder an anderer Stelle im Prozess angesiedelt sind. Beide Verläufe werden im Folgenden kurz skizziert, um einen Überblick über den Ablauf von Sozialforschung zu vermitteln. Dazu nehmen wir das Beispiel eines praktischen Problems, zu dessen Lösung seine empirische Untersuchung beitragen soll, als Bezugspunkt.

Der Forschungsprozess bei quantitativer Forschung

In unserem Beispiel wird in einer Institution festgestellt, dass zu lange Wartezeiten im Alltag entstehen. Um herauszufinden, wann und unter welchen Bedingungen sie auftreten und um gegebenenfalls eine Lösung für das Problem zu finden, beauftragt die Institution entweder einen Forscher von außerhalb (beispielsweise einen Soziologen oder Psychologen) oder einen Mitarbeiter des Hauses mit der systematischen Erforschung von Situationen, in denen Wartezeiten entstehen.

(1) Auswahl eines Forschungsproblems

Jede Forschung beginnt damit, dass ein Forschungsproblem identifiziert und ausgewählt wird. Dabei lassen sich verschiedene *Quellen* benennen, aus denen sich Forschungsprobleme ableiten lassen (vgl. Kapitel 2). In unserem Beispiel ist ein *praktisches Problem* der Anlass der Forschung.

(2) Systematische Literaturrecherche

Zunächst sind eine *systematische Suche nach Literatur* und ihre Auswertung notwendig, die drei Bereiche der Literatur berücksichtigt:

- Theorien zum Thema bzw. theoretisch einschlägige Literatur,
- andere Untersuchungen zu diesem oder einem verwandten Thema und
- die Einarbeitung in die relevante Literatur zu Forschungsmethoden generell oder zu bestimmten Verfahren, um eine Basis für spätere methodische Entscheidungen zu haben (vgl. Kapitel 7).

In unserem Beispiel wird nach theoretischen Modellen der Wartezeitentstehung, des Ablaufs von Prozessen in Institutionen etc. und nach empirischen Untersuchungen zur Ablauforganisation in Dienstleistungsunternehmen wie Krankenhäusern gesucht.

(3) Formulierung der Fragestellung

Die Identifikation eines Forschungsproblems reicht jedoch noch nicht aus, um damit eine Untersuchung zu planen. Zu fast jedem Thema und

Forschungsproblem kann man eine Vielzahl von Fragestellungen untersuchen – nicht alle jedoch gleichzeitig. Von daher sind die Entscheidung für eine bestimmte Fragestellung, ihre Formulierung und vor allem ihre *Eingrenzung* der nächste Schritt. In unserem Beispiel wäre die Fragestellung entweder: Wann treten Wartezeiten besonders häufig auf? Oder: Was kennzeichnet Situationen, in denen Wartezeiten auftreten? Je nach Fragestellung sind qualitative oder quantitative Forschung bzw. eine bestimmte qualitative oder quantitative Methode geeignet (vgl. Kapitel 2).

(4) Formulierung von Hypothesen

Bei standardisierter Forschung schließt sich die *Formulierung einer Hypothese* an. So könnte in unserem Beispiel eine Hypothese sein: Wartezeiten entstehen in stärkerem Maß nach dem Wochenende im Vergleich zu anderen Tagen. Hypothesen formulieren einen Zusammenhang in überprüfbarer Weise (vgl. Kapitel 2).

(5) Operationalisierung

Um die Hypothese überprüfen zu können, muss man sie zunächst *operationalisieren*, d.h. in messbare oder beobachtbare Einheiten bzw. beantwortbare Fragen *übersetzen*. Im hier verwendeten Beispiel müsste der Begriff der Wartezeit operationalisiert und konkreter definiert werden, wie diese zu messen ist, welche Zeit (z.B. mehr als 10 Min.) bereits als Wartezeit gilt, wann die Messung beginnen soll etc. Gleichzeitig müsste im Sinne der genannten Hypothese bestimmt werden, was «nach dem Wochenende» konkret bezeichnet (z.B. den Zeitraum von Montag 9 bis 22 Uhr).

(6) Entwicklung eines Projektplans bzw. -designs

Daran schließt die Entwicklung eines *Projektplans* bzw. -designs an. Dabei wird eines der üblichen Forschungsdesigns ausgewählt und festgelegt, wie das Vorgehen so standardisiert und kontrolliert werden soll, dass sich gefundene Zusammenhänge eindeutig interpretieren lassen.

In unserem Beispiel könnte die Hypothese zunächst dadurch überprüft werden, dass man Wartezeiten vom Wochenbeginn mit denen an Tagen wie Mittwoch oder Donnerstag vergleicht (vgl. weiter unten in diesem Kapitel).

(7) Stichprobenziehung

Im nächsten Schritt ist zu klären, an welchen Gruppen, Fällen oder Feldern die Untersuchung durchgeführt werden soll. Diese Auswahlentscheidung wird in einem Verfahren des *Sampling* bzw. der *Stichprobenziehung* umgesetzt. In unserem Beispiel bezieht der Forscher über einen Zeitraum von vier Wochen zunächst alle Stationen eines Krankenhauses an Montagen und Donnerstagen in die Untersuchung ein. In welchen Stationen die Datenerhebung an den beiden Tagen erfolgt, legt er nach einem Zufallsverfahren fest (vgl. weiter unten in diesem Kapitel).

(8) Auswahl geeigneter Methoden

Nun wählt er für die Erhebung und Auswertung der Daten geeignete *Methoden* aus. Dabei gibt es im Wesentlichen drei Möglichkeiten:

- Erstens kann man eine *Auswahl aus vorhandenen Methoden* treffen, etwa wenn ein bewährter Fragebogen aus anderen Untersuchungen, gegebenenfalls auch von anderen Forschern, übernommen wird.
- Häufig ist eine zweite Option unumgänglich – *die Modifikation vorhandener Methoden.* Beispielsweise werden bestimmte Fragen aus einem Fragebogen weggelassen oder weitere ergänzt.
- Falls dies für die geplante Untersuchung nicht ausreicht, ist eine dritte Option die *Entwicklung einer eigenen Methode* – z. B. eines neuen Fragebogens – oder einer eigenen Methodik – z. B. einer ganz neuen Interviewform (vgl. Kapitel 5).

Analog wird mit der Auswahl der Methode der *Datenauswertung* verfahren (vgl. Kapitel 6). In unserem Beispiel soll über Beobachtungen in den ausgewählten Stationen die Zeit gemessen werden, die Patienten nach der Aufnahme in das Krankenhaus auf den Beginn der Untersuchung bzw. Behandlung in der jeweiligen Station warten. Parallel befragt man die Mitarbeiter der Stationen mit einem Fragebogen u. a. dazu, wie häufig nach ihrer Erfahrung Wartezeiten auftreten und was für sie die Gründe dafür sind (vgl. Kapitel 7 und 8).

(9) Einstieg in das Untersuchungsfeld

Wenn die Planung der Untersuchung in methodischer Hinsicht so weit abgeschlossen ist, geht es insbesondere bei angewandter Forschung im nächsten Schritt darum, ein geeignetes Untersuchungsfeld zu finden. Dabei sind in der Regel *vier Probleme* zu lösen: Bei Forschung in Institutionen muss erstens der *Zugang zur Institution* organisiert, zweitens der *Zugang zu Einzelpersonen*, die an der Untersuchung teilnehmen sollen, gefunden werden. Drittens ist die *Abklärung von Genehmigungen* etc. ein notwendiger Schritt, und viertens sind in der Regel *Fragen des Datenschutzes* zu klären. Greifen wir auf das Beispiel der Wartezeiten im Stationsalltag zurück: Hierfür sind geeignete (d. h. der Fragestellung entsprechende) Krankenhäuser auszuwählen. In jeder Klinik muss die Zustimmung der Klinikleitung, gegebenenfalls auch des Personalrats, eingeholt werden, bevor man einzelne Stationen und deren Leitung ansprechen kann. Wenn deren Zustimmung jeweils vorliegt, müssen konkrete Personen zur Mitarbeit an der Untersuchung gewonnen werden – entsprechend der angestrebten Stichprobe und ihren Eigenschaften (also z. B. nicht ausschließlich Schwesternschülerinnen, sondern auch erfahrene Pflegekräfte, nicht nur Ärzte im Praktikum, sondern auch leitende Ärzte). Hinsichtlich des Datenschutzes ist zu klären, wie sich Rückschlüsse auf die einzelne Person innerhalb der Institution und auf die Institution von außen verhindern lassen. So sollte etwa ein System von Phantasienamen entwickelt oder eine andere Form der Anonymisierung festgelegt werden. Weiterhin ist zu regeln, wer die Daten in welcher Form einsehen kann und wer nicht (vgl. Kapitel 11).

(10) Datenerhebung

Nach Abschluss dieser methodischen Vorbereitungen werden die Daten erhoben. Die wesentlichen methodischen Alternativen (vgl. ausführlicher hierzu Kapitel 5) sind dabei entweder eine *Befragung* in der einen oder anderen Form (etwa mit dem erwähnten Fragebogen), eine *Beobachtung* (in unserem Beispiel verbunden mit der Messung von Wartezeiten) durchzuführen oder vorhandene *Dokumente zu analysieren* (in unserem Beispiel etwa Dokumentationen von Behandlungsverläufen auf darin deutlich werdende Wartezeiten).

(11) Dokumentation der Daten

Für die weitere Verwendung der erhobenen Daten ist ihre *Dokumentation* entscheidend. Fragebogen kann entweder der Befragte oder der Forscher ausfüllen etc. Die gewählte Form der Aufzeichnung hat jeweils einen Einfluss auf die Inhalte und Qualität der Daten, weshalb sie für alle Befragten oder Beobachteten gleich sein sollte.

Es schließt sich die *Aufbereitung* der Daten an, das heißt, ausgefüllte Fragebogen müssen in Computer eingegeben werden. Wenn ein Fragebogen Fragen mit offenen Antworten enthält, also Antworten vom Befragten in freier Form aufgeschrieben werden können, müssen diese kodiert, d. h. zu bestimmten Antworttypen zusammengefasst und mit Zahlenwerten versehen werden. Auch die Aufbereitung der Daten hat einen Einfluss auf deren Qualität und sollte für jeden Fall (jeden Fragebogen, jede Beobachtung) in gleicher Form durchgeführt werden. Darüber wird die *Standardisierung* der Daten und Vorgehensweisen erreicht (vgl. Kapitel 5).

(12) Auswertung der Daten

Ein wesentlicher Schritt jeder Untersuchung ist die *Auswertung* der erhobenen Daten. Bei standardisierten Studien steht die *Kodierung* von Daten im Vordergrund – d. h. hier die *Zuordnung von Antworten* zu bestimmten *Kategorien*, die vorher festgelegt wurden, oder zu Zahlenwerten (etwa der Antwortmöglichkeiten in Abbildung 1.2 (vgl. S. 22) zu Zahlenwerten von 1 bis 5). Wenn die Kategorien nicht vorab festgelegt wurden oder werden konnten, muss nun die *Kategorisierung* von Aussagen oder Ereignissen erfolgen, d. h. die Zusammenfassung von Gleichem oder Ähnlichem in einer Kategorie, und darüber die Entwicklung eines Kategoriensystems (vgl. hierzu ausführlicher Kapitel 6).

Nach Abschluss der Kodierung bzw. Kategorisierung ist bei standardisierten bzw. quantitativen Studien die Durchführung *statistischer* Analysen der nächste Schritt. In unserem Beispiel wird etwa die durchschnittliche Länge der gemessenen Wartezeiten auf den Wochentag, an dem sie erhoben wurden, bezogen oder nach den unterschiedlichen Stationen, in denen sie gemessen wurden, differenziert. Die Antworten aus den Fragebogen werden in ihrer Häufigkeit und Verteilung in den verschiedenen Berufsgruppen analysiert.

(13) Interpretation der Ergebnisse

Ebenso wichtig ist die *Interpretation* der Zusammenhänge in den Daten und ihrer Auswertung. Bei standardisierter Forschung ist damit die Interpretation von gefundenen Zusammenhängen gemeint. Dass sich in statistischen Analysen gezeigt hat, dass bestimmte Ereignisse gemeinsam auftreten oder in ihrer Häufigkeit oder Stärke zusammenhängen, liefert noch keine Erklärung dafür, warum dies so ist oder was das konkret bedeutet. Diese Fragen kann erst eine Interpretation solcher Zusammenhänge beantworten. Zeigt sich in unserem Beispiel etwa, dass die Wartezeiten am Montag deutlich länger sind als am Donnerstag, liefert dieses Ergebnis noch keine Erklärung dafür, warum das so ist. Werden in der Einschätzung von Wartezeiten Unterschiede zwischen Pflegekräften und Ärzten deutlich, muss auch hierfür eine Erklärung gesucht werden (vgl. Kapitel 6).

(14) Diskussion der Ergebnisse und Interpretationen

An die Auswertung und Interpretation von Daten und Ergebnissen schließt sich deren *Diskussion* an. Darin werden sie zur vorliegenden *Literatur* zur Thematik (oder auch Methodik) und zu anderen einschlägigen *Untersuchungen* in Beziehung gesetzt: Hat sich etwas Neues ergeben, hat sich Bekanntes bestätigt, oder sind zu vorliegenden Ergebnissen Widersprüche aufgetreten? Was heißt es, wenn in unserem Beispiel sich im

Gegensatz zu anderen Studien gezeigt hat, dass sich die Hypothese nicht bestätigen ließ, dass Wartezeiten nach dem Wochenende verstärkt auftreten? Und wie unterscheiden sich die festgestellten Wahrnehmungen des Problems beim befragten Personal von Ergebnissen aus vergleichbaren Befragungen anderer Forscher? Im Rahmen dieser Diskussion setzt sich auch die Suche nach Erklärungen für gefundene Zusammenhänge fort.

(15) Überprüfung und Verallgemeinerung

In methodischer Hinsicht ist der nächste Schritt von besonderer Bedeutung. Die Ergebnisse und die Wege zu ihrer Gewinnung werden einer *kritischen Prüfung* in der Regel auf ihre *Reliabilität* (Verlässlichkeit) und *Validität* (Gültigkeit – vgl. zu beidem ausführlicher Kapitel 10) unterzogen. Dabei ist auch zu klären, welche *Verallgemeinerung* der Ergebnisse zulässig ist: Können sie auf andere Felder, Stichproben, auf eine bestimmte Allgemeinheit (z. B. alle Krankenschwestern, alle Stationen, alle Krankenhäuser oder alle Krankenhäuser, Ärzte etc. eines bestimmten Typs) übertragen werden? Dabei ist ein wesentliches Element die Benennung der Grenzen der Ergebnisse: Was konnte *nicht* gefunden, geprüft oder bestätigt werden, welche Grenzen der Übertragbarkeit (z. B. auf andere Institutionen) sind gegeben (vgl. Kapitel 10)?

(16) Darstellung der Ergebnisse und der Untersuchung

Ob die Ergebnisse einer Untersuchung wahrgenommen werden, hängt wesentlich von der gewählten Form der *Darstellung* der Ergebnisse ab. Hier geht es einerseits um die Zusammenfassung der Untersuchung und ihrer Hauptergebnisse und um das Schreiben (eines Berichts, Artikels, Buchs …). Damit ist häufig schon aus Platzgründen und wegen der begrenzten Aufnahmefähigkeit potenzieller Leser eine Auswahl von wichtigen (und damit das Weglassen von weniger wichtigen) Informationen verbunden. Entscheidend bei der Darstellung der Ergebnisse und des Prozesses ist auch, inwieweit es gelingt, den Prozess der Untersuchung für den Leser *transparent* und damit *beurteilbar* zu machen (vgl. Kapitel 9).

(17) Umsetzung der Ergebnisse

Gerade in anwendungsorientierten Forschungsfeldern – etwa der Gesundheitsforschung – stellt sich die Frage der *Umsetzung der Ergebnisse.* Damit kann die Ableitung von Empfehlungen gemeint sein – was lässt sich aus der Untersuchung von Wartezeiten im Stationsalltag an Veränderungsvorschlägen für die Gestaltung des Stationsalltages ableiten? Umsetzung kann aber auch die *Anwendung* von Ergebnissen in der Praxis meinen, dass z. B. ein bestimmtes theoretisches Modell in einigen Stationen aufgegriffen wird. Schließlich kann Umsetzung auch die *Erprobung* von Ergebnissen an der Praxis bezeichnen, das heißt, die Forschungsergebnisse einer kritischen Prüfung zu unterziehen.

(18) Ableitung von neuen Fragestellungen

Ein wesentliches Ergebnis einer empirischen Untersuchung sollte auch die *Formulierung neuer Fragestellungen*, Hypothesen etc. zur Analyse offengebliebener Fragen sein, sodass die Forschung in diesem Feld weitergehen kann.

(19) Neue Untersuchung

Diese neuen Fragestellungen können zu einer neuen Untersuchung führen.

Zusammenfassung

Die gerade dargestellten Schritte des Forschungsprozesses bei standardisierter Forschung lassen sich auch als linearer Prozess bezeichnen, da sie in der Regel nacheinander durchgeführt werden. In der Forschungspraxis ergibt sich häufig die Notwendigkeit, einen Schritt zurückzugehen und diesen zu revidieren, weil sich erst später zeigt, dass die vorher getroffenen Entscheidungen so nicht realisiert werden können. Beispielsweise wird man beim Einstieg in das Untersuchungsfeld feststellen, dass sich das geplante Design hier nicht umsetzen lässt, weil es nicht genug Personen darin gibt, um ein bestimmtes Auswahlverfahren anwenden zu können. Tabelle 4.1 gibt die Schritte des Prozesses bei standardisierter Forschung noch einmal im Überblick wieder.

Standardisierte Forschung	
(1)	Auswahl eines Forschungsproblems
(2)	Systematische Literaturrecherche
(3)	Formulierung der Fragestellung
(4)	Formulierung von Hypothesen
(5)	Operationalisierung
(6)	Entwicklung eines Projektplans bzw. -designs
(7)	Stichprobenziehung
(8)	Auswahl geeigneter Methoden
(9)	Einstieg in das Untersuchungsfeld
(10)	Datenerhebung
(11)	Dokumentation der Daten
(12)	Auswertung der Daten
(13)	Interpretation der Ergebnisse
(14)	Diskussion der Ergebnisse und Interpretationen
(15)	Überprüfung und Verallgemeinerung
(16)	Darstellung der Ergebnisse und der Untersuchung
(17)	Umsetzung der Ergebnisse
(18)	Ableitung von Fragestellungen
(19)	Neue Untersuchung

Tabelle 4.1: Schritte des Prozesses bei standardisierter Forschung

Diese Darstellung des Forschungsprozesses bei standardisierter bzw. quantitativer Forschung kann einerseits zur Orientierung bei der Planung empirischer Forschung dienen. Andererseits kann sie auch einen Rahmen liefern für die kritische Auseinandersetzung mit vorliegenden empirischen Studien.

Der Forschungsprozess bei nicht standardisierter qualitativer Forschung

Wie wir gesehen haben, kann der Ablauf bei standardisierter Forschung in eine lineare Abfolge konzeptioneller, methodischer und empirischer Phasen aufgefächert werden. Die einzelnen Schritte lassen sich nacheinander und weitgehend unabhängig voneinander durchführen und behandeln.

(1–6) Auswahl des Forschungsproblems, Literaturrecherche, Fragestellung und Zugang

Einige der wesentlichen Schritte des gerade skizzierten Verlaufs sind auch für nicht standardisierte Forschung relevant: Die Auswahl eines Forschungsproblems, die Formulierung einer Fragestellung, die Literaturrecherche und der Einstieg in das Untersuchungsfeld stehen auch hier vor der Datensammlung und -analyse. Wenn wir unser Beispiel noch einmal aufgreifen, wird auch hier eine Fragestellung formuliert – was kennzeichnet Situationen, in denen Wartezeiten auftreten (s. o.)? Die Literatur dazu wird gesichtet und Genehmigungen des Zugangs abgeklärt. Es wird jedoch keine Hypothese formuliert.

(7) Sampling, Datenerhebung, -dokumentation und -analyse, Vergleich

In der nicht standardisierten bzw. qualitativen Forschung sind die anderen Bestandteile des Forschungsprozesses stärker miteinander verzahnt und voneinander abhängig. Am deutlichsten entwickelt haben diese Vorstellung des Forschungsprozesses Glaser und Strauss (1967/2005) in ihrem Ansatz der «gegenstandsbegründeten Theoriebildung». Darin räumen sie zunächst den Daten und dem untersuchten Feld Priorität gegenüber der Theorie ein. Statt von Theorien über den zu untersuchenden Gegenstand auszugehen, sollen diese in der Auseinandersetzung mit dem Feld und den darin anzutreffenden empirischen Zusammenhängen ‹entdeckt› werden. Die Auswahl der untersuchten Fälle (Personen, Situationen oder Institutionen) orientiert sich an deren Relevanz für das Thema und weniger an ihrer Repräsentativität (im statistischen Sinn).

Bei der Planung der Untersuchung geht es weniger um die Zerlegung des untersuchten Gegenstandes in operationalisierbare Variablen als um die Berücksichtigung von möglichst vielen der relevanten Kontextbedingungen. Methoden werden unter dem Leitgedanken der Angemessenheit für den untersuchten Gegenstand ausgewählt, weitere Untersuchungsteilnehmer nach dem Stand der bisherigen Erkenntnisse in der laufenden Studie. Der Ansatz basiert stark auf der Interpretation von gewonnenen Daten. Welche Form der Datenerhebung angemessen ist, welche Daten einbezogen und welche Methoden dafür verwendet werden sollten, entscheidet sich nach dem Stand der Theorieentwicklung aufgrund der Analyse der bereits erhobenen Daten (vgl. Kapitel 7).

In der Dokumentation der Daten geht es hier zunächst um ihre *Aufzeichnung*: Interviews sollten entweder mit Tonband oder Video festgehalten werden, bei Beobachtungen müssen Feldnotizen oder Protokolle erstellt werden, eventuell ebenfalls unter Verwendung von Video. Bei Interviews schließt sich die Transkription, d. h. die Verschriftlichung der Tonbandaufzeichnung, an (vgl. Kapitel 5).

Bei qualitativen Methoden meint Interpretation vor allem die Analyse von Äußerungen in Interviews oder von bestimmten Ereignissen oder Handlungen in Feldnotizen aus Beobachtungen. Auch hier wird nach einer Erklärung dafür gesucht, warum bestimmte Äußerungen in bestimmten Kontexten, zusammen mit anderen Äußerungen oder auch warum sie unter bestimmten Bedingungen gehäuft auftreten (vgl. Kapitel 6).

In unserem Beispiel beginnt der Forscher mit wenig strukturierten Beobachtungen in einer Station und führt dabei Gespräche mit den Beteiligten (Personal, Patienten, gegebenenfalls Verwaltungsmitarbeiter etc.). Nach ersten Auswertungen der dabei erhobenen Daten wird er eine andere Station aussuchen und die Beobachtungen und Gespräche dort fortsetzen und analysieren, um dann weitere Fälle einzubeziehen und damit Vergleiche anzustellen.

(8–13) Diskussion, Verallgemeinerung, Darstellung, Umsetzung und neue Fragestellungen
Ähnlich wie bei standardisierter Forschung folgt der Erhebung und Analyse der Daten (vgl. Kapitel 6) die Diskussion der Ergebnisse, ihrer Gültigkeit und Verallgemeinerbarkeit (vgl. Kapitel 10). Hier ist Verallgemeinerung jedoch weniger im statistischen als im theoretischen Sinn gemeint. Die Darstellung und Umsetzung der Ergebnisse sowie die Ableitung neuer Fragestellungen bilden hier ebenfalls den Abschluss.

Qualitative (bzw. nicht standardisierte) Forschung ist nur begrenzt mit der herkömmlichen, linearen Logik empirischer (quantitativer bzw. standardisierter) Forschung kompatibel. Die Verzahnung empirischer Schritte entsprechend dem Modell von Glaser und Strauss (vgl. Abbildung 4.1 für einen Überblick) kann dem entdeckenden Charakter qualitativer Forschung eher gerecht werden.

Trotz dieser Verzahnung wesentlicher Schritte des Vorgehens lässt sich auch der qualitative bzw. nicht standardisierte Forschungsprozess als Abfolge von Entscheidungen auffassen (vgl. hierzu Flick 1995b und 2007a): Diese Entscheidungen beziehen sich auf die Auswahl der konkreten Methode(n) der Datenerhebung und -analyse, die angewendet werden sollen, auf das im konkreten Falle praktizierte Auswahlverfahren (vgl. weiter unten) sowie die Wege der Dokumentation der Daten und der Darstellung der Ergebnisse.

Tabelle 4.2 stellt die hier behandelten Konzeptionen des Forschungsprozesses bei standardisierter und nicht standardisierter Forschung noch einmal vergleichend gegenüber.

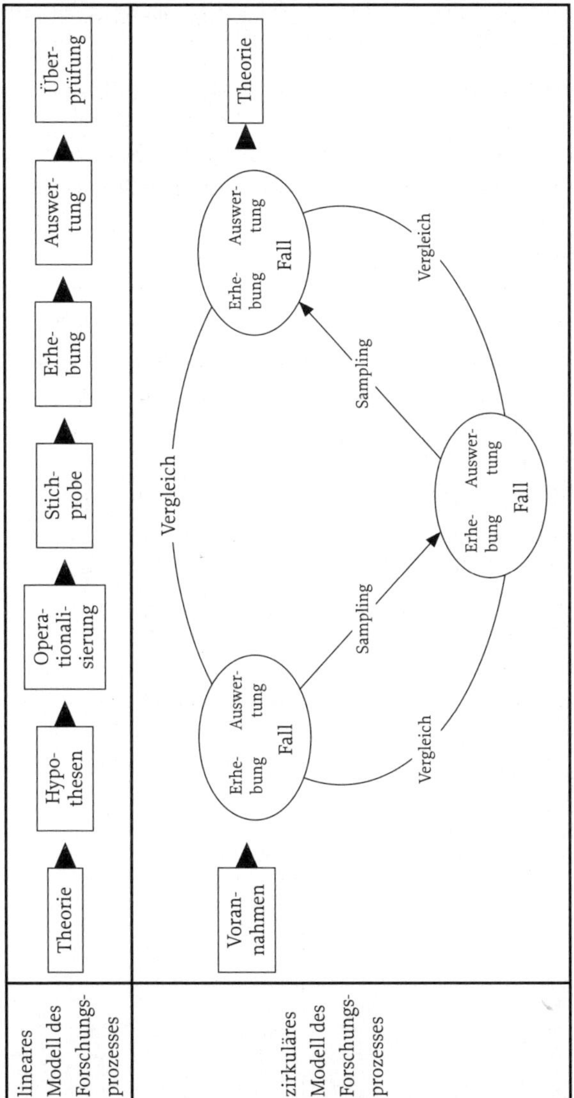

Abbildung 4.1: Prozessmodelle standardisierter und nicht standardisierter Forschung (aus Flick 2007a, S. 128)

Standardisierte Forschung	Nicht standardisierte Forschung
(1) Auswahl eines Forschungsproblems	(1) Auswahl eines Forschungsproblems
(2) Systematische Literaturrecherche	(2) Systematische Literaturrecherche
(3) Formulierung der Fragestellung	(3) Formulierung der Fragestellung
(4) Formulierung von Hypothesen	(4) Entwicklung eines Projektplans bzw. -designs
(5) Operationalisierung	(5) Auswahl geeigneter Methoden
(6) Entwicklung eines Projektplans bzw. -designs	(6) Einstieg in das Untersuchungsfeld
(7) Stichprobenziehung	(7) Sampling – Datenerhebung – Dokumentation der Daten – Datenanalyse –Vergleich – Sampling – Datenerhebung – Dokumentation der Daten – Datenanalyse Vergleich – …
(8) Auswahl geeigneter Methoden	
(9) Einstieg in das Untersuchungsfeld	
(10) Datenerhebung	
(11) Dokumentation der Daten	
(12) Auswertung der Daten	
(13) Interpretation der Daten	(8) Diskussion der Ergebnisse und Interpretationen
(14) Diskussion der Ergebnisse und Interpretationen	
(15) Überprüfung und Verallgemeinerung	(9) Überprüfung und Verallgemeinerung
(16) Darstellung der Ergebnisse und der Untersuchung	(10) Darstellung der Ergebnisse und der Untersuchung
(17) Umsetzung der Ergebnisse	(11) Umsetzung der Ergebnisse
(18) Ableitung von Fragestellungen	(12) Ableitung von Fragestellungen
(19) Neue Untersuchung	(13) Neue Untersuchung

Tabelle 4.2: Schritte des standardisierten und nicht standardisierten Forschungsprozesses

Untersuchungsdesign und -planung

Nachdem wir die Schritte kennengelernt haben, die der Forschungsprozess durchläuft, wenden wir uns Fragen der Forschungsplanung zu. Im Vordergrund steht dabei der Begriff des Forschungsdesigns. Ragin (1994, S. 191) gibt dafür die folgende Definition:

«Ein Forschungsdesign ist ein Plan für die Sammlung und Analyse von Anhaltspunkten, die es dem Forscher erlauben, eine Antwort zu geben – welche Frage er auch immer gestellt haben mag. Das Design einer Untersuchung berührt fast alle Aspekte der Forschung von den winzigen Details der Datenerhebung bis zur Auswahl der Techniken der Datenanalyse.»

Das Ziel der Festlegung eines Forschungsdesigns ist einerseits, einen Beitrag zur Lösung der Forschungsfragen zu leisten, andererseits Kontrolle über das Verfahren zu gewährleisten. Kontrolle meint dabei Maßnahmen, um die Bedingungen der Untersuchung konstant zu halten, damit etwa Unterschiede in den Antworten zweier Untersuchungsteilnehmer auf deren Verschiedenheit (z.B. ihrer Einstellungen) zurückgeführt werden können und nicht daraus resultieren, dass sie unterschiedlich befragt wurden. Kontrolle meint also, dass die Bedingungen der Studie konstant gehalten werden und das Vorgehen der Stichprobenziehung (vgl. weiter unten) definiert wird (wer wird warum ausgewählt?).

Ein weiteres Ziel von Forschungsdesigns ist die Kontrolle externer Variablen. Damit sind Einflüsse gemeint, die außerhalb des zu untersuchenden Zusammenhangs liegen, aber das zu interessierende Phänomen beeinflussen. Wenn etwa die Wirkung eines Medikaments auf den Krankheitsverlauf bei einer bestimmten Krankheit untersucht werden soll, muss man ausschließen, dass andere Faktoren (z.B. besondere Eigenschaften bei bestimmten Patienten oder die Ernährung während der Behandlung) den Krankheitsverlauf beeinflussen. Wege zu einer Kontrolle solcher externen Variablen sind zum Beispiel die Verwendung homogener Stichproben (vgl. weiter unten). Dabei werden so weit wie möglich Patienten ausgewählt, die in den entscheidenden Eigenschaften sehr ähnlich sind (z.B. 50- bis 55-jährige Männer mit bestimmten

Berufen). Der Nachteil bei homogenen Stichproben ist, dass die Verallgemeinerung der Ergebnisse ebenfalls nur auf Personen möglich ist, die die Kriterien der Stichprobe (50- bis 55-jährige Männer mit bestimmten Berufen) erfüllen. Konsequenter ist es, eine Zufallsstichprobe zu ziehen (vgl. weiter unten). Der Nachteil hierbei ist neben dem höheren Aufwand, dass die Stichprobe sehr groß sein muss, wenn spezifische Eigenschaften (von Personengruppen beispielsweise) in ihr mit Sicherheit repräsentiert sein sollen.

Ein zweiter Weg zur Kontrolle externer Einflüsse ist die Verwendung konsistenter Methoden der Datensammlung. Das heißt, die Datenerhebung wird bei allen Untersuchungsteilnehmern in gleicher Form durchgeführt, um sicherzustellen, dass Unterschiede in den Ergebnissen auf die Unterschiede in den Untersuchungsteilnehmern zurückgeführt werden können und nicht in Unterschieden ihrer Befragung beispielsweise begründet sind entsprechend der folgenden Feststellung: «Erhebungsdesigns sind Mittel zum Zweck der Sammlung aussagekräftiger Daten» (Diekmann 2007, S. 312).

Im Folgenden werden einige der gebräuchlichsten Designs empirischer Forschung vorgestellt.

Forschungsdesigns bei standardisierter Forschung

(1) Kontrollgruppendesign

Gehen wir von einem Beispiel aus: In der Praxis wird beobachtet, dass bei Patienten, die ein bestimmtes Medikament erhalten, Symptome weniger werden und am Ende der Behandlung verschwunden sind, also eine Heilung eingetreten ist. Um herauszufinden, ob sich die Verbesserung des Zustands der Patienten auf das zu untersuchende Medikament zurückführen lässt, werden häufig Kontrollgruppendesigns angewendet. In einem solchen Design bezeichnet man das Medikament als *unabhängige Variable*, die Gesundung, die es auslöst, als *abhängige Variable*. Es werden zwei Gruppen von Patienten zusammengestellt, die hinsichtlich ihrer Eigenschaften (z. B. Diagnose, Alter etc.) vergleichbar sind. Die Untersuchungsgruppe erhält das zu untersuchende Medikament, die Kontrollgruppe dagegen nicht oder eine wirkungslose Tablette (Placebo). Nach Ablauf der Behandlung der Untersuchungsgruppe wird verglichen, ob in ihr ein deutlich höherer Behandlungserfolg zu verzeichnen ist als in der Kontrollgruppe. Sind am Ende in beiden Gruppen die Veränderungen vergleichbar, ist der Effekt *nicht* auf das Medikament zurückzuführen (vgl. Abbildung 4.2).

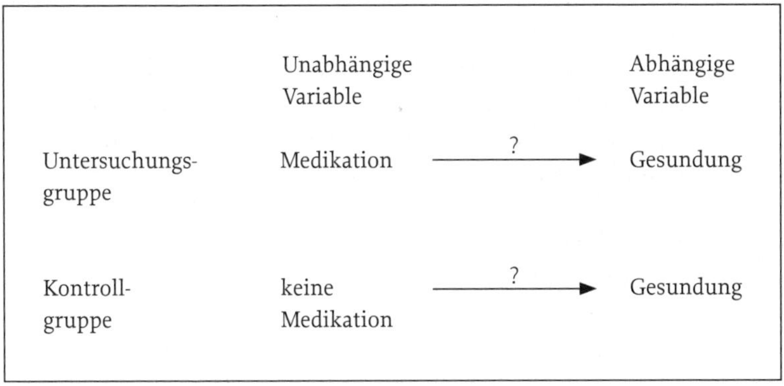

Abbildung 4.2: Kontrollgruppendesign

(2) Experimentelle Designs

Solche Kontrollgruppendesigns werden vor allem in der experimentellen Forschung angewendet. Dabei geht es weniger darum, die Effektivität eines Medikaments zu überprüfen, als Effekte seiner Einnahme zu untersuchen. Experimente sind gezielte Einwirkungen auf Untersuchungsgruppen, um deren Wirkung zu untersuchen. Nach Diekmann (2007, S. 337) handelt es sich um ein *experimentelles Design*, wenn

1. mindestens zwei experimentelle Gruppen gebildet werden;
2. die Versuchspersonen den experimentellen Gruppen nach einem Zufallsverfahren zugewiesen werden (vgl. weiter unten) und
3. die unabhängige Variable vom Forscher «manipuliert» wird.

Im Unterschied zum Kontrollgruppendesign wird in einer experimentellen Studie die Medikamentengabe zu Untersuchungszwecken durchgeführt bzw. verändert. Um auszuschließen, dass der beobachtete (Gesundungs-)Effekt aus dem Bewusstsein der Patienten: «Ich werde behandelt» resultiert, lässt man sie in einer solchen Untersuchung im Unklaren, ob sie ein Medikament erhalten oder eine wirkungslose Placebotablette. Wegen dieser gezielt herbeigeführten Unklarheit auf der Seite des Patienten wird dieses Design auch als *Blindversuch* bezeichnet.

Zeigt sich in unserem Beispiel ein deutlicher Unterschied – dass also die Gesundung in der Untersuchungsgruppe bei deutlich mehr Patienten festzustellen ist als in der Kontrollgruppe –, könnte es ja sein, dass nicht das Medikament selbst die Gesundung bewirkt hat, sondern die mit seiner Verabreichung verbundene Zuwendung durch die Pflegekräfte oder Ärzte. Um dies auszuschließen, werden gerade bei Medikamentenstudien häufig *Doppelblindversuche* durchgeführt. Dabei erhalten beide Gruppen jeweils eine Behandlung – die Untersuchungsgruppe mit dem zu untersuchenden Medikament, die Kontrollgruppe wieder mit einem identisch aussehenden Placebo. Um zu vermeiden, dass die verabreichenden Pflegekräfte oder Ärzte einen Einfluss auf die Patienten ausüben können – etwa dadurch, dass sie ihnen unbewusst vermitteln, dass die verabreichte Placebopille ja ohnehin keine Wirkung habe –, wird bei Doppelblindversuchen auch den verabreichenden Pflegekräften oder Ärzten nicht mitgeteilt, ob es sich jeweils um ein Medikament oder ein Placebo handelt. Weder die Patienten noch die Ärzte bzw. Pflegekräfte wissen, wem ein Medikament gegeben wird und wer Placebos erhält. Deshalb heißt dieses Design «Doppelblindversuch».

Um Einflüsse anderer Variablen weitgehend auszuschließen, werden Experimente häufig als *Laborversuch* durchgeführt, also nicht im (Versorgungs-)Alltag des Krankenhauses, sondern in einer künstlich gestalteten Umgebung. Dabei lassen sich dann Einflussfaktoren weitgehend ausschließen bzw. kontrollieren. Der Nachteil ist, dass sich die Ergebnisse nur begrenzt auf Kontexte außerhalb des Labors – also auf den Alltag – übertragen lassen.

(3) Prä-Post-Design

Eine weitere Variante, externe Einflussvariablen auszuschließen, ist, in beiden Gruppen eine *Vorher-nachher-Messung* durchzuführen. Dabei erhebt man in beiden Gruppen – der Untersuchungsgruppe und der Kontrollgruppe – den Ausgangszustand (Vorher-Messung), bevor in der Untersuchungsgruppe die entsprechende Behandlung gesetzt wird. In beiden Gruppen wird nach Abschluss der Behandlung der Endzustand (nachher) festgehalten. Die Gefahr ist dabei, dass die Vorher-Messung die Nachher-Messung beeinflusst, etwa durch einen Lerneffekt. Damit ist gemeint, dass die Kenntnis der Tests, Messungen oder Fragen aus der Vorher-Messung die Reaktionen in der Nachher-Messung erleichtert – etwa Fragen einfacher zu beantworten sind.

Prä-Post-Design

Vorher-Messung	Intervention	Nachher-Messung

Abbildung 4.3: Prä-Post-Design

(4) Querschnitt- und Längsschnittstudien

Bislang wurden verschiedene Designs vorgestellt, die insbesondere auf die Kontrolle von Untersuchungsbedingungen abzielen. Damit lässt sich vor allem der Zustand zum jeweiligen Untersuchungszeitpunkt abbilden. Wenn es jedoch um *Prozessverläufe* geht, wird eine weitere Unterscheidung von Designs bedeutsam. Die meisten Studien sind als Momentaufnahmen angelegt – es werden zu einem Zeitpunkt Befragungen durchgeführt, um die Einstellung einer bestimmten Gruppe (etwa der Deutschen) zu einem Gegenstand (z.B. einer Partei) zu ermitteln. Solche Momentaufnahmen werden in einem *Querschnittdesign* erhoben und ausgewertet: Es wird ein Querschnitt eines bestimmten Zustandes zum Zeitpunkt t gezogen. Dabei ist in der Regel auch eine vergleichende

Perspektive angelegt, indem etwa die Einstellungen verschiedener Teilgruppen – etwa derer, die beim letzten Mal die Partei X gewählt haben, und derer, die beim letzten Mal die Partei Y gewählt haben – miteinander verglichen werden.

Geht es jedoch um Prozesse, Verläufe oder Entwicklungen, reichen solche Querschnittstudien nicht aus. Stattdessen wird in einer *Längsschnittstudie* die Entwicklung – etwa der Einstellung einer oder mehrerer Gruppen über die Jahre – erhoben und verglichen. Dazu führt man in regelmäßigen Abständen Wiederholungsbefragungen durch – wobei denselben Personen im Abstand von z. B. zwei Jahren dieselben Fragen gestellt werden, um herauszufinden, wie sich die Einstellung zur Partei X gewandelt hat. Werden solche Befragungen nicht nur einmal, sondern öfter wiederholt, lassen sich damit *Zeitreihen-* oder *Trendanalysen* durchführen, um z. B. langfristige Aussagen über die Veränderung politischer Einstellungen treffen zu können. Längsschnittuntersuchungen sind auch dann von Interesse, wenn etwa der Einfluss eines bestimmten Ereignisses auf eine Einstellung oder den Lebensverlauf untersucht werden soll. Ein Beispiel ist hier, wie die psychische Erkrankung eines Familienmitglieds die Einstellung der Familienmitglieder zu psychischer Krankheit insgesamt verändert hat. Dabei tritt jedoch das Problem auf, dass der zu untersuchende Prozess der Einstellungsänderung nur in einem Längsschnittdesign angemessen erfasst werden kann, wenn auch *vor* dem Ereignis bereits eine Befragung durchgeführt wird. Wo dies nicht möglich ist, wird häufig auf einen Ersatz zurückgegriffen und eine retrospektive Studie durchgeführt: Nach Ausbruch der Erkrankung werden bei den Familienmitgliedern etwa in einer biographischen Studie die Veränderungen vom heutigen Zeitpunkt aus erfragt.

(5) Nicht standardisierte Forschungsdesigns

Die qualitative bzw. nicht standardisierte Forschung schenkt dem Aspekt des Forschungsdesigns und vor allem der Kontrolle von Bedingungen durch bestimmte Designs weniger Aufmerksamkeit. Generell ist auch hier mit dem Stichwort des Forschungsdesigns die Frage nach der Planung einer Untersuchung angesprochen: Wie sollen Datenerhebung und -analyse konzipiert und wie die Auswahl empirischen «Materials» (Situationen, Fälle, Personen etc.) gestaltet werden, damit die Fragestellung der Untersuchung beantwortet und dies auch in der zur Verfügung stehenden Zeit und mit den vorhandenen Mitteln erreicht werden kann? Die Literatur zu Forschungsdesigns in der qualitativen Forschung (vgl. Flick 2007a, Kap. 12; 2008b) beschäftigt sich mit dem Thema unter zwei Gesichtspunkten: Creswell (1998) stellt beispielsweise bestimmte Grundmodelle qualitativer Forschung gegenüber, zwischen denen sich der Forscher für seine konkrete Studie entscheiden kann. Maxwell (2005) benennt und diskutiert die Bestandteile, aus denen sich ein konkretes Forschungsdesign zusammensetzt (vgl. zum Folgenden ausführlicher Flick 2007a, Kapitel 12).

– Fallstudien

In Fallstudien steht die genaue Beschreibung oder Rekonstruktion eines Falls im Vordergrund (vgl. ausführlicher Ragin & Becker 1992). Der Begriff des «Falls» wird dabei eher weit gefasst – er kann sich auf Personen, soziale Gemeinschaften (z.B. Familien), Organisationen und Institutionen (z.B. ein Unternehmen oder Krankenhaus) beziehen. Entscheidend sind hier die Identifikation eines für die Untersuchung aussagekräftigen Falls sowie die Klärung, was zum Fall dazugehört und welche methodischen Zugänge seine Analyse erfordert. Zielt die Fallanalyse auf den Krankheitsverlauf bei einer chronischen Erkrankung eines Kindes ab, sind folgende Fragen zu klären: Reicht es, das Kind im Behandlungskontext zu beobachten? Inwieweit sollten die Familie und ihr Alltag über Beobachtungen in die Analyse einbezogen werden? Müssen zusätzlich noch die Lehrer und/oder die Mitschüler befragt werden?

– Vergleichsstudien

Häufig wird jedoch nicht der einzelne Fall in seiner Komplexität und als Ganzes untersucht, sondern eine Vielzahl von Fällen in Hinblick auf bestimmte Ausschnitte. So werden etwa spezifische Inhalte des Expertenwissens mehrerer Personen verglichen. Oder Biographien werden in Hinblick auf eine konkrete Krankheitserfahrung und den weiteren Lebensverlauf gegenübergestellt. Entsprechend werden beispielsweise die

Antworten auf bestimmte Fragen aus allen Interviews einer Studie vergleichend analysiert. In solchen Studien ist zunächst die Frage der Auswahl der Fälle in den zu vergleichenden Gruppen zu klären. Weiterhin muss festgelegt werden, welcher Grad an Standardisierung oder Konstanthaltung der übrigen Bedingungen, die nicht Gegenstand des Vergleiches sind, notwendig ist: Um zeigen zu können, ob kulturelle Unterschiede in den Gesundheitsvorstellungen portugiesischer und deutscher Frauen existieren, wurden in beiden Kulturen Interviewpartnerinnen gesucht, die in möglichst vielen Dimensionen (Leben in der Großstadt, vergleichbare Berufe, Einkommen und Bildungsniveau) unter zumindest ähnlichen Bedingungen leben, um Unterschiede auf die Vergleichsdimension ‹Kultur› zurückführen zu können (vgl. Flick et al. 1998).

– Retrospektive Studien

Die *Rekonstruktion* von Fällen ist kennzeichnend für einen großen Teil der biographischen Forschung, die mit einer Reihe von Fallanalysen in vergleichender, typisierender oder kontrastierender Weise arbeitet (vgl. Kapitel 6). Biographische Forschung ist gleichzeitig exemplarisch für ein retrospektives Forschungsdesign. Darin werden rückblickend vom Zeitpunkt der Durchführung der Studie bestimmte Ereignisse und Prozesse in ihrer Bedeutung für individuelle oder kollektive Lebensläufe analysiert. In diesem Zusammenhang ist zu klären, welche Personen bzw. Lebensläufe für den untersuchten Prozess aussagekräftig sein können. Weiterhin ist zu prüfen, wie sich Vergleichsgruppen angemessen definieren lassen, wie der untersuchte Zeitraum begründet eingegrenzt werden kann und ob andere (z. B. historische) Quellen und Dokumente zusätzlich zu biographischen Interviews heranzuziehen sind. Schließlich muss der Forscher prüfen, inwiefern er die Einflüsse heutiger Sichtweisen auf die Wahrnehmung und Bewertung früherer Erfahrungen berücksichtigen sollte.

– Momentaufnahmen

Ein großer Teil qualitativer Forschung besteht in Momentaufnahmen: Verschiedene Ausprägungen des Expertenwissens, das in einem Feld zum Zeitpunkt der Forschung existiert, werden in Interviews erhoben und miteinander verglichen. Auch wenn in die Interviews entsprechende Beispiele aus früheren Zeitpunkten einfließen, richtet sich die Forschung nicht primär auf die Rekonstruktion eines Prozesses in retrospektive Perspektive. Vielmehr ist eine Zustandsbeschreibung zum Zeitpunkt der Forschung das angestrebte Resultat.

Verschiedene prozessorientierte Vorgehensweisen weisen ebenfalls einen starken Gegenwartsbezug auf. Auch sie sind nicht an der Rekonstruktion vergangener Ereignisse aus der Sicht (eines) der Beteiligten interessiert, sondern am *Ablauf* von aktuellen Geschehnissen aus einer zeitlich parallelen Perspektive. In ethnographischen Studien (vgl. Kapitel 5) nehmen Forscher für einen längeren Zeitraum am sich entwickelnden Geschehen teil, um dieses parallel zu seinem Verlauf einzufangen und zu analysieren.

– Längsschnittstudien

Auch bei qualitativer Forschung werden *Längsschnittstudien* mit mehreren Erhebungszeitpunkten durchgeführt. So werden Interviews wiederholt angewendet, oder Beobachtungen erstrecken sich über einen sehr langen Zeitraum.

Abbildung 4.4 fasst die behandelten Basisdesigns qualitativer Forschung noch einmal zusammen:

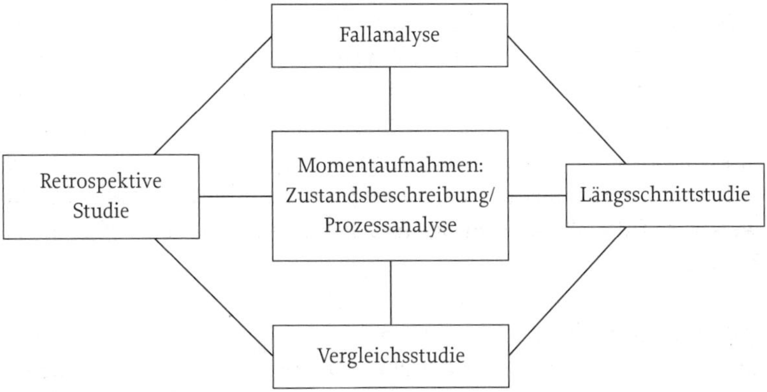

Abbildung 4.4: Basisdesigns qualitativer Forschung (aus Flick 2007 a, S. 185)

Im Folgenden wird auf einen Aspekt der Planung empirischer Studien detaillierter eingegangen: Wie können Untersuchungsteilnehmer so ausgewählt werden, dass die darüber zu erhebenden Erkenntnisse den mit der Studie angestrebten Grad an (allgemeiner) Gültigkeit haben? Dabei geht es entweder darum, aus einer großen Gruppe (z. B. den deutschen Jugendlichen), die man nicht komplett in die Studie einbeziehen kann, die untersuchten Fälle so auszuwählen, dass die Ergebnisse hinterher auch für die ursprüngliche Gruppe Gültigkeit besitzen. Damit ist das Problem der Stichprobenziehung bei quantitativer Sozialforschung angesprochen. Oder es geht darum, die für die Beantwortung der Fragestellung besonders relevanten Fälle gezielt auszuwählen. Dies betrifft das Sampling bei qualitativer Forschung.

Auswahl von Informationsträgern: Stichprobenziehung und Sampling

Die überwiegende Zahl aller empirischen Studien wird an einer Auswahl derjenigen Gruppe durchgeführt, auf die sich die Aussagen letztlich beziehen sollen. Untersuchungen zur beruflichen Belastung von Krankenschwestern werden in der Regel an einer Auswahl aus der für eine Untersuchung zu großen Zahl aller Krankenschwestern (z. B. in Deutschland) durchgeführt. Alle Krankenschwestern sind dabei die Grundgesamtheit, aus der für die Untersuchung eine Stichprobe gezogen wird.

«Unter Grundgesamtheit ist diejenige Menge von Individuen, Fällen, Ereignissen zu verstehen, auf die sich die Aussagen der Untersuchung beziehen sollen und die im Hinblick auf die Fragestellung und die Operationalisierung vorher eindeutig abgegrenzt werden muss» (Kromrey 2006, S. 269).

In seltenen Fällen kann man eine Vollerhebung durchführen, d. h. alle Fälle einer Grundgesamtheit auch in die Untersuchung einbeziehen. Das andere Extrem ist die Auswahl und Untersuchung einer Person (oder Institution) in einer Einzelfallstudie. In der Regel wird jedoch nach einem der weiter unten vorgestellten Verfahren eine Stichprobe gezogen und die Ergebnisse dann auf die Grundgesamtheit verallgemeinert. Gegen Vollerhebungen und für Stichproben sprechen Zeit- und Kostenersparnis sowie die größere Genauigkeit, die mit Stichproben möglich ist. Dabei ist zu unterscheiden zwischen Auswahl- und Erhebungseinheiten. Letztere sind die Einheiten, die konkret in die Untersuchung einbezogen werden sollen. Beispielsweise sind die Auswahleinheit verschiedene Krankenhäuser, in denen die Entstehung von Wartezeiten untersucht werden soll. Erhebungseinheit sind dabei bestimmte Situationen, in denen diese auftreten oder zu vermuten sind, z. B. Situationen der Operationsvorbereitung. Das Problem der Auswahl stellt sich bei qualitativen und quantitativen Untersuchungen prinzipiell gleichermaßen, es wird aber unterschiedlich angegangen: Stichprobenziehung im engeren Sinn findet sich in der quantitativen Forschung, während in qualitativer Forschung andere Verfahren einsetzen, die der Begriff «Sampling» bezeichnet.

Stichprobenverfahren bei quantitativer Forschung

Als Anforderungen an eine Stichprobe werden u. a. festgehalten: Die Stichprobe muss ein verkleinertes Abbild der Grundgesamtheit hinsichtlich der Heterogenität der Elemente und hinsichtlich der Repräsentativität der für die Hypothesenprüfung relevanten Variablen sein. Die Einheiten oder Elemente der Stichprobe müssen definiert sein. Die Grundgesamtheit sollte angebbar und empirisch definierbar sein (vgl. Friedrichs 1980, S. 125), die Grundgesamtheit muss also eindeutig abgegrenzt sein. Dabei lassen sich zwei Varianten der Auswahl unterscheiden: zufallsgesteuerte und nicht zufallsgesteuerte Verfahren.

(1) Einfache Zufallsstichprobe

Häufig liegen über die Zusammensetzung und Eigenschaften der Grundgesamtheit zu wenig gesicherte Kenntnisse vor, um eine gezielte Auswahl so treffen zu können, um davon auszugehen, dass die Stichprobe ein verkleinertes Abbild der Grundgesamtheit ist. In diesem Fall empfiehlt sich das Ziehen einer Zufallsstichprobe. Hier ist wiederum zwischen einfachen und komplexeren Zufallsauswahlen zu unterscheiden.

Einfache Zufallsauswahlen werden beispielsweise in Form einer Karteiauswahl getroffen: Die Elemente einer Grundgesamtheit sind in einer Kartei oder Liste erfasst. So sind alle Bürger einer Stadt in der Kartei des Einwohnermeldeamtes enthalten. Aus dieser Kartei kann man eine reine Zufallsauswahl oder eine systematische Zufallsauswahl treffen. Eine reine Zufallsauswahl liegt dann vor, wenn jedes Element der Stichprobe unabhängig durch einen Zufallsprozess aus der Grundgesamtheit gezogen wird. Ein Beispiel ist die Ziehung aus einer Lostrommel: Alle Einsendungen (Postkarten) bei einem Preisausschreiben liegen in einer Lostrommel und werden nacheinander gezogen, wobei man jedes Mal vor der Ziehung die Karten neu mischt. Jedes Element hat dabei die gleiche Chance, gezogen zu werden. Übertragen auf die Stichprobenziehung aus der Einwohnermeldeamtskartei, wird dieses Prinzip angewendet, indem jeder Eintrag in der Kartei eine Nummer erhält und für jede Nummer ein Los erstellt wird. Alle Lose werden dann in einer Lostrommel gemischt. Nacheinander werden dann so lange Nummern gezogen, bis die Stichprobe vollständig ist. Diese Ziehung lässt sich auch mittels eines Computers simulieren.

Systematische Zufallsauswahlen bieten sich vor allem bei großen Grundgesamtheiten an. Dabei wird nur die erste Wahl (der erste Fall, die erste Karteikarte) per Zufall (etwa durch Würfeln oder das Herausgreifen einer Zufallszahl aus einer Tabelle) bestimmt. Die weiteren in die Stichprobe aufzunehmenden Einheiten legt man dann systematisch fest. Zum Beispiel wird aus einer Grundgesamtheit von 100 000 eine Stichprobe von 1000 Elementen gezogen. Als erste Zahl wird per Zufall eine Zahl zwischen 1 und 100 gezogen, z. B. 37. Danach wird dann systematisch jeder weitere 100. Fall in die Stichprobe aufgenommen (also die Fälle 137, 237, 437 … 99 937).

Schwächen solcher einfachen Zufallsauswahlen sind einerseits die Schwierigkeit, sicherzustellen, dass relevante, aber zahlenmäßig unterrepräsentierte Teilgruppen der Grundgesamtheit auch in der Stichprobe enthalten sind. Außerdem bleibt bei einer solchen Auswahl der Kontext eines Falls, also seine Eigenschaften jenseits des Hauptkriteriums für die Auswahl, unberücksichtigt und geht für die Analyse verloren. Als Beispiel für das erste Problem lässt sich anführen: In der Grundgesamtheit von Krankenschwestern, aus der eine Stichprobe gezogen werden soll, gibt es eine Minderheit aus einer ethnischen Gruppe, die für die Untersuchung von besonderem Interesse sein könnte. Bei einer einfachen Zufallsauswahl ist die Chance, dass Vertreter dieser Gruppe überhaupt oder in ausreichender Zahl in der Stichprobe enthalten sind, sehr gering. Solche Kontextinformationen können bei der einfachen Zufallsauswahl nicht systematisch berücksichtigt werden, ohne deren Prinzip zu vernachlässigen.

(2) Komplexe Zufallsauswahl: geschichtete Stichproben, Klumpenauswahl
Aus diesem Grund werden komplexere Zufallsauswahlen verwendet, indem man etwa eine geschichtete Stichprobe bildet. Dahinter steht in der Regel die Absicht, die Stichprobendaten auch getrennt für bestimmte Gruppen auszuwerten – z. B. die Daten der ethnischen Minderheit mit denen aller Befragten zu vergleichen. Entsprechend wird die Grundgesamtheit in mehrere Teil-Grundgesamtheiten (in unserem Beispiel nach ethnischer Zugehörigkeit) geteilt. Aus jeder dieser Teilgesamtheiten wird dann eine (in der Regel einfache) Zufallsstichprobe gezogen. In unserem Beispiel würde die Grundgesamtheit der Krankenschwestern nach ethnischer Zugehörigkeit aufgeteilt und aus den Gruppen der deutschen, türkischen, afrikanischen, koreanischen etc. Krankenschwestern dann jeweils eine Zufallsstichprobe gezogen. Wird für jede Gruppe die gleiche Auswahlprozedur angewendet und der Anteil der jeweiligen Teilgruppe an der Grundgesamtheit berücksichtigt, ergibt sich eine proportional geschichtete Stichprobe. Darin ist der prozentuale Anteil jeder Gruppe exakt so groß wie in der Grundgesamtheit. In unserem Beispiel: Wenn bekannt ist, dass der Anteil türkischer Krankenschwestern 20 % aller Krankenschwestern ausmacht und der koreanischer 5 %, so wird für jede Gruppe so lange nach Zufall ausgewählt, bis in der Stichprobe 20 % türkische und 5 % koreanische Krankenschwestern enthalten sind.

Bei kleinen Stichproben hat das allerdings zur Folge, dass die tatsächliche Zahl der Fälle mit koreanischem Hintergrund sehr gering ist – etwa im Fall einer Stichprobengröße von n = 20. Dies reicht für statistische Analysen zum Vergleich von koreanischen mit anderen Krankenschwestern nicht aus. Als Abhilfe könnte die Stichprobe so vergrößert werden, dass in jeder Teilgruppe ausreichend viele Fälle enthalten sind, wodurch der finanzielle und zeitliche Aufwand der Untersuchung ansteigt. Ein anderer Weg ist die Bildung einer disproportional geschichteten Stichprobe. Dabei wird die Unterrepräsentierung einer Teilgruppe in der Grundgesamtheit ausgeglichen und die Stichprobe beispielsweise so gezogen, dass für alle Teilgruppen in der Stichprobe gleich viele Fälle enthalten sind. In unserem Beispiel würde eine Stichprobengröße von 20 Fällen angestrebt und aus jeder Teilgruppe solange eine Zufallsauswahl getroffen, bis für jede Gruppe (deutsche, türkische, afrikanische, koreanische Krankenschwestern) jeweils fünf Fälle enthalten sind.

Um Kontexte stärker als bei einer einfachen Zufallsauswahl zu berücksichtigen, wird häufig eine sogenannte Klumpenauswahl getroffen. Bei Untersuchungen in Schulen werden dabei nicht Schüler als Untersuchungseinheit, sondern Teilgruppen wie Schulklassen ausgewählt, in denen für jedes Mitglied (die einzelne Schülerin) Daten erhoben und Aussagen gemacht werden. Die Schülerinnen sind die Erhebungseinheiten (die mit einem Fragebogen erfasst werden), die Klassen sind die Auswahleinheiten. Klumpenstichproben sind nur dann gegeben, wenn die Erhebungseinheiten nicht die Klumpen selbst (also die Schulklasse), sondern deren einzelne Mitglieder (die Schülerinnen) sind.

Man kann auch eine mehrstufige Auswahl treffen, die mehrere Ebenen durchläuft. Zum Beispiel werden (1) Übersichten über die Standorte aller Krankenpflegeschulen gebildet. Daraus wird eine einfache Zufallsauswahl getroffen. Dann werden (2) die ausgewählten Schulen in etwa gleich große Einheiten unterteilt – z. B. Klassenverbände. Aus der Gesamtheit dieser Verbände wird wieder eine Zufallsauswahl getroffen. Diese wird (3) z. B. nach Leistungsgruppen unterteilt (alle Schülerinnen mit einem Notendurchschnitt von besser als 2, alle zwischen 2 und 4 und alle mit 4 und schlechter). Aus diesen Teilgruppen wird dann (4) wieder eine Zufallsauswahl getroffen, aus der dann die letztlich Befragten resultieren.

Der große Vorteil der zufallsgesteuerten Auswahl ist, dass die dabei gezogenen Stichproben und die an ihnen durchgeführten Erhebungen und Analysen Repräsentativität in Hinblick auf alle Merkmale der Erhebungseinheiten aufweisen, während eine nicht zufallsgesteuerte Auswahl diese nur in Bezug auf die Merkmale beanspruchen kann, nach denen sie getroffen wurde.

(3) Nicht zufallsgesteuerte Auswahl: willkürliche, bewusste Auswahl und Quotenstichprobe

Nicht in jedem Fall ist es möglich, sinnvoll und notwendig, eine Zufallsauswahl zu treffen. Trotzdem sollte die Stichprobenziehung so weit wie möglich systematisch erfolgen. Relativ wenig systematisch wird bei der *willkürlichen* Auswahl vorgegangen. Dabei gibt es keinen festgelegten Auswahlplan, nach dem entschieden wird, welche Elemente aus der Grundgesamtheit in die Stichprobe aufgenommen werden. Ein Beispiel wäre eine Passantenbefragung, bei der jede Person, die gerade zu dem Zeitpunkt vorbeikommt und bereit ist, sich befragen zu lassen, in die Stichprobe aufgenommen wird. Die Entscheidung fällt dabei willkürlich, d.h. nicht nach festgelegten Kriterien. Davon zu unterscheiden ist die bewusste oder *gezielte Auswahl*. Zum Beispiel werden zu einem bestimmten Thema Experten befragt und Kriterien festgelegt, wonach jemand ein Experte für das jeweilige Thema ist (oder nicht). Danach werden gezielt Personen gesucht, die diese Kriterien erfüllen. Diese werden jedoch nicht per Zufall aus der Grundgesamtheit aller Experten für dieses Thema ausgewählt. Aufgrund der angewendeten Kriterien handelt es sich auch nicht um eine willkürliche Auswahl. Dabei wird jedoch häufig unterstellt, es handle sich bei den Experten um typische Fälle (von Experten). Hier stellt sich das Problem, wie zu entscheiden ist, ob ein Fall typisch ist oder nicht. Dies ist eine Setzung des Forschers. Das setzt eine gewisse Vorkenntnis über die Grundgesamtheit voraus, um einschätzen zu können, ob ein Fall typisch ist oder nicht. Ob ein Experte ein typischer Fachmann für das Thema ist, zeigt sich häufig erst am Ende einer Untersuchung durch den Vergleich mit den anderen Experten. Deshalb wird diese Auswahl häufig anhand von Ersatzmerkmalen vorgenommen – z.B. der Berufserfahrung in der jeweiligen Tätigkeit. Dies unterstellt aber einen Zusammenhang zwischen Expertentum und Berufserfahrung.

Darüber hinaus kann das *Konzentrationsprinzip* angewendet werden. Das bezeichnet die Auswahl der für den Untersuchungsgegenstand besonders in Gewicht fallenden Fälle. Die Fälle werden dabei nach ihrer Bedeutsamkeit ausgewählt – entweder die seltenen Fälle, die den größten Einfluss auf ein Geschehen haben, oder Fälle, die am häufigsten zu finden sind.

Die Umfrageforschung wendet häufig die Technik der *Quotenauswahl* an. Dabei definiert man bestimmte Merkmale (z.B. Alter und Geschlecht), die Teilnehmer aufweisen sollen. Für diese Merkmale werden Quoten für die Ausprägung festgelegt, die in der Stichprobe zum Schluss enthalten sein sollen. Zum Beispiel soll die Verteilung nach Geschlecht im Verhältnis 4 zu 6 sein, d.h. bei 10 Interviews 4 Frauen und 6 Männer. Die Altersgruppen sollen so verteilt sein, dass bei 10 Interviews 2 Personen unter dreißig, 3 über sechzig und 5 zwischen dreißig und sechzig Jahre alt sein sollen. Innerhalb dieser Quoten wird dann willkürlich – d.h. nicht nach dem Zufallsprinzip – ausgewählt. Damit das Verfahren funktioniert, müssen die Verteilungen der Quotierungsmerkmale (in unserem Beispiel Alter und Geschlecht) in der Grundgesamtheit bekannt sein, es muss ein ausreichend großer Zusammenhang zwischen den Quotierungsmerkmalen und den Merkmalen, die untersucht werden sollen (z.B. Gesundheitsverhalten), bestehen oder angenommen werden, und die Quotierungsmerkmale müssen relativ leicht zu erfassen sein.

Schließlich kann man auch nach dem *Schneeballverfahren* vorgehen, das heißt, man fragt sich von einem ersten Untersuchungsteilnehmer zum nächsten durch (Wer könnte Ihrer Meinung nach für diese Untersuchung noch in Frage kommen?). Dies ist häufig aus praktischen Gründen der beste oder einzige Weg, die Repräsentativität der Stichprobe ist dabei jedoch eher gering.

Samplingstrategien bei qualitativer Forschung

In der qualitativen Forschung werden häufig die zuletzt besprochenen Auswahlverfahren angewendet. Auch hier können Quotierungen (nach Alter oder Geschlecht) eine Rolle spielen oder die willkürliche bzw.

gezielte Auswahl (etwa von Experten) vorgenommen werden. Schneeball- oder Konzentrationsprinzip kommen hier ebenfalls zum Einsatz. Eigenständige Auswahlprinzipien verfeinern und systematisieren diese Ansätze jedoch zusätzlich für die Zielsetzungen qualitativer Forschung.

(1) Theoretisches Sampling

Wenn das Ziel der Forschung die Entwicklung einer Theorie aus den Daten bzw. aus der Empirie ist, wird die Auswahl bei qualitativer Forschung häufig am «theoretischen Sampling» von Glaser und Strauss (1967/2005) orientiert. Entscheidungen über die Auswahl und Zusammensetzung des empirischen Materials (Fälle, Untersuchungsgruppen, Institutionen ...) werden hierbei im Prozess der Datenerhebung und -auswertung gefällt. Glaser und Strauss (1967/2005, S. 53) beschreiben diese Strategie folgendermaßen:

> «Theoretisches Sampling meint den auf die Generierung von Theorien zielenden Prozess der Datensammlung, währenddessen der Forscher seine Daten parallel sammelt, kodiert und analysiert sowie darüber entscheidet, welche Daten als nächste erhoben werden sollen und wo sie zu finden sind, um seine Theorie zu entwickeln, während sie emergiert. Dieser Prozess der Datenerhebung wird durch die im Entstehen begriffene (...) Theorie kontrolliert.»

Personen, Gruppen etc. werden nach ihrem (zu erwartenden) Gehalt an Neuem für die zu entwickelnde Theorie aufgrund des bisherigen Standes der Theorieentwicklung in die Untersuchung einbezogen. Auswahlentscheidungen richten sich dabei auf dasjenige Material, das nach dem Stand der bereits vorliegenden Daten und der aus ihrer Analyse gewonnenen Erkenntnisse die größten Aufschlüsse verspricht. Die zentrale Frage für die A*uswahl* ist dabei:

> «Welchen Gruppen oder Untergruppen wendet man sich zwecks Datenerhebung nächstens zu? Und mit welcher Absicht? (...) Die Möglichkeiten zu vergleichen sind im Prinzip unbegrenzt, und deshalb müssen die Gruppen nach theoretischen Kriterien ausgewählt werden» (Glaser & Strauss 1967/2005, S. 55).

Die Auswahl und Einbeziehung weiterer Fälle kann beendet werden, wenn die «theoretische Sättigung» (einer Kategorie etc.) eintritt, also weitere Fälle und Analysen keine neuen Erkenntnisse mehr liefern oder versprechen. Im Unterschied zu einer statistisch orientierten Auswahl orientiert sich das theoretische Sampling nicht an einer in ihrem Umfang und ihren Merkmalen bekannten Grundgesamtheit. Es lässt sich auch nicht vor der Datenerhebung festlegen, wie groß die zu untersuchende Stichprobe sein wird. Beides – die Eigenschaften der Grundgesamtheit und der Stichprobe – kann erst nach Abschluss der Untersuchung und anhand der darin entwickelten Theorie festgelegt werden. Die wesentlichen Merkmale des theoretischen Sampling werden in der folgenden Gegenüberstellung mit der an statistischen Samplingstrategien orientierten Stichprobenziehung verglichen:

Theoretisches Sampling	**Statistisches Sampling**
– Umfang der Grundgesamtheit ist vorab unbekannt	– Umfang der Grundgesamtheit ist bekannt
– Merkmale der Grundgesamtheit sind nicht vorab bekannt	– Merkmalsverteilung in der Grundgesamtheit ist abschätzbar
– mehrmalige Ziehung von Stichprobenelementen nach jeweils neu festzulegenden Kriterien	– einmalige Ziehung einer Stichprobe nach einem vorab festgelegten Plan
– Stichprobengröße vorab nicht definiert	– Stichprobengröße vorab definiert
– Sampling beendet, wenn theoretische Sättigung erreicht ist	– Sampling beendet, wenn die gesamte Stichprobe untersucht ist

Tabelle 4.3: Theoretisches und statistisches Sampling (aus Wiedemann 1995, S. 441)

(2) Purposive Sampling

Patton (2002) schlägt folgende Arten der gezielten Auswahl («purposive sampling») vor:

- Extremfälle, die ein besonders langer Verlauf einer Entwicklung oder das Scheitern oder Erfolg einer Maßnahme kennzeichnet.
- Fälle, die besonders typisch für den Durchschnitt oder die Mehrzahl der potenziellen Fälle sind. Hier wird das Feld eher von innen heraus, aus dem Zentrum, erschlossen.
- Wenige, aber möglichst unterschiedliche Fälle nach dem Prinzip der maximalen Variation im Sample einzubeziehen, um darüber die Variationsbreite und Unterschiedlichkeit, die im Feld enthalten ist, zu erschließen.
- Fälle unterschiedlicher Intensität, mit der die interessierenden Eigenschaften, Prozesse, Erfahrungen etc. in ihnen gegeben sind bzw. vermutet werden. Dabei werden entweder die Fälle mit der größten Intensität gewählt oder systematisch Fälle unterschiedlicher Intensität einbezogen und verglichen.
- Kritische Fälle, an denen die untersuchten Zusammenhänge – etwa nach Meinung von Experten – besonders deutlich werden oder die für das Funktionieren eines zu untersuchenden Programms besonders wichtig sind.
- Politisch wichtige oder sensible Fälle können geeignet sein, positive Ergebnisse besonders wirksam zur Geltung zu bringen.
- Fälle anhand des Kriteriums der «Annehmlichkeit» (convenience sampling). Damit ist gemeint, diejenigen Fälle auszuwählen, die unter gegebenen Bedingungen am einfachsten zugänglich sind. Dadurch lässt sich einerseits der Aufwand minimieren; andererseits ist dies bisweilen der einzige Weg, bei begrenzten zeitlichen und personellen Mitteln eine Untersuchung überhaupt durchführen zu können.

Zusammenfassung

Die Begriffe «Stichprobenziehung» und «Sampling» bezeichnen Strategien, die sicherstellen sollen, dass die ‹richtigen› Fälle für die Untersuchung ausgewählt werden. ‹Richtig› meint dabei, dass von der gezogenen Stichprobe auf die Grundgesamtheit verallgemeinert werden kann – weil die Erstere repräsentativ für Letztere ist –, dass also die Ergebnisse der mit einem Fragebogen erfassten Jugendlichen auf die Jugendlichen in Deutschland übertragen werden können. ‹Richtig› kann aber auch heißen, dass für Interviews die aufschlussreichsten Fälle ausgewählt wurden – also eher das inhaltliche Spektrum von Gesundheitserfahrungen obdachloser Jugendlicher erfasst wird, als dass das für Jugendliche in Deutschland insgesamt gilt (vgl. die Beispiele in Kapitel 2). Diese Auswahlstrategien sind ein wesentlicher Teil der Forschungsplanung. Bestimmte Forschungsdesigns verlangen das eine oder die anderen Auswahlverfahren. Experimente, Kontrollgruppen- und Doppelblindversuche basieren auf Zufallsauswahlen, für eine nicht standardisierte, theorieentwickelnde qualitative Studie sind Strategien des theoretischen oder gezielten Sampling am ehesten geeignet. Ähnlich sieht es mit den eingangs beschriebenen Modellen des Forschungsprozesses aus. Zufallsauswahl und vergleichbare Stichprobenverfahren passen eher zum Prozessmodell der quantitativ-standardisierten Forschung, theoretisches und gezieltes Sampling sind Bestandteil des Prozesses bei qualitativen Studien.

Evaluationsforschung – Besonderheiten

Die bisherigen Ausführungen beziehen sich auf die empirische Forschung insgesamt – sind also nicht an bestimmte Verwendungsweisen der Ergebnisse gebunden. Mit Blick auf die in Kapitel 1 skizzierten Aufgaben der Sozialforschung ist die Evaluationsforschung (vgl. auch Flick 2006a) ein spezieller Teilbereich der empirischen Forschung. Dabei steht die Bewertung von Maßnahmen oder Interventionen mit empirischen Methoden im Vordergrund. Evaluationsforschung wurde im Rahmen der Sozialpolitik in den USA entwickelt und in den 1970er Jahren in breiterem Maß in der Bildungs-, Gesundheits-, Psychotherapie- oder Politikforschung auch im deutschen Sprachraum aufgegriffen. Evaluationsforschung befasst sich mit der Bewertung von Interventionsprogrammen (z.B. Umschulungsprogramme für Arbeitslose), aber auch mit einer Reihe von anderen Evaluationsobjekten. Zu nennen sind hier (vgl. Wottawa & Thierau 1998) die Evaluation von

- Handlungen bestimmter Personen(-gruppen) wie die Evaluation der Lehre von Hochschullehrern,
- Umweltfaktoren wie Fluglärm,
- Produkten wie bei der vergleichenden Analyse der Wirkung von Medikamenten,
- Techniken und Methoden wie Trainingsmethoden bei Sportlern,
- Zielvorgaben wie Fachkompetenz und soziale Kompetenz im Rahmen von Weiterbildungsmaßnahmen,
- Projekten und Programmen wie Aufklärungskampagnen über Aids,
- Systemen und Strukturen wie verschiedenen Organisationsmodellen in der Organisation von Krankenhäusern,
- Forschung wie etwa die zusammenfassende Bewertung der Forschungsleistungen einer Hochschule oder auf einem bestimmten Gebiet.

Dabei geht es jeweils um die Frage, inwieweit und mit welchem Aufwand Ziele (einer Intervention, Maßnahme, Person ...) erreicht werden und welche unerwünschten Nebenfolgen dabei auftreten. Insofern ist Evaluationsforschung die Verwendung von Forschungsmethoden mit dem Ziel empirisch begründeter Bewertungen von Maßnahmen und ihres Erfolgs oder der Auswirkungen von Wandel in Natur, Kultur, Technik oder Gesellschaft. Evaluationsforschung ist häufig Auftragsforschung: Ausgangspunkt ist weniger das persönliche Erkenntnisinteresse des Forschers, als dass ein bestimmter Auftraggeber Erkenntnisse über ein Programm und seine Wirksamkeit benötigt. Die Evaluation der Auswirkungen einer Krankenhausreform wird in der Regel dann durchgeführt, wenn der Träger des Krankenhauses oder ein Ministerium Erkenntnisse über die Folgen dieser Reform als Planungsgrundlage für weitere Entscheidungen braucht. Entsprechend werden von dem Auftraggeber die Mittel bereitgestellt, aber auch die Ziele der Forschung in stärkerem Maß vorbestimmt als z. B. bei Grundlagenforschung. Auftraggeberorientierte Evaluationsforschung ist mit all ihren Forschungsaktivitäten darauf ausgerichtet, die gestellte Bewertungsfrage möglichst eindeutig und verständlich zu beantworten. Dabei kommt es schließlich (stärker als bei anderer Forschung) darauf an, die gefundenen Ergebnisse auch für Nicht-Fachleute verständlich aufzubereiten und darzustellen (vgl. Kapitel 9).

Zu unterscheiden ist dabei zwischen Selbstevaluation und externer Evaluation. Im ersten Fall evaluieren Mitarbeiter selbst die Wirkungsweise bestimmter Programme in ihrer Institution. Das heißt nicht unbedingt, dass die Evaluatoren die eigenen Handlungsweisen, also die Therapeuten ihre eigenen Therapien bewerten. Vielmehr kann man von Selbstevaluation sprechen, wenn ein Krankenhaus Mitarbeiter oder eine Abteilung für die Evaluation seiner Teilbereiche beschäftigt. Bei externer Evaluation holt das Krankenhaus ein Forschungsteam von außen in die Institution, um seine eigenen Angebote zu bewerten, oder beauftragt ein Forschungsinstitut damit. Externe Evaluationen sind in der Regel verlässlicher, da das Problem der Identifikation mit der zu evaluierenden Institution weniger auftritt und gleichzeitig die Einflussmöglichkeiten der Betroffenen auf die Evaluation begrenzter sind.

Evaluationsforschung verlangt in höherem Maß bestimmte Kompetenzen der Forscher. Einerseits sind soziale Fähigkeiten notwendig in der Kontaktaufnahme und im Dialog mit den unterschiedlichen Ebenen, die an der zu evaluierenden Maßnahme beteiligt sind – die durchführenden Personen, die beteiligte Verwaltung, die Leitung der Institution und ihr Träger, der Auftraggeber der Institution und gegebenenfalls auch die von der Intervention Betroffenen, etwa die Patienten. Evaluatoren müssen fachliche Kompetenzen mitbringen, um die zu untersuchenden Prozesse in ihren Feinheiten zu verstehen und einzuschätzen. Ausreichende Kenntnisse der Methoden empirischer Sozialforschung sind notwendig, um den Gegebenheiten entsprechende Verfahren auswählen, anwenden und anpassen zu können. Schließlich stellt sich bei Evaluationen in besonderem Maß die Frage, an welchen Untersuchungseinheiten sie ansetzen sollen, um die zu evaluierenden Maßnahmen tatsächlich angemessen zu erfassen: Ist es bei der Bewertung einer Reform im Krankenhaus tatsächlich ausreichend, die Kosten für die Durchführung bestimmter

Behandlungen zu erheben und mit den Kosten der Behandlungen vor der Reform zu vergleichen? Muss nicht auch die Ebene der Zufriedenheit der betroffenen Patienten einbezogen werden, um die Effekte der Reform zu erfassen? Müssen schließlich nicht auch die (Neben-)Effekte für die Zufriedenheit oder Belastung der Mitarbeiter zusätzlich ermittelt werden?

Hierbei ist zwischen *summativer* und *formativer* Evaluation zu unterscheiden. Im ersten Fall wird nach Abschluss einer Maßnahme deren Wirkung bewertet, im zweiten Fall wird die Einführung und Durchführung der Maßnahme begleitend evaluiert. Gelegentlich wird diese Unterscheidung auch zwischen Ergebnisevaluation und Prozessevaluation getroffen. Abschließend sei darauf hingewiesen, dass im Rahmen der Evaluationsforschung die verschiedenen weiter oben behandelten Forschungsdesigns eingesetzt werden können: Evaluationen können als Querschnittstudien angelegt werden oder Prozesse in Längsschnittstudien wiederholt erfassen. Sie können als Fallstudien, in denen nur eine Institution evaluiert wird, konzipiert werden oder als Vergleichsstudien, die mehrere Institutionen mit und ohne Einführung der zu evaluierenden Maßnahme gegenüberstellen. Evaluation kann auch experimentell oder als Aktionsforschung (vgl. Kapitel 1) angelegt werden.

Leitfaden für die Planung einer empirischen Studie

Bei der Planung eines empirischen Projekts in der Sozialforschung sollten folgende Punkte berücksichtigt und geklärt werden (vgl. Kasten 4.1):

Kasten 4.1: **Leitfaden für die Planung einer empirischen Studie**

1. Machen Sie sich bewusst, welche Schritte Teil des Forschungsprozesses sind, entsprechend der geplanten Art von Untersuchung.
2. Versuchen Sie zu klären, ob der Forschungsstand und das Wissen über den Untersuchungsgegenstand ausreichen, um eine standardisierte, hypothesentestende Studie zu planen und durchzuführen.
3. Versuchen Sie anderenfalls zu klären, ob die empirischen und theoretischen Kenntnisse über den Gegenstand der Untersuchung be-

grenzt bzw. lückenhaft genug sind, um eine nicht standardisierte, qualitative Studie zu planen und durchzuführen.

4. Überprüfen Sie Ihr geplantes Vorgehen auf seine Stimmigkeit: Passt die geplante methodische Anlage der Studie mit den Zielsetzungen, den theoretischen Hintergründen und dem Stand der Forschung zusammen?
5. Ist das gewählte Design den Zielen der Studie und den Bedingungen im untersuchten Feld angemessen?
6. Ist die geplante Form der Stichprobenziehung bzw. des Sampling geeignet, die Zielsetzung der Studie zu realisieren, aber auch in der Lage, die Zielgruppen der Untersuchung zu erreichen?

Solche Fragen können die Planung eigener Studien ebenso unterstützen, wie sie bei der Einschätzung vorliegender Studien anderer Forscher aufschlussreich sein können.

Kernpunkte

- Quantitative und qualitative Sozialforschung durchlaufen teils ähnliche, teils unterschiedliche Schritte im Forschungsprozess.
- Quantitative Forschung wird linear geplant, bei qualitativer werden die Schritte häufig miteinander verzahnt realisiert.
- Forschungsdesigns in beiden Bereichen unterscheiden sich in der Systematik ihres Vorgehens.
- Bei quantitativer Forschung geht es hierbei vor allem um die Kontrolle und Standardisierung von Bedingungen, bei qualitativer Forschung eher um die Planung des Vorgehens.
- Stichprobenziehung bei quantitativer Forschung soll die Verallgemeinerbarkeit der Ergebnisse auf die (bekannte) Grundgesamtheit gewährleisten.
- Sampling in qualitativer Forschung ist mehr an der gezielten Auswahl von Fällen orientiert, über die letztlich auch Erkenntnisse über die Eigenschaften der Grundgesamtheit erzielt werden.
- Evaluationsforschung stellt eine Reihe von speziellen Anforderungen an die Planung von Untersuchungen.

Weiterführende Literatur

Bryman, A. (2004). Social Research Methods (2. Auflage). Oxford: Oxford University Press.

Diekmann, A. (2007). Empirische Sozialforschung (17. Auflage). Reinbek bei Hamburg: Rowohlt.

Flick, U. (1995b). Stationen des qualitativen Forschungsprozesses. In: U. Flick, E. v. Kardorff, H. Keupp, L. v. Rosenstiel & S. Wolff (Hrsg.). Handbuch Qualitative Sozialforschung (2. Auflage). München: Psychologie Verlags Union, S. 148–175.

Flick, U. (2007a). Qualitative Sozialforschung – Eine Einführung. Reinbek bei Hamburg: Rowohlt.

5 Methoden der Datensammlung

Ziele: Nachdem Sie dieses Kapitel gelesen haben, sollten Sie
- ein erstes Verständnis verschiedener Methoden der Datenerhebung in der Sozialforschung gewonnen haben,
- einen Eindruck von den Gemeinsamkeiten und Unterschieden im Vorgehen qualitativer und quantitativer Forschung haben und
- einschätzen können, welche Methoden zur Verfügung stehen und was sie leisten können.

In der Sozialforschung werden unterschiedliche Daten erhoben. Die dazu eingesetzten Methoden lassen sich drei Hauptgruppen zuordnen: den verschiedenen Formen der Befragung, den Varianten der Beobachtung und schließlich der Nutzung und Analyse vorliegender Materialien. In der Verwendung der Daten werden wiederum unterschiedliche Prinzipien und Ziele verfolgt. Die wichtigsten Alternativen dabei stellt dieses Kapitel kurz vor.

Befragung

Als Vorbereitung für die Auseinandersetzung mit den verschiedenen Befragungsverfahren soll eine kurze Übung dienen (vgl. Kasten 5.1 und 5.2).

Kasten 5.1: **Fragebogen**

Im Folgenden ist ein Ausschnitt aus einem Fragebogen zur Einschätzung der Belastung durch ein Studium wiedergegeben. Füllen Sie diesen bitte aus, entsprechend der folgenden Anleitung:

«Wir bitten Sie darum, im Folgenden einige Fragen zu Ihren persönlichen Merkmalen und zu Merkmalen Ihrer Hochschule zu beantworten. Bitte kreuzen Sie ohne längeres Zögern an, in welchem Ausmaß der jeweils angesprochene Bereich für Sie eine Belastung bzw. eine Befriedigung darstellt. Eine hohe Belastung (Befriedigung) entspricht dem Wert 5 auf der Belastungsskala (Befriedigungsskala). Eine geringe Belastung (Befriedigung) entspricht dem Wert 1 auf den jeweiligen Skalen. Wenn einer der angesprochenen Bereiche für Sie ausschließlich Belastung oder ausschließlich Befriedigung bedeutet, dann bekommt lediglich die zutreffende Skala (also entweder Belastung oder Befriedigung) ein entsprechendes Kreuz:»

5-----4-----3-----2-----1-----0-----1-----2-----3-----4-----5

	Belastung **Befriedigung**
Das Studium an dieser Hochschule bedeutet für mich eine Einschränkung des Verhaltens	5-----4-----3-----2-----1-----0-----1-----2-----3-----4-----5
Prüfungen zu absolvieren ist für mich	5-----4-----3-----2-----1-----0-----1-----2-----3-----4-----5
In der Hochschule finden häufig Kontakte statt	5-----4-----3-----2-----1-----0-----1-----2-----3-----4-----5
In der Hochschule finden kaum Kontakte statt	5-----4-----3-----2-----1-----0-----1-----2-----3-----4-----5
Die Professoren und Mitarbeiter kümmern sich kaum um meine Tätigkeit / mein Studium	5-----4-----3-----2-----1-----0-----1-----2-----3-----4-----5
Sehr viel Zeit (auch «Freizeit») für das Studium aufzuwenden, finde ich	5-----4-----3-----2-----1-----0-----1-----2-----3-----4-----5

Oft stehe ich vor der Wahl zwischen Familie/Freundeskreis und Studium	5-----4-----3-----2-----1-----0-----1-----2-----3-----4-----5
Manchmal muss ich an der Hochschule Dinge tun, mit denen ich nicht einverstanden bin	5-----4-----3-----2-----1-----0-----1-----2-----3-----4-----5
Man erwartet viel von mir	5-----4-----3-----2-----1-----0-----1-----2-----3-----4-----5

Nun führen Sie das folgende Interview mit einem anderen Studenten durch: Stellen Sie ihm oder ihr diese Fragen und notieren Sie die Antworten in Stichworten.

Kasten 5.2: **Interview zu Alltag und Studium**

Ich möchte mit Ihnen ein Interview zum Thema «Alltag und Studium» durchführen. Dabei ist es wichtig, dass Sie Ihre subjektive Sicht, also Ihre Meinung, wiedergeben. Ich werde Ihnen im Folgenden verschiedene Fragen über Situationen, in denen Sie Erfahrungen mit dem Studium gemacht haben, stellen.

Zunächst würde ich gern von Ihnen wissen ...

- Was war Ihre erste Erfahrung mit dem Studium hier? Können Sie mir dazu eine konkrete Situation erzählen?
- Erzählen Sie mir doch bitte einmal anhand Ihres gestrigen Tagesablaufs, wo und wann darin Ihr Studium eine Rolle gespielt hat.
- Wenn Sie betrachten, was Sie in Ihrer Freizeit machen, welche Rolle spielt darin das Studium? Erzählen Sie mir doch bitte eine konkrete Situation.
- Wenn Sie sich so Ihr Leben anschauen, haben Sie dann das Gefühl, dass das Studium darin eine größere Rolle spielt, als Sie erwartet haben? Können Sie das an einem Beispiel verdeutlichen?
- Was verbinden Sie heute mit dem Wort «Stress»?
- Wenn Sie sich einmal zurückerinnern: Was war Ihre erste Erfahrung mit Stress im Studium? Können Sie mir die entsprechende Situation erzählen?

Wenn Sie beide Zugänge vergleichen, was waren die Unterschiede? Bei welcher Übung hatten Sie das Gefühl, dass die Situation des Befragten eher erfasst wurde bzw. dargestellt werden konnte? Welche Form der Befragung bietet mehr Spielraum für eigene Sichtweisen? Welche produziert die eindeutigeren Daten?

Die beiden vorgestellten Beispiele (die in modifizierter Form auf einem häufig verwendeten Fragebogen zur Untersuchung von Stress am Arbeitsplatz und auf der Methode des episodischen Interviews basieren – s. u.) stellen unterschiedliche Varianten der Befragung dar, die sich vor allem hinsichtlich der Standardisierung des Vorgehens unterscheiden: Der Fragebogen geht von einer vorgegebenen Liste von Fragen und Antwortmöglichkeiten aus. Das Interview ist hier weniger festgelegt, die Fragen können variiert werden, und die Antwortmöglichkeiten sind offen. Im Folgenden werden beide Varianten empirischer Befragung detaillierter vorgestellt.

Standardisierte Befragungen: Fragebogen

Die meisten Befragungen basieren auf dem Einsatz von Fragebogen, die entweder schriftlich beantwortet werden oder mündlich in einer Befragungssituation, wobei ein Forscher die Antworten notiert. Grundlegendes Kennzeichen von Fragebogen ist ihre weitgehende bis vollständige Standardisierung. Dabei legt man die Formulierung der einzelnen Fragen und der Antwortmöglichkeiten ebenso vorab fest wie deren Reihenfolge. Gelegentlich sind einige offene oder Freitextfragen eingeschlossen, bei denen der Befragte in eigenen Worten antworten kann. Fragebogenstudien zielen darauf ab, vergleichbare Antworten von allen Befragten zu erhalten, weshalb sowohl die Fragen als auch die Befragungssituationen und die Antwortmöglichkeiten für alle Teilnehmer identisch sind. Bei der Konstruktion von Fragebogen sind Regeln der Frageformulierung und -anordnung zu beachten.

(1) Frageformulierung

Dabei sind drei Probleme angesprochen: Wie ist eine Frage zu formulieren, welche Art von Frage (und Antwortmöglichkeit oder -vorgabe) ist angemessen, und warum wird die Frage gestellt? Fragen in einem Fragebogen sollten direkt oder indirekt die Gründe (für ein bestimmtes Verhalten oder eine Einstellung) des Befragten erheben und seinen Informationsstand zum jeweiligen Thema verdeutlichen. Wie aussagekräftig die erhaltenen Informationen sind, hängt von der Art der Frage und ihrer Anordnung (im Fragebogen) ab. Weiterhin ist dies beeinflusst davon, ob die Frage den Bezugsrahmen des Befragten trifft und ob sein Bezugsrahmen und der des Fragestellers übereinstimmen. Der Bezugsrahmen kann sich auf angesprochene Handlungsbereiche, Interessen und Bedeutungen beziehen. Schließlich spielt die Erhebungssituation, in der die Frage gestellt wird und beantwortet werden soll, eine wesentliche Rolle.

Um den Bezugsrahmen des Befragten hinsichtlich des jeweiligen Themas zu ermitteln, schlägt Friedrichs (1980, S. 194) vor, nach Gründen zu fragen (z.B. «Warum haben Sie dieses Studienfach gewählt?»). Weiterhin ist es entscheidend, seinen Informationsstand angemessen zu berücksichtigen: Zu komplexe Fragen werden häufig missverstanden und produzieren diffuse Antworten. Entsprechend müssen komplexe Zusammenhänge in konkrete, verständliche, möglichst in Alltagssprache formulierte Fragen übersetzt werden, wenn sie als Teil eines Fragebogens verwendet werden sollen. So ist es nicht sinnvoll, Hypothesen einer Untersuchung direkt als Fragen zu stellen (z.B. «Fühlen Sie sich in Ihrem Beruf unterfordert?»).

Weiterhin sollte man darauf achten, dass Fragen nicht mehrdimensional formuliert sind. Wenn Fragen mehrere Dimensionen enthalten, sinkt die Vergleichbarkeit der Antworten, da die Befragten jeweils nur eine, aber unterschiedliche Dimensionen herausgreifen. Schließlich sollten verzerrende Fragen vermieden werden, die bereits eine bestimmte Antwort vorgeben (suggestive Fragen) oder bestimmte Unterstellungen beinhalten. Etwa bei der Untersuchung von Burn-out-Prozessen unterstellt die Frage: «Wie stark fühlen Sie sich in Ihrem Beruf ausgebrannt?», dass der Befragte sich als ausgebrannt empfindet. Entsprechend muss erst geklärt werden, ob dies für den Befragten überhaupt zutrifft, bevor man eine solche Frage stellen kann.

Fragen sollten möglichst kurz, einfach und auf den Bezugsrahmen des Befragten hin formuliert sein. Doppelte Verneinungen sollte man vermeiden, ebenso unklare Bezeichnungen und technische Begriffe (z. B. «Was ist Ihre subjektive Definition von Gesundheit?» Hier sollte die Frage eher lauten: «Was verbinden Sie mit dem Wort ‹Gesundheit›?»).

Schließlich ist zu beachten, dass die Eigenschaften des Ereignisses, das untersucht werden soll, die Qualität der Antworten beeinflussen können: Je länger etwas zurückliegt, desto ungenauer werden die Antworten; je stärker der Befragte an dem Thema interessiert ist, desto genauer werden die Antworten sein; je bedrohlicher ein Ereignis für die Person war, desto eher wird sie es vergessen haben; je stärker etwas mit sozialer Ablehnung verbunden ist (z. B. Psychiatrieaufenthalte), desto seltener wird die Person darüber sprechen; je höher etwas sozial bewertet wird (z. B. Einkommen, Status), desto eher sind Angaben zu hoch, und: Bei geschlossenen Fragen mit zwei Antworten wird tendenziell die zweite eher gegeben. Bei Fragen mit einer Liste von möglichen Antworten (‹Listenfragen› – s. u.) wird bei Nichtwissen der Antwort eine Antwortmöglichkeit eher aus dem unteren Drittel der Liste gewählt (‹Positionseffekt›). Diese und andere Probleme der Frageformulierung behandelt etwa Friedrichs (1980, S. 206).

Bortz und Döring (2006, S. 244 f.) geben eine Checkliste zur Überprüfung standardisierter mündlicher oder schriftlicher Fragen vor. Diese enthält u. a. folgende Leitfragen: Ist jede Frage notwendig? Enthält der Fragebogen Wiederholungen? Welche Fragen sind überflüssig? Sind alle Fragen einfach und eindeutig formuliert? Gibt es negativ formulierte Fragen, deren Beantwortung uneindeutig sein könnte? Sind Fragen zu allgemein formuliert? Kann der Befragte die Fragen potenziell beantworten? Besteht die Gefahr, dass die Fragen den Befragten in Verlegenheit bringen? Kann das Ergebnis durch die Anordnung der Fragen beeinflusst werden? Sind Fragen suggestiv formuliert? Sind die Eröffnungsfragen richtig formuliert, und hat das Interview einen genügend durchdachten Abschluss?

(2) Arten von Fragen und Antwortvorgaben

Fragen unterscheiden sich nach den Möglichkeiten ihrer Beantwortung. Offene Fragen geben keine Antworten vor, während geschlossene Fragen bereits Vorgaben enthalten. Dies kann einerseits aus der Formulierung der Frage (z. B. «Sind die meisten Pflegekräfte zufrieden oder unzufrieden mit ihrer Arbeit?») resultieren, die nur noch eine begrenzte Zahl von Antworten (hier zwei) zulässt.

Andererseits liegt eine geschlossene Frage vor, wenn sie eine begrenzte Anzahl von Antwortmöglichkeiten vorgibt. Dies wird etwa durch die Verwendung einer Skala der Zustimmung umgesetzt (vgl. Abbildung 5.1).

		Grad der Zustimmung **überhaupt nicht**				**voll**
A	Die Wissenschaft und die Technik werden in der Lage sein, die Umweltprobleme zu lösen.	1	2	3	4	5
B	Weiteres Wirtschaftswachstum ist die wichtigste Voraussetzung dafür, dass auch die Umweltprobleme gelöst werden.	1	2	3	4	5

Abbildung 5.1: Fünfstufige Antwortskala (Auszug aus Diekmann 2007, S. 213)

Alternativ werden auch verschiedene Antwortvorgaben präsentiert (vgl. Kasten 5.3).

Kasten 5.3: Varianten der Vorgabe von Antwortmöglichkeiten

1) Eine erste Alternative ist der Einsatz einer Skala. Ein Beispiel ist die *Likert-Skala*, die fünf Antwortmöglichkeiten enthält, wovon eine neutral ist («weiß nicht»).

Aussage: *Die meisten Pflegekräfte sind mit ihrem Beruf unzufrieden.*

○———○———○———○———○

trifft vollständig zu	trifft zu	weiß nicht	trifft nicht zu	trifft überhaupt nicht zu

2) Häufig werden auch einfache Fragen gestellt und *mehrstufige Ratingskalen* zur Beantwortung vorgegeben: *Wie zufrieden sind Sie in Ihrem Beruf?*

sehr zufrieden	etwas zufrieden	etwas unzufrieden	sehr unzufrieden

○——○——○——○——○——○——○

zufrieden	teils/teils	unzufrieden

3) Eine andere Möglichkeit ist die Vorgabe verschiedener Antwortmöglichkeiten auf die Frage: *Was glauben Sie, warum sind Pflegekräfte mit ihrem Beruf unzufrieden?* (Mehrfachnennungen möglich):

- ☐ Ungünstige Arbeitszeiten
- ☐ Schlechte Bezahlung
- ☐ Emotionale Belastung
- ☐ Stress mit Kollegen

Man kann auch eine Situation vorgeben und mehrere Antwortmöglichkeiten auf die Frage: *Wie würden Sie sich hier verhalten?* oder danach, wie sich eine bestimmte Person in dieser Situation verhalten wird, benennen.

Gelegentlich enthalten Fragebogen Kontrollfragen, die in anderer Formulierung Sachverhalte aus einer früheren Frage noch einmal aufgreifen. Fragen können auch indirekt gestellt werden: «Viele Menschen sind der Ansicht, Pflege als Beruf wird in unserer Gesellschaft unterbewertet. Meinen Sie das auch?» Damit vermeidet man eine direkte Konfrontation mit einem gegebenenfalls heiklen Thema und erfährt trotzdem die Einschätzung des Befragten.

(3) Frageanordnung

Damit ist gemeint, dass Fragen sich gegenseitig beeinflussen können, dass also die einzelne Frage in Abhängigkeit von der unmittelbar zuvor gestellten Frage beantwortet wird. Dies wird auch als «Halo-Effekt» bezeichnet. Den Zusammenhang zwischen zwei Fragen stellt der Befragte dabei nicht unbedingt bewusst her. Allgemein wird empfohlen, Fragen nach dem «Trichter-Prinzip» anzuordnen, also vom Allgemeinen zum Konkreten vorzugehen.

(4) Empfehlungen zur Frageformulierung

Porst (2000) formuliert für die Umfrageforschung «10 Gebote» der Frageformulierung (vgl. Kasten 5.4). Ausgangspunkt ist dabei:

«Warum Fragen ‹gut›, das heißt methodisch und technisch einwandfrei sein müssen, liegt auf der Hand: Schlechte Fragen führen zu schlechten Daten, und kein Gewichtungs- und kein Analyseverfahren auf der Welt kann aus schlechten Daten gute Ergebnisse machen» (Porst 2000, S. 2).

Kasten 5.4: **Die «10 Gebote» der Frageformulierung**

1. Du sollst einfache, unzweideutige Begriffe verwenden, die von allen Befragten in gleicher Weise verstanden werden!
2. Du sollst lange und komplexe Fragen vermeiden!
3. Du sollst hypothetische Fragen vermeiden!
4. Du sollst doppelte Stimuli und Verneinungen vermeiden!
5. Du sollst Unterstellungen und suggestive Fragen vermeiden!

6. Du sollst Fragen vermeiden, die auf Informationen abzielen, über die viele Befragte mutmaßlich nicht verfügen!
7. Du sollst Fragen mit eindeutigem zeitlichem Bezug verwenden!
8. Du sollst Antwortkategorien verwenden, die erschöpfend und disjunkt (überschneidungsfrei) sind!
9. Du sollst sicherstellen, dass der Kontext einer Frage sich nicht auf deren Beantwortung auswirkt!
10. Du sollst unklare Begriffe definieren!

Darin und in seinen erläuternden Beispielen verdeutlicht der Autor, worauf zu achten ist, wenn man vermeiden möchte, die Teilnehmer mit den Fragen zu überfordern. Die dabei angesprochenen Probleme beziehen sich auf die einfache und eindeutige Formulierung der Fragen, statt zu komplexe Fragen zu verwenden, die gegebenenfalls den Befragten auch inhaltlich im Unklaren lassen. Gleiches gilt für Antwortkategorien, die das Spektrum möglicher Antworten (bzw. dahinterliegender Einstellungen) umfassen und trennscharf abdecken sollen. Der Autor will die Regeln als Orientierung verstanden wissen, denn «die meisten der Regeln lassen Interpretationsspielraum und stehen (...) gelegentlich sogar in Konkurrenz zueinander, sind also nicht immer gleichzeitig hundertprozentig einzuhalten» (Porst 2000, S. 2).

(5) Praktische Probleme

Fragebogen werden häufig verschickt oder verteilt mit der Bitte um Rücksendung zu einer bestimmten Frist. Dafür ist es notwendig, ein Anschreiben zu formulieren, das über die Untersuchung ausreichend informiert und ihre Bedeutung verdeutlicht sowie den Angeschriebenen zur Teilnahme motiviert. Ein zentrales Problem ist der Rücklauf, d. h. die Anzahl der Fragebogen, die auch tatsächlich ausgefüllt und zurückgesendet werden. Es ist nicht nur notwendig, dass ausreichend viele Fragebogen zurückkommen (50 % ist hier schon ein ziemlich guter Wert), sondern auch dass davon genügend viele vollständig ausgefüllt sind. Schließlich ist zu beachten, inwieweit die Verteilung im Rücklauf derjenigen in der ursprünglichen Stichprobe entspricht bzw. welche Unterschiede sich hier ergeben. Um ein simples Beispiel zu geben: Wenn die Proportion zwischen Frauen und Männern in der Population zwei zu eins ist und entsprechend bei der Ziehung der Stichprobe (und der Versendung der Fragebogen) eine solche Verteilung realisiert wurde, der Rücklauf aber durch ein umgekehrtes Verhältnis gekennzeichnet ist, sind die Ergebnisse der Untersuchung nur sehr begrenzt auf die Population verallgemeinerbar. Eine Alternative ist, den Fragebogen nicht zu versenden, sondern als standardisierte Befragung durch einen Interviewer, der die Befragten aufsucht, ausfüllen zu lassen. Dies verbessert den Rücklauf, ist aber wesentlich zeit- und kostenintensiver.

(6) Beispiel Jugendgesundheitssurvey

Der in Kapitel 2 kurz beschriebene Jugendgesundheitssurvey basiert auf einem Fragebogen, der u. a. folgende thematische Bereiche abdeckt (vgl. Richter 2003, S. 16 f., und Kasten 5.5).

Kasten 5.5: **Inhaltliche Bereiche im Jugendgesundheitssurvey**

- Demographische Angaben (Geschlecht, Alter, Familienstruktur, Wohnort, Schulform/Klasse, sozioökonomischer Status, ethnische Herkunft)
- Subjektive Gesundheit (psychosomatische Beschwerden, mentale Gesundheit, Allergien, Lebenszufriedenheit u. a.)
- Unfallrisiko und Gewalt (Unfallverletzungen, Mobbing [Täter und Opfer], Beteiligung an Schlägereien)
- Substanzkonsum (Tabak, Alkohol, illegale Drogen)
- Essverhalten und Diäten (Essgewohnheiten, Body-Mass-Index, Diäten u. a.)
- Körperliche Aktivität (Sport, körperliche Anstrengungen, Inaktivität durch Fernsehen und Computer u. a.)
- Soziale Ressourcen (Anzahl der Freunde, Unterstützung durch Eltern und Peers, Familiensituation, Wohnumfeld u. a.)
- Schule (Leistungsanforderungen, Unterrichtsqualität, Unterstützung durch Eltern, Mitschüler und Lehrer, Schulfreude, Schülerbeteiligung u. a.)

– Gleichaltrigengruppe und Freizeitverhalten (Häufigkeit der Treffen, Mediennutzung, Mitgliedschaft in Vereinen und Organisationen u. a.)

Zusammenfassung

Fragebogen sind dann geeignet für eine Untersuchung, wenn das Vorwissen über den Gegenstand ausreicht, um eine ausreichende Anzahl von Fragen eindeutig zu formulieren, und wenn eine große Zahl von Untersuchungsteilnehmern einbezogen werden soll. Fragebogen sind in hohem Maß standardisiert, die Anordnung und Formulierung der Fragen wie auch die Antwortmöglichkeiten sind vorgegeben. Fragebogen können versendet werden, wobei sich häufig Rücklaufprobleme ergeben.

Nicht standardisierte Befragungen: Interviews und Focus Groups

Während die gerade behandelten Aspekte und Probleme für die Formulierung und Verwendung von Fragebogen schlechthin gelten, ist bei Interviews zwischen verschiedenen Interviewformen je nach Verwendungszweck zu unterscheiden. Grundsätzlich finden wir hier Interviews, die auf einem Leitfaden aus (gelegentlich verschiedenen Formen von) Fragen basieren, die mehr oder minder offen und ausführlich beantwortet werden können. Daneben werden narrativ ausgerichtete Interviews durchgeführt, bei denen die Aufforderung an den Interviewpartner, seine Lebensgeschichte zu erzählen, im Vordergrund steht, sowie Mischformen, die Fragen und Erzählaufforderungen kombinieren. Schließlich werden nicht nur Einzelinterviews durchgeführt, sondern auch Gruppeninterviews und -diskussionen sowie Focus Groups.

(1) Leitfaden-Interviews

Für das Leitfaden-Interview wird eine Reihe von Fragen vorbereitet, die das thematisch relevante Spektrum des Interviews und seines Gegenstandes abdecken sollen. Dazu wird ein Leitfaden erstellt, an dem der Interviewer sich orientiert. Anders als beim Fragebogen kann der Interviewer hier von der Reihenfolge der Fragen abweichen und muss nicht zwangsläufig die exakte Formulierung beim Stellen der Frage einhalten. Ziel ist es, die individuelle Sicht des Interviewpartners auf das Thema zu erhalten, wozu ein Dialog zwischen Interviewer und Interviewten mit den Fragen initiiert werden soll. Anders als beim Fragebogen werden auch keine Vorgaben für Antwortmöglichkeiten gemacht. Vielmehr soll der Interviewpartner frei und so ausführlich antworten, wie er möchte. Wenn die Antworten nicht ergiebig genug sind, soll der Interviewer nachfragen. Als Orientierung für die Leitfadengestaltung und Interviewdurchführung sind vier Kriterien hilfreich, die Merton und Kendall (1993, S. 178) ursprünglich für das Fokussierte Interview erstellt haben: Es geht um

– die Nichtbeeinflussung der Interviewpartner,
– die Spezifität der Sichtweise und Situationsdefinition aus deren Sicht,
– die Erfassung eines breiten Spektrums der Bedeutungen des Gegenstandes sowie
– die Tiefgründigkeit und den personalen Bezugsrahmen aufseiten des Interviewten.

Dazu kommen in der Regel unterschiedliche Formen von Fragen zum Einsatz: Fragen können offen («Was verbinden Sie mit dem Wort ‹Gesundheit›?») sein oder halbstrukturiert («Wenn Sie an Ihre Ernährung denken, welche Rolle spielt das Thema ‹Gesundheit› dabei?»). Seltener werden strukturierte Fragen verwendet, die einen Zusammenhang vorgeben, zu dem sich der Interviewpartner zustimmend oder ablehnend verhalten soll («Viele Kinder ernähren sich heute zu einseitig. Gewinnen Sie in Ihrem Alltag als Lehrer auch diesen Eindruck?»). Solche Vorgaben haben fast schon suggestiven Charakter (s. o.), aber sie werden hier gelegentlich eingesetzt, um den Interviewpartner zum Nachdenken über seine Position anzuregen und diese gegebenenfalls in Abgrenzung zu der Frage deutlich zu machen. Andere Elemente in Leitfaden-Interviews – wie die Vorgabe einer fiktiven Fallgeschichte mit anschließenden Fragen dazu – können eine ähnliche Funktion haben. Entscheidend für den Erfolg von Leitfaden-Interviews ist, dass der Interviewer an den richtigen Stellen noch einmal nachfragt, weiter in die Tiefe geht und gleichzeitig darauf achtet, dass er alle für das Thema relevanten Fragen im Interview auch stellt. Dabei kommt es auf die Kombination von offenen Fragen, die den spezifischen und persönlichen Sichtweisen des Interviewpartners Raum geben und seine Beeinflussung vermeiden sollen, und gezielten Fragen an, die ihn über allgemeine und an der Oberfläche bleibende Antworten hinausführen und Themen ansprechen sollen, zu denen er spontan nichts gesagt hätte.

Die konkrete Ausgestaltung des Interviews in seiner Vorbereitung und Durchführung hängt hier eng mit dessen Zielen und der zu befragenden Zielgruppe zusammen. So geht es beispielsweise in Experteninterviews (vgl. Flick 2006b, 2007a) weniger um die Person des Befragten als darum, seine Expertise in einem bestimmten Bereich durch gezielte Fragen in einem eher kurzen Gespräch ‹abzufragen›. Bei der Verwendung zur Befragung von Patienten ihrer Erkrankung stehen dagegen die Person und persönliche Erfahrungen des Interviewpartners wesentlich stärker im Vordergrund. Entsprechend werden im ersten Fall dem Experten mehr gezielte Fragen und im zweiten Fall dem Patienten mehr offene Fragen gestellt. In allen Anwendungen des Leitfaden-Interviews lässt es sich jedoch erst in der konkreten Interviewsituation entscheiden, wann und wie ausführlich man nachfragen soll. Dazu ist es hilfreich, vor der eigentlichen Datenerhebung ein Interviewtraining durchzuführen, in dem dies in Rollenspielen geübt und kommentiert wird.

(2) Das narrative Interview

Einen anderen Zugang zur subjektiven Sichtweise des Untersuchungsteilnehmers eröffnet das narrative Interview. Hier stehen nicht Fragen im Vordergrund. Vielmehr wird der Interviewte gebeten, eine längere zusammenhängende Darstellung (seines Lebens insgesamt oder seiner Erkrankung und ihres Verlaufs) in Form einer Erzählung zu geben. Die Methode spielt im Rahmen biographischer Forschung eine große Rolle. Hermanns fasst das Grundprinzip der Datenerhebung zusammen:

«Im narrativen Interview wird der Informant gebeten, die Geschichte eines Gegenstandsbereiches, an der der Interviewte teilgenommen hat, in einer Stegreiferzählung darzustellen. (...) Aufgabe des Interviewers ist es, den Informanten dazu zu bewegen, die Geschichte des in Frage stehenden Gegenstandsbereichs als eine zusammenhängende Geschichte aller relevanten Ereignisse von Anfang bis zu Ende zu erzählen» (Hermanns 1995, S. 183).

Das narrative Interview besteht aus verschiedenen Teilen: der *Haupterzählung* des Interviewten, die auf eine dem Thema der Untersuchung entsprechende Eingangsfrage *(Erzählaufforderung)* erfolgt; dem *narrativen Nachfrageteil,* in dem zuvor nicht ausgeführte Erzählansätze vervollständigt werden können. Erst nach diesen beiden Phasen schließt ein Teil mit Fragen an, die anderen Interviews ähnlich sind *(Bilanzierungsphase),* die den Interviewten «als Experte[n] und Theoretiker seiner selbst» (Schütze 1983, S. 285) ansprechen. Damit das narrative Interview bei seiner Anwendung auch tatsächlich die Daten liefert, die es als Methode verspricht, ist es einerseits notwendig, die Eingangsfrage so breit *und* so spezifisch zu formulieren, dass darüber der relevante Erfahrungsbereich – ein bestimmter zeitlicher und thematischer Ausschnitt aus der Biographie des Befragten, z. B. eine Phase der beruflichen Neuorientierung und ihre Folgen – tatsächlich zum Thema wird. Ein Beispiel einer solchen Eingangsfrage findet sich bei Hermanns (1995, S. 182):

«Ich möchte Sie bitten, mir zu erzählen, wie sich die Geschichte Ihres Lebens zugetragen hat. Am besten beginnen Sie mit der Geburt, mit dem kleinen Kind, das Sie einmal waren, und erzählen dann all das, was sich so nach und nach zugetragen hat, bis zum heutigen Tag. Sie können sich dabei ruhig Zeit nehmen, auch für Einzelheiten, denn für mich ist alles das interessant, was Ihnen wichtig ist.»

Andererseits ist darauf zu achten, dass es sich bei der Eingangsfrage tatsächlich um eine *Erzählaufforderung* handelt und dass der Interviewer die Ausführungen des Interviewten nicht durch Fragen, direktive oder bewertende Interventionen behindert. Zu einem zentralen Kriterium der Gültigkeit der Informationen wird dann die Frage, ob es sich tatsächlich um eine Erzählung handelt. Dabei ist zu berücksichtigen: «Erzählbar ist immer nur ‹die Geschichte von›, nicht aber ein Zustand oder eine immer wiederkehrende Routine» (Hermanns 1995, S. 183).

Zum Problem werden dabei die Rollenerwartungen an beide Beteiligte. Diese bestehen in der systematischen Verletzung der Erwartungen einerseits an die Situation «Interview», da im Hauptteil keine Fragen im klassischen Sinn gestellt werden, andererseits an die Situation «Alltagserzählung», da der große Spielraum zur Erzählung, der dem Interviewten hier einseitig eingeräumt wird, in Alltagssituationen kaum einmal gegeben ist. Dies schafft gelegentlich Irritationen und Probleme für beide Beteiligte, sich in der Interviewsituation zurechtzufinden. Deshalb sind auch hier ein Interviewtraining, in dem vor allem aktives Zuhören eingeübt wird, und die Verdeutlichung des besonderen Charakters der Interviewsituation für den Interviewten notwendig.

Das narrative Interview will den Zugang zu subjektiven Erfahrungen des Interviewpartners durch drei Vorgaben bzw. Zielsetzungen erreichen:

- Die Eröffnungsfrage dient dazu, nicht allein eine Erzählung zu stimulieren, sondern eine Erzählung über den angepeilten thematischen Bereich und zeitlichen Ausschnitt aus der Biographie;
- die Orientierung am Spielraum für den Interviewpartner in der Haupterzählung, in der er gegebenenfalls über mehrere Stunden seine Geschichte erzählen kann und soll;
- die Zurückstellung von konkreten, strukturierenden, thematisch vertiefenden Interventionen im Interview in den abschließenden Teil, in dem der Interviewer angeschnittene Themen aufgreifen und gezielte Fragen stellen kann. Damit ist die Verlagerung des strukturierenden Anteils des Interviewers an das Ende des Interviews und mehr noch an den Anfang verbunden.

(3) Das episodische Interview

Die beiden bisher vorgestellten Methoden wählen jeweils einen Zugang – Fragen und Antworten oder Erzählaufforderung und Erzählung – zu einem untersuchten Thema. Bei vielen Fragestellungen ist es jedoch notwendig, eine Methode zu verwenden, die beide Prinzipien – Erzählung und Befragung – miteinander kombiniert. Beim episodischen Interview (Flick 2007a, 2008a) wird davon ausgegangen, dass Erfahrungen der Subjekte hinsichtlich eines bestimmten Gegenstandsbereichs in Form narrativ-episodischen Wissens und in Form semantischen Wissens abgespeichert sind.

Während die erste Form erfahrungsnah sowie bezogen auf konkrete Situationen und Umstände organisiert ist, enthält die zweite Form des Wissens abstrahierte, verallgemeinerte Annahmen und Zusammenhänge. Im ersten Fall stellt der Ablauf der Situation in ihrem Kontext die zentrale Einheit dar, um die herum Wissen organisiert ist. Im zweiten Fall sind Begriffe und ihre Beziehungen untereinander die zentralen Einheiten. Um beide Bestandteile des Wissens über einen Gegenstandsbereich zu erfassen, erhebt das Verfahren narrativ-episodisches Wissen über Erzählungen und semantisches Wissen über konkret-zielgerichtete Fragen.

Dabei geht es um die systematische Verknüpfung der Datensorten «Erzählung» und «Antwort» und darüber hinaus der Ausschnitte des Wissens, die sie jeweils zugänglich machen. Das episodische Interview gibt Raum für kontextbezogene Darstellungen in Form von Erzählungen, da diese einerseits im Vergleich zu anderen Darstellungsformen Erfahrungen und ihren Entstehungskontext unmittelbarer enthalten. Andererseits verdeutlichen sie die Prozesse der Wirklichkeitskonstruktion bei den Befragten eher als andere Annäherungen, die auf abstrakte Begriffe und Antworten im engeren Sinn abzielen. Die Aufmerksamkeit im Interview richtet sich auf Situationen bzw. Episoden, in denen der Interviewpartner Erfahrungen gemacht hat, die für die Fragestellung der Untersuchung relevant erscheinen. Sowohl die Darstellungsform (Beschreibung oder Erzählung) der entsprechenden Situation als auch die Auswahl von Situationen kann der Interviewpartner weitgehend nach Gesichtspunkten subjektiver Relevanz gestalten. Ziel des episodischen Interviews ist, dem Interviewpartner bereichsbezogen zu ermöglichen, Erfahrungen in allgemeiner, vergleichender etc. Form darzustellen und gleichzeitig die entsprechenden Situationen und Episoden zu erzählen.

Die Planung, Durchführung und Analyse des episodischen Interviews umfasst folgende Schritte (vgl. hierzu auch Flick 2000): Vorbereitend wird ein Leitfaden entwickelt, der für die als relevant erachteten Aspekte und Bereiche Erzählaufforderungen und Fragen enthält. Zu Beginn des eigentlichen Interviews erfolgt eine Einführung in die Grundsätze des Interviews. Das generelle Problem erzählgenerierender Interviews – dass manche Menschen größere Schwierigkeiten haben zu erzählen als andere – besteht auch bei diesem Verfahren. Daher ist die Vermittlung des Prinzips der Erzählung von bestimmten Situationen an den Interviewpartner sehr wichtig, um zu vermeiden, dass er Situationen, in denen er bestimmte Erfahrungen gemacht hat, lediglich benennt, jedoch nicht erzählt. Der Interviewer muss sicherstellen, dass sein Gegenüber die Methode verstanden und akzeptiert hat. Ein Beispiel für eine solche Einführung in das Interviewprinzip ist: «In diesem Interview werde ich Sie wiederholt bitten, mir Situationen zu schildern, in denen Sie Erfahrungen mit dem Thema ‹Gesundheit› gemacht haben.»

Die ersten Fragen fordern den Interviewpartner auf, seine subjektive Definition zum Forschungsgegenstand darzulegen und entsprechende Situationen zu erzählen. Beispiele entsprechender Fragen sind: «Was ist das für Sie, ‹Gesundheit›? Was verbinden Sie mit dem Wort ‹Gesundheit›?» bzw.: «Wodurch wurden Ihre Vorstellungen von Gesundheit besonders beeinflusst? Können Sie mir bitte ein Beispiel erzählen, an dem dies deutlich wird?» Es ist immer die Entscheidung des Interviewpartners, welche beispielhafte Situation er dazu auswählt und erzählt. Aufschlussreich für die Analyse ist hierbei zum einen die konkret erzählte Situation, zum anderen die getroffene Auswahl aus der Vielzahl von möglichen Situationen, die er zur Erläuterung seiner Sichtweise trifft.

Daran schließt sich die Klärung der Rolle bzw. *Bedeutung des Forschungsgegenstandes* für das alltägliche Leben des Interviewpartners an. Um dies zu erreichen, wird er z. B. gebeten, einen Tagesablauf zu erzählen und dabei die jeweilige Relevanz des Forschungsgegenstandes zu verdeutlichen. Aus dieser Vielzahl von Situationen kann der Interviewer bestimmte Punkte aufgreifen und zur Vertiefung nachfragen. Auch hier ist es für die Analyse aufschlussreich, welche konkreten Situationen ausgewählt und erzählt werden. Ein Beispiel einer entsprechenden Frage ist: «Haben Sie den Eindruck, dass sich Ihre Vorstellung von Gesundheit im Laufe Ihres Berufslebens gewandelt hat? Bitte erzählen Sie mir dazu eine Situation, an der mir dies deutlich wird.»

Dann wird der Interviewpartner aufgefordert, seine persönliche Beziehung zu zentralen Aspekten des Forschungsgegenstandes zu erläutern, z. B. «Was beinhaltet für Sie in Ihrer beruflichen Tätigkeit, Gesundheit zu fördern? Könnten Sie mir bitte eine entsprechende Situation erzählen?» Dabei ist es die Aufgabe des Interviewers, sich diese Beispiele persönlicher Erfahrungen und subjektiver Konzepte durch vertiefende Nachfragen so substanziell und umfassend wie möglich erläutern zu lassen.

Abschließend wird der Interviewpartner gebeten, sich zu eher *allgemeinen Aspekten* des Forschungsgegenstandes zu äußern und seine subjektive Sicht zu schildern. Dies dient der Erweiterung des Sichtfeldes. Der Interviewer sollte so weit wie möglich versuchen, die generellen Antworten mit den persönlichen, konkreten Beispielen in Verbindung zu bringen, um eventuelle Diskrepanzen und Widersprüche sichtbar werden zu lassen. Ein Beispiel einer solchen Frage ist: «Wer ist Ihrer Meinung nach verantwortlich für Ihre Gesundheit? Gibt es ein Beispiel einer Situation, an der Sie dies verdeutlichen können?»

Wie auch bei anderen Interviews erscheint es sinnvoll, im letzten Teil des Interviews die Frage zu stellen, ob der Interviewpartner inhaltlich etwas vermisst hat bzw. noch gern etwas ergänzen möchte, was nicht explizit in dem Interview abgefragt wurde.

Unmittelbar nach dem Interview sollte der Interviewer einen *Dokumentationsbogen* ausfüllen, der z. B. soziodemographische Informationen über den Interviewpartner und Besonderheiten des Interviews festhält. Ebenso sollte er Besonderheiten des Interviews, mögliche Störungen und Auffälligkeiten und alles, was eventuell nach Abschalten des Aufnahmegerätes zum Forschungsgegenstand geäußert wird, festhalten (vgl. Flick 2007a, S. 379 für ein Beispiel eines solchen Dokumentationsbogens).

(4) Beispiel Gesundheitskonzepte obdachloser Jugendlicher

Im Kapitel 2 wurde schon kurz auf die Studie zu Gesundheitskonzepten obdachloser Jugendlicher eingegangen. Die Befragung der Jugendlichen basiert auf episodischen Interviews, die sich u. a. auf folgende Bereiche erstrecken, für die jeweils ausgewählte Beispielfragen und Erzählanstöße wiedergegeben sind (vgl. Flick & Röhnsch 2008 und Kasten 5.6):

Kasten 5.6: **Auszüge aus einem Interviewleitfaden für ein episodisches Interview**

Gesundheitsvorstellungen: Allgemeine und persönliche Gesundheitsdefinition, Bedeutsamkeit, Beeinflussbarkeit

- Zunächst einmal würde ich dich bitten, mir zu erzählen, wie für dich der Alltag in deiner Familie aussah. Worin bestanden Gründe, dich dem Straßenleben zuzuwenden – kannst du dazu eine Situation erzählen, die mir das deutlich macht?
- Jetzt kommen wir mal zum Thema, und zwar, was verstehst du unter «Gesundheit»?
- Woran merkst du, dass du gesund bist? Kannst du eine Situation erzählen, an der mir das deutlich wird?

Bezug lebensweltlicher Faktoren und Risiken zu Gesundheitsvorstellungen und -verhalten

- Wenn du einmal daran denkst, wie du heute allgemein so lebst – gibt es da etwas, das deine Gesundheit beeinflusst? Kannst du mir eine Situation erzählen, die mir das verdeutlicht?
- Siehst du einen Zusammenhang zwischen deiner derzeitigen Wohnsituation und deiner Gesundheit? Kannst du eine diesbezügliche Situation schildern, die mir das verdeutlicht?
- Wie gehst du mit Krankheiten um, kannst du mir dazu eine Situation erzählen?
- Meinst du, dass deine finanzielle Situation Auswirkungen hat auf deine Gesundheit – inwiefern? Kannst du mir da eine Situation dazu erzählen?

Riskantes Verhalten und dessen Sekundärprävention als Teil des Gesundheitsverhaltens

- Denkst du, dass du auch manchmal durch dein Verhalten die Gesundheit aufs Spiel setzt?
- Wenn du an deinen Alkohol- und Drogenkonsum denkst – was nimmst du?

Krankheitserfahrungen und Umgang damit

- Wenn es dir gesundheitlich nicht gutgeht – was sind deine hauptsächlichen Probleme? Was denkst du, wie [*Genanntes einsetzen*] zustande kommt?

(5) Focus Groups bzw. Gruppendiskussionen

Eine Alternative zur Befragung von Einzelpersonen ist die Verwendung von Gruppeninterviews, bei denen mehreren Untersuchungsteilnehmern gleichzeitig bestimmte Fragen gestellt werden und diese reihum antworten. Häufiger als diese Variante wird die Gruppe in ihrer Struktur als Interaktionsgemeinschaft genutzt: Seit den 1950er Jahren gibt es eine umfangreiche Forschungspraxis mit Gruppendiskussionen im deutschen Sprachraum. Seit den 1990er Jahren werden auch hierzulande verstärkt Focus Groups als Methoden eingesetzt, die im englischen Sprachraum einen hohen Stellenwert haben. Bei beiden Methoden gestaltet sich die Datenerhebung über die Initiierung einer Diskussion in einer Gruppe. So diskutieren dabei etwa Schüler über ihre Erfahrungen mit Gewalt und ihren Umgang damit (vgl. Nentwig-Gesemann 2006), oder Studierende bewerten die Qualität ihres Studiums und der Lehre darin in Gruppendiskussionen (vgl. Ernst 2006). Ausgangspunkt ist dabei, dass sich in diesen Diskussionen nachvollziehen lässt, wie *Einstellungen* und *Bewertungen* zustande kommen und sich verändern und dass im Zuge der Diskussion die Teilnehmer mehr und Weitergehendes äußern als im Einzelinterview. Die *Dynamik* in der Gruppe wird ein wesentlicher Bestandteil der Daten und ihrer Erhebung. Dabei kommen unterschiedliche Formen von Gruppen zum Einsatz: Einerseits wird zwischen *natürlichen* (d. h. auch im Alltag bestehenden), *realen* (d. h. auch im Alltag mit dem Untersuchungsthema konfrontierten) und *künstlichen* (d. h. zu Forschungszwecken nach bestimmten Kriterien zusammengestellten) Gruppen differenziert. Andererseits wird zwischen homogenen und heterogenen Gruppen unterschieden. Bei *homogenen* Gruppen gleichen sich die Teilnehmer in Hinblick auf die Fragestellung in den wesentlichen Dimensionen, haben einen ähnlichen Hintergrund etc. Bei *heterogenen* Gruppen sollen sich die Teilnehmer in den für die Fragestellung relevanten Eigenschaften unterscheiden. Weiterhin können Forscher Gruppendiskussionen und Focus Groups auf verschiedene Weise anleiten. Hier reicht das Spektrum vom Verzicht auf eine Leitung über die nur *formale* (Führen einer Rednerliste) bis zur *inhaltlichen Steuerung* (Einführen von Themen und Teilaspekten oder provozierenden Fragen). Bei beiden Methoden wird ein Diskussionsanreiz vorgegeben, der aus einer provozierenden Frage, dem

Vorspielen eines Filmausschnitts oder der Präsentation eines Textes oder Comics bestehen kann.

Insgesamt ist dabei zu beachten, dass bei Focus Groups und Gruppendiskussionen ein hoher organisatorischer Aufwand anfallen kann (bei der Koordinierung von Terminen beispielsweise) und dass hinterher eher die Gruppen als alle Teilnehmer über die Gruppen hinweg miteinander verglichen werden können. Deshalb sollte die Methode nur eingesetzt werden, wenn die Fragestellung dafür gute Gründe enthält und nicht aus vermeintlicher Zeitersparnis (vgl. Kapitel 10).

Zusammenfassung

Die hier kurz dargestellten Verfahren zielen auf die Sammlung verbaler Daten ab – erhoben entweder durch die Befragung einzelner Personen oder durch die Aufforderung zur Erzählung von Lebensgeschichten bzw. Ausschnitten daraus oder über die Diskussion in Gruppen. Dabei wird vor allem das Wissen über Handlungen und Prozesse deutlich. Es wird jedoch kein unmittelbarer Zugang zu Handlungen und Prozessverläufen eröffnet.

Beobachtung

Demgegenüber versprechen Beobachtungen einen direkteren Zugang zu Handlungen und Prozessverläufen. Dabei sind unterschiedliche Konzeptionen auch hinsichtlich der Rolle des Beobachters zu verzeichnen:

- verdeckte und offene Beobachtung: Inwieweit wird den Beobachteten der Vorgang der Beobachtung offenbart?
- nicht teilnehmende und teilnehmende Beobachtung: Inwieweit wird der Beobachter zum aktiven Teil des beobachteten Feldes?
- systematische und unsystematische Beobachtung: Wird ein mehr oder minder standardisiertes Beobachtungsschema verwendet oder eher offen für die Verläufe selbst beobachtet?
- Beobachtung in natürlichen oder in künstlichen Situationen: Wird im interessierenden Feld beobachtet, oder werden Interaktionen in

einen speziellen Raum zum Zweck der besseren Beobachtbarkeit ‹verlegt›?

- Selbst- und Fremdbeobachtung: Meist werden andere Menschen beobachtet. Welcher Stellenwert wird dabei der reflektierenden Selbstbeobachtung des Forschers zur stärkeren Fundierung der Interpretation des Beobachteten beigemessen?
- Standardisierte und nicht standardisierte Beobachtung: In der Regel werden mittlerweile komplexe Situationen mit daran angepassten offenen Methoden beobachtet. Es gibt aber auch noch Ansätze, in denen mit vorab definierten Kategorien eine Stichprobe von Situationen beobachtet wird.
- Experimentelle und nicht experimentelle Beobachtung: Im ersten Fall interveniert der Forscher gezielt, um die Folgen dieser Intervention zu beobachten.

Standardisierte Beobachtungen

Diesen Ansatz beschreiben Bortz und Döring wie folgt:

> «Der Beobachtungsplan einer standardisierten Beobachtung schreibt genau vor, was zu beobachten ist und wie das Beobachtete zu protokollieren ist. Das zu beobachtende Geschehen ist im Prinzip bekannt und lässt sich in einzelne Elemente oder Segmente zerlegen, die ausschließlich Gegenstand der Aufmerksamkeit des Beobachters sind» (2006, S. 270).

Bei der Durchführung wird entweder eine *Ereignis-* oder eine *Zeitstichprobe* gezogen. Erstere erfasst bestimmte Ereignisse (z. B. eine bestimmte Handlung) in ihrer Häufigkeit im Beobachtungszeitraum oder in der Häufigkeit, in der sie mit anderen Ereignissen kombiniert auftreten – z. B. Wie häufig melden sich Mädchen im Mathematikunterricht, oder wie oft tun sie dies, nachdem eine gezielte Frage gestellt wurde? Zur Beantwortung dieser Fragen wird eine ganze Schulstunde beobachtet und die Häufigkeit der Ereignisse protokolliert. Eine Alternative ist die Zeitstichprobe: Hier untergliedert sich die Beobachtung in feste Zeitabschnitte, in denen beobachtet oder das Beobachtungsobjekt gewechselt wird – etwa in Fünf-Minuten-Intervallen, die per Zufall aus dem Beobachtungszeitraum (Schulstunde) ausgewählt werden.

Die Beobachtungen werden mit Hilfe eines standardisierten Beobachtungsbogens durchgeführt, in der Regel nach einem Training der Beobachter im Umgang mit der Situation und dem Instrument. Die Beobachtungen können auch mittels Video dokumentiert und vom Band protokolliert werden.

Ein Problem kann dabei sein, dass die Kamera (gegebenenfalls auch der Beobachtungsbogen) nicht das Wesentliche der Situation erfasst und dass bei einer Zeitstichprobe die relevanten Ereignisse außerhalb der ausgewählten Zeitabschnitte passieren.

Diese Basissituation sozialwissenschaftlicher Beobachtung – der Forscher beobachtet das Feld und die Menschen darin anhand einer Auswahl und beschränkt sich auf die Protokollierung der Abläufe – lässt sich in der Forschungspraxis in verschiedene Richtungen erweitern.

Experiment

In der experimentellen Forschung (vgl. zu den Designalternativen Kapitel 4), insbesondere im Kontext der Psychologie, wird die Beobachtung durch eine gezielte Intervention in einer Gruppe, die mit einer zweiten Gruppe ohne diese Intervention verglichen wird, fokussiert. So wird bei Unterrichtsbeobachtungen der Lehrer in einer Gruppe eine aggressionsreduzierende Intervention – etwa eine Unterrichtseinheit zur Deeskalation in Konfliktsituationen – durchführen, in der anderen Gruppe nicht. Beide Gruppen werden dann in ihrem Verhalten in der nächsten auftretenden Konfliktsituation beobachtet und verglichen. Werden die Gruppen in einer Zufallsauswahl zusammengestellt, handelt es sich um eine experimentelle Studie, werden zwei existierende Gruppen (z. B. zwei 7. Klassen) einbezogen, um eine quasiexperimentelle Untersuchung. Die eigentliche Beobachtung führt man entsprechend den im vorangegangenen Abschnitt behandelten Prinzipien durch – beispielsweise an einer Zeit- oder Personenstichprobe aus den jeweiligen Gruppen. Der Forscher wird die Beobachtung nicht teilnehmend realisieren und anhand eines Beobachtungsprotokolls die vorab als relevant definierten Verhaltensweisen festhalten. In unserem Beispiel werden die Daten immer noch in einer Feldbeobachtung (in der Schulklasse) erhoben, was die Standardisierung der Untersuchungssituation erschwert. Deshalb ist die Beobachtung im Labor – also einer künstlichen Situation unter kontrollierten Bedingungen – die Alternative zur Durchführung im natürlichen Kontext der Unterrichtssituation (vgl. Bortz & Döring 2006 zur experimentellen Forschung).

Teilnehmende Beobachtung

In die andere Richtung zielt die Erweiterung der Erhebungssituation bei teilnehmender Beobachtung. Hier wird die Distanz des Forschers zur beobachteten Situation reduziert. Seine Teilnahme über einen längeren Zeitraum am untersuchten Feld wird zu einem wesentlichen Instrument der Datenerhebung. Gleichzeitig verläuft die Beobachtung dabei in der Regel deutlich weniger standardisiert. Auch hier wird häufig eine Auswahl der zu beobachteten Situationen getroffen, allerdings nicht im Sinne einer Zeitstichprobe. Vielmehr werden Situationen, Personen und Ereignisse danach ausgewählt, ob das interessierende Phänomen darüber zugänglich wird. Das prinzipielle Vorgehen lässt sich mit Jörgensen (1989, S. 13) folgendermaßen zusammenfassen: «Forschungslogik und -prozess sind offen, flexibel, opportunistisch und verlangen eine dauernde Neudefinition des Problems auf der Basis von Fakten, die in konkreten Settings menschlicher Existenz erhoben wurden.»

Teilnehmende Beobachtung ist in doppelter Hinsicht als Prozess zu begreifen. Einerseits soll der Forscher zum Teilnehmer werden und Zugang zu Feld und Personen finden. Andererseits wird auch die Beobachtung immer konkreter und stärker an den wesentlichen Aspekten der Fragestellung orientiert. Dabei lassen sich drei Phasen unterscheiden (vgl. Spradley 1980, S. 34): «Deskriptive Beobachtung» zur Orientierung im Untersuchungsfeld soll eher unspezifische Beschreibungen erbringen, die Komplexität des Feldes möglichst weitgehend erfassen und Fragestellungen konkretisieren. «Fokussierte Beobachtung» beschränkt sich zunehmend auf die für die Fragestellung besonders relevanten Prozesse und Probleme. «Selektive Beobachtung» sucht gegen Ende der

Erhebung weitere Belege und Beispiele für die im zweiten Schritt gefundenen Abläufe. Die Dokumentation erfolgt in der Regel durch möglichst detaillierte Protokollierungen von Situationen in Feldnotizen. Wo immer dies möglich ist, sollten schon unter forschungsethischen Gesichtspunkten (vgl. Kapitel 11) Beobachtungen offen durchgeführt werden, damit die Beobachteten wissen, dass sie mit ihrer Zustimmung beobachtet werden. Bei der (teilnehmenden) Beobachtung ergibt sich häufig das Problem, dass bestimmte Themen nicht unmittelbar auf der Handlungsebene zugänglich sind, sondern ausschließlich oder überwiegend in Interaktionen ‹sichtbar› werden, wenn also darüber gesprochen wird. Manches wird schließlich nur in Gesprächen mit dem Forscher und Adhoc-Interviews zum Thema. Der Ertrag einer teilnehmenden Beobachtung ist dabei umso höher, je mehr Erkenntnisse aus der Protokollierung von Handlungen resultieren und je weniger aus Berichten über Handlungen stammen. Jedoch werden Gespräche, Befragungen und andere Datenquellen immer einen großen Anteil am Erkenntnisprozess bei teilnehmender Beobachtung haben.

Ethnographie

In der aktuelleren Diskussion ist die generellere Strategie der Ethnographie weitgehend an die Stelle der teilnehmenden Beobachtung getreten, wobei Beobachtung und Teilnahme mit anderen Verfahrensweisen verwoben werden:

> «Der Ethnograph nimmt offen oder verdeckt für eine längere Zeit am täglichen Leben der Menschen teil, beobachtet dabei, was passiert, hört zu, was gesagt wird, stellt Fragen; eigentlich sammelt er alles, was auch immer an Daten verfügbar ist, um das Thema, mit dem er beschäftigt ist, näher zu beleuchten» (Hammersley & Atkinson 1995, S. 1).

Die Sammlung der Daten wird hier am konsequentesten an der Fragestellung und den Gegebenheiten im jeweiligen Feld orientiert. Methoden werden dabei der Praxis nachgeordnet. Besonderes Gewicht liegt auf der Erkundung eines Feldes oder Phänomens, wobei vor allem unstrukturierte Daten erhoben werden (also nicht anhand vorab definierter Kategorien eines Beobachtungsschemas). Hierzu werden wenige Fälle, manchmal auch nur ein Fall einbezogen, und die Datenanalyse setzt sich mit Interpretationen von Bedeutungen und Funktionen von Handlungen, Äußerungen und Prozessen auseinander (vgl. Atkinson und Hammersley 1998, S. 110–111). Für Lüders (1995, S. 12 f.) rücken in der Ethnographie «erstens (...) das Risiko und die nicht planbaren, die situativen, zufälligen und individuellen Momente des Forschungsprozesses in den Mittelpunkt der Aufmerksamkeit. (...) Zweitens gewinnt das kunstgerechte Handeln des Forschers in den jeweiligen Situationen an Bedeutung. (...) Drittens wandelt sich Ethnographie (...) in eine Forschungsstrategie, die alle nur denkbaren und ethisch vertretbaren Optionen der Datengewinnung einschließt.»

Damit werden die Vorgaben, die Methoden sonst hinsichtlich der Relevanz von Ausschnitten des Untersuchten machen, und damit die Orientierung, die sie für das Handeln des Forschers vermitteln können, reduziert zugunsten einer allgemeinen Forschungshaltung, mit der er sich in der untersuchten Lebenswelt zurechtfinden soll.

Zusammenfassung

Die hier kurz beschriebenen Methoden der Beobachtung unterscheiden sich in der Distanz, die der Forscher zum beobachteten Feld hält – zwischen der Teilnahme und der reinen Beobachtung von außen. Sie differieren weiterhin im Ausmaß der Kontrolle über die Untersuchungsbedingungen, die der Beobachter ausübt – die im Laborexperiment am stärksten ist und bei der teilnehmenden Beobachtung am geringsten. Weiterhin lassen sie sich hinsichtlich der Standardisierung der Untersuchungssituation unterscheiden – die wiederum bei der teilnehmenden Beobachtung am geringsten und bei der reinen Beobachtung oder im Experiment am stärksten ausgeprägt ist. Insgesamt ist bei der Beobachtung der Gedanke leitend, dass sie im Vergleich zu Interviews und Fragebogen einen unmittelbareren Zugang zu Handlungen und Routinen bieten kann. In der Regel bezieht sie jedoch Gespräche, Aussagen und Fragen sowie gegebenenfalls Ad-hoc-Interviews ein.

Materialanalysen

Die bislang behandelten Methoden verbindet, dass sie Daten produzieren – etwa die Antworten in einer Befragung oder die Beobachtungen und Beschreibungen im Feld oder Labor. Alternativ hierzu können bereits existierende Materialien, beispielsweise Dokumente aus einem institutionellen Prozess, verwendet werden. Dabei kann es sich um Texte oder Bilder handeln, die je nach Fragestellung qualitativ oder quantitativ analysiert werden. Materialanalysen können sich auf vorliegende Materialien – wie Tagebücher – beziehen, die noch nicht anderweitig als Daten erhoben wurden. Sie stützen sich jedoch auch auf vorliegende Datensätze aus anderen Kontexten – z. B. amtliche Statistiken, die nicht primär zu Forschungs-, sondern zu Dokumentationszwecken erstellt wurden.

Sekundäranalysen

Der Begriff «Sekundäranalyse» bezeichnet die Auswertung von Daten, die nicht extra für das eigene Forschungsprojekt erhoben wurden. Stattdessen werden bereits existierende, zu anderen Zwecken erstellte Datensätze analysiert.

(1) Arten von Sekundäranalysen

Hier ist zu unterscheiden zwischen der Re-Analyse von Daten aus anderen Forschungsprojekten und der Analyse von Daten, die zu anderen als Forschungszwecken erstellt wurden. In die zweite Kategorie fallen z. B. Daten von Statistischen Landesämtern, die zu Dokumentationszwecken gesammelt, aufbereitet und ausgewertet werden. Diese lassen sich für eine Vielzahl von Fragestellungen nutzen. In die erste Kategorie fallen die Daten, die von anderen Forschern für eine bestimmte Thematik erhoben und ausgewertet wurden und die man jetzt für die eigene Fragestellung noch einmal nutzt. Dies kann einerseits über die direkte Kooperation von Wissenschaftler zu Wissenschaftler erfolgen. Andererseits gibt es verschiedene Institutionen, die Datensätze aus Forschungsprojekten sammeln und gegen Entgelt interessierten anderen Forschern zur Verfügung stellen. Solche Institutionen sind das Zentrum für Umfragen, Methoden und Analysen (ZUMA-GESIS) in Mannheim oder das Zentralarchiv für Sozialforschung (ZA) an der Universität Köln. In verschiedenen Kontexten werden Datensätze teilweise als «public use files» aufbereitet und interessierten Forschern zur Weiterbearbeitung zur Verfügung gestellt.

(2) Auswahl und Gewichtung von Sekundärdaten

Der Vorteil von Sekundäranalysen ist, dass man sich die Phase der Datenerhebung und den Aufwand für diese spart. Zu beachten sind allerdings einige Fragen und Probleme, die dabei auftreten können. Einerseits ist zu prüfen, ob die Daten für die eigene Fragestellung geeignet sind – also die Informationen enthalten, die zu deren Beantwortung notwendig sind. Andererseits ist zu prüfen, ob die Aufbereitungsform, in der die Daten zur Verfügung stehen bzw. gestellt werden, den Zielsetzungen der eigenen Studie entspricht. Ein simples Beispiel: Wenn für die Fragestellung eine nach Jahren eingeteilte Altersverteilung notwendig ist, der zur Verfügung stehende Datensatz jedoch die untersuchten Personen in ihrem Alter nach Altersgruppen (z. B. jeweils in Fünfjahresschritten) erfasst hat und diese Altersgruppierung sich nicht mehr zu den einzelnen Lebensaltern zurückverfolgen lässt, kann sich daraus ein Problem für die Verwendbarkeit der Daten ergeben. Ein anderes Beispiel: Viele epidemiologische Studien haben auf Todesursachen-Statistiken der Gesundheitsämter zurückgegriffen, um daraus die Häufigkeit von bestimmten Erkrankungen als Ursache des Todes zu rekonstruieren. Dabei lag in der Regel nicht der einzelne Totenschein, sondern die Klassifizierung vor, die von dem jeweiligen Amt vorgenommen wurde. Auch hier ergibt sich das Problem, dass die Zusammenfassung verschiedener Todesursachen (oder auch Erkrankungen) nicht unbedingt der Einteilung entsprechen muss, die der Forscher für seine Untersuchung vorgenommen hätte oder benötigt. Außerdem lassen sich bei solchen Datensätzen mögliche Fehler der Zuordnung des einzelnen Falls zu einer Kategorie nicht mehr überprüfen (vgl. Kapitel 6). Das allgemeine Problem ist hier, dass die Daten in aggregierter Form, d. h. schon behandelt und aufbereitet, vorliegen und die Rohdaten nicht mehr zugänglich sind.

Qualitative Dokumentenanalyse

Alternativ zum gerade skizzierten Vorgehen können Dokumente auch für eine qualitative Analyse herangezogen werden. Dabei wird von folgendem Verständnis ausgegangen:

> «Dokumente sind standardisierte Artefakte, insoweit sie typischerweise in bestimmten Formaten auftreten: als Aktennotizen, Fallberichte, Verträge, Entwürfe, Totenscheine, Vermerke, Tagebücher, Statistiken, Jahresberichte, Zeugnisse, Urteile, Briefe oder Gutachten» (Wolff 2008a, S. 509).

Dabei verwendet man entweder extra erstellte Dokumente. So wird etwa eine Gruppe von Personen gebeten, die nächsten zwölf Monate Tagebuch zu schreiben, und diese Aufzeichnungen werden dann analysiert und verglichen. Oder man zieht ohnehin existierende Dokumente heran, etwa die Tagebücher, die eine Gruppe von Menschen unabhängig von der Forschung im Alltag erstellt. Dokumente sind in der Regel als Texte (in gedruckter Form), zunehmend jedoch auch oder ausschließlich elektronisch verfügbar (z. B. in einer Datenbank).

Amtliche, aber auch viele private Dokumente sind nur für einen begrenzten Kreis legitimer bzw. angesprochener Rezipienten bestimmt. Aus amtlichen Dokumenten können Schlussfolgerungen darüber gezogen werden, was die Verfasser bzw. die Organisationen, die sie repräsentieren, tun, beabsichtigen oder an Bewertungen vornehmen. Dokumente werden für einen bestimmten Zweck produziert – etwa um eine Entscheidung zu untermauern oder eine Person bzw. Instanz zu überzeugen. Das heißt aber auch, dass Dokumente nur begrenzt Sachverhalte ‹abbilden›. Bei ihrer Analyse sollte immer berücksichtigt werden, wer das Dokument für wen und wozu erstellt hat. Die Art der Gestaltung von Dokumenten ist häufig Bestandteil ihrer Bedeutung – wie etwas präsentiert wird, hat einen Einfluss darauf, welche Wirkung damit erreicht wird.

Praktisch geht es hier zunächst darum, die relevanten Dokumente zu identifizieren – bei einer Aktenanalyse herauszufinden, wo diese stehen, ob sie zu Forschungszwecken eingesehen werden können – und dann eine geeignete Auswahl daraus zu treffen – welche Akten konkret herangezogen werden und warum.

Visuelle Daten: Foto und Film

Neben Textmaterialien finden seit einiger Zeit verstärkt visuelle Daten wie Fotos, Film und Videos (vgl. Knoblauch et al. 2006) größere Aufmerksamkeit als Forschungsgegenstand. Dabei lassen sich wieder zwei Zugänge unterscheiden: Kameras können entweder als Datenerhebungsinstrument eingesetzt und die Bilder eigens für die Forschung erstellt werden. Oder bereits vorliegende Bilder werden für die Forschung ausgewählt und analysiert. Ein Zugang ist z. B. die Analyse von Fotos in Familienalben und die Geschichte der Familie oder der Subjekte, die sich darin über die Zeit dokumentiert. Bei der Forschung in Familien oder Institutionen kann die Analyse der Selbstdarstellung in Fotos und Bildern der Mitglieder, die in den Räumen an der Wand hängen, Aufschlüsse über die Strukturen innerhalb des sozialen Feldes liefern (vgl. Banks 2008). Medienanalysen richten sich in ähnlicher Weise auf Kino- oder Fernsehfilme, um daran die Darstellung von bestimmten Problemen und des Umgangs damit zu untersuchen (vgl. hierzu Ayaß & Bergmann 2006).

Zusammenfassung

Bei der Verwendung von existierenden Materialien (Texte, Bilder, Datensätze) als Daten einer eigenen Untersuchung entfällt zwar der Schritt der Erhebung, bzw. er beschränkt sich auf die Auswahl im Material. Jedoch sollte dabei die Widerständigkeit des Materials nicht unterschätzt werden – Fotos, Texte und Statistiken haben ihre eigene Struktur, die häufig stark davon bestimmt ist, wer sie wofür erstellt hat. Wenn diese Struktur mit den Anforderungen an die Daten aufgrund der eigenen Fragestellung nicht kompatibel ist, kann dies zu Problemen der Selektivität führen, deren Lösung gegebenenfalls den Aufwand einer eigenen Datenerhebung übersteigt. Davon ausgehend ist die Verwendung von Sekundärdaten insbesondere und von Materialien insgesamt nur zu empfehlen, wenn dies in der Fragestellung begründet ist.

Informationen gewinnen und dokumentieren

Sozialforschung basiert auf der Verwendung von Daten, die mit empirischen Methoden erhoben werden. Generell lassen sich zwei große Gruppen von Methoden unterscheiden: Quantitative Methoden zielen darauf ab, untersuchte Phänomene in ihrer Häufigkeit oder Verteilung zu erfassen, und arbeiten deshalb mit großen Fallzahlen bei der Datenerhebung. Im Vordergrund stehen Zahlen. So würde etwa erhoben, wie häufig Wartezeiten im Krankenhaus entstehen, wie lang die durchschnittliche Zeit ist, die ein Patient vor einer Behandlung (unnötigerweise) wartet, und wie sich dies über die Wochentage verteilt.

Qualitative Methoden sind an der genauen Beschreibung von Verläufen und Sichtweisen interessiert und arbeiten deshalb häufig mit kleinen Fallzahlen bei der Datenerhebung. Im Vordergrund stehen Texte – z.B. verschriftete Interviews. In unserem Beispiel würde erhoben, wie Situationen ablaufen, in denen Patienten (unnötigerweise) warten, welche subjektiven Erklärungen das Personal dafür hat oder wie der einzelne Patient solche Situationen des Wartens erlebt.

Die Erhebung von Daten verfolgt in beiden Ansätzen unterschiedliche Ziele bzw. baut auf verschiedenen Prinzipien auf. Während quantitative Forschung dem Ideal der Messung verpflichtet ist und dabei mit Zahlen, Skalen und Indexbildung arbeitet, orientiert sich qualitative Forschung daran, ihre Untersuchungsgegenstände zu protokollieren, zu dokumentieren und zu rekonstruieren. Vor der Behandlung der Techniken der Datenanalyse (vgl. Kapitel 6) werden kurz diese Ziele und Prinzipien vorgestellt.

Messen

Bei quantitativen Methoden wird von einer Messung ausgegangen – wie etwa bei einer Zeitmessung die Dauer eines Ereignisses mit einem Messinstrument (einer Uhr) ermittelt wird. Dieses ist relativ unproblematisch, wenn es eine Einheit (z.B. eine Minute, ein Zentimeter) gibt und die Messung darin besteht zu zählen, wie viele dieser Einheiten im konkreten Fall gegeben sind (z.B. 15 Min. Wartezeit). Häufig gibt es diese Einheiten bei sozialwissenschaftlich interessierenden Objekten nicht, sondern sie müssen festgelegt werden. *Messen* ist dann die *Zuordnung* einer Zahl zu einem bestimmten Objekt oder Ereignis. Diese Zuordnung ist mit drei Problemen verknüpft: (1) Die Zahl repräsentiert das Objekt bzw. seine Eigenschaft im Laufe der weiteren Forschung. Ebenso repräsentieren verschiedene Zahlenwerte Unterschiede und Beziehungen zwischen den Objekten. Zum Beispiel werden Ausprägungen der Wartezeit bei der Operation in Minuten gemessen, wobei zwei Minuten immer zwei Minuten sind und vier Minuten das Doppelte von zwei Minuten. Ein anderes Beispiel zeigt die Probleme der Eindeutigkeit (2) und der Bedeutsamkeit (3): Die subjektive Belastung des Patienten muss erst in einen Zahlenwert *übersetzt* werden. Wenn dabei «sehr große Belastung» mit einer 4 gleichgesetzt wird, «große Belastung» mit 3 und «mittlere Belastung» mit einer 2, kann man weder davon ausgehen, dass der Abstand zwischen 2 und 3 genauso groß ist wie der zwischen 3 und 4 und dass ein Zahlenwert 2 immer das gleiche Ausmaß an subjektiver Belastung repräsentiert. Dies ist die Frage der Eindeutigkeit von Messwerten. Schließlich kann man in diesem Beispiel nicht davon ausgehen, dass der Wert 4 in diesem Fall das Doppelte des Werts 2 darstellt. Dies ist das Problem der Bedeutsamkeit. Damit ist die Frage aufgeworfen, welche mathematischen Operationen mit einer erhobenen Messung sinnvoll sind.

Skalierung

Insgesamt betrachtet führt die Zuordnung von Zahlenwerten zu einem Objekt oder Ereignis zur Aufstellung einer Skala. Dabei werden vier Arten von Skalen unterschieden:

Eine *Nominalskala* ordnet Objekte mit identischen Merkmalen identischen Zahlenwerten zu, z. B. wird Geschlecht männlich mit 1, das Geschlecht weiblich mit 2 bezeichnet. Eine Beziehung zwischen den Werten besteht nicht.

Bei *Ordinalskalen* besteht eine Ordnungsbeziehung zwischen den Werten. Wenn in unserem Beispiel bei der Ausprägung der subjektiven Belastung des Patienten wie oben «sehr große Belastung» mit einer 4 gleichgesetzt wird, «große Belastung» mit 3 und «mittlere Belastung» mit einer 2, dann stellt dies eine Ordnung der verschiedenen subjektiven Belastungen dar, ohne dass die Abstände zwischen den Werten gleich groß sein müssen.

In *Intervallskalen* dagegen ist der Abstand zwischen zwei Werten immer gleich groß. Ein Beispiel ist die Temperatureinteilung nach Celsius auf einem Thermometer.

Eine *Verhältnisskala* ist dann gegeben, wenn nicht nur die Abstände zwischen Werten gleich groß sind, sondern man davon ausgehen kann, dass zwei Abstandseinheiten doppelt so viel Abstand wie eine Abstandseinheit bezeichnen. Ein Beispiel ist die Längen- oder Gewichtsmessung: Der Abstand zwischen 2 kg und 3 kg ist genauso groß wie der Abstand zwischen 5 kg, und 6 kg und 6 kg sind doppelt so viel wie 3 kg. Eine Verhältnisskala hat weithin noch einen festen Nullpunkt. Verhältnisskalen sind in der sozialwissenschaftlichen Forschung kaum zu finden. Von der Skalenart hängt ab, welche Berechnungen mit der jeweiligen Skala zulässig sind (vgl. Kapitel 6). Die folgende Tabelle fasst die verschiedenen Skalenarten noch einmal zusammen:

Skalenart	**Mögliche Aussagen**	**Beispiele**	**Antworten bzw. Werte**
Nominalskala	Gleichheit Verschiedenheit	Geschlecht	☐ Männlich ☐ Weiblich
		Berufsgruppen	☐ Arzt ☐ Lehrer
		Zufrieden mit der Behandlung	☐ Ja ☐ Nein
Ordinalskala	Größer-kleiner-Beziehungen	Sozialer Status	☐ Oberschicht ☐ Mittelschicht ☐ Unterschicht
		Schulnoten	☐ Sehr gut ☐ Gut ☐ Befriedigend ☐ Ausreichend ☐ Mangelhaft

Skalenart	Mögliche Aussagen	Beispiele	Antworten bzw. Werte
Intervallskala	Gleichheit von Unterschieden	Temperatur (°C)	☐ 36 °C ☐ 37 °C ☐ 38 °C
		Kalender, Zeitintervalle (z. B. der Krankschreibung pro Jahr)	☐ ein Tag ☐ zwei Tage ☐ drei Tage
Verhältnisskala	Gleichheit von Verhältnissen	Gewicht	☐ ein Kilo ☐ zwei Kilo ☐ drei Kilo
		Länge	☐ ein cm ☐ zwei cm ☐ drei cm

Tabelle 5.1: Skalenarten

Zählen

Will man bestimmte Objekte zählen, so setzt dies voraus, dass sich die zu zählenden Objekte in ihren wesentlichen Eigenschaften gleichen – um nicht Äpfel und Birnen in einen Topf zu werfen (wie das Sprichwort sagt). Geht es um Menschen, Handlungen oder Situationen, die gezählt werden sollen, so muss die Gleichheit als Voraussetzung der Zählbarkeit erst hergestellt werden. Menschen sind durch eine große Individualität und Unterschiedlichkeit gekennzeichnet. Sie können dann gezählt werden, wenn sie aufgrund bestimmter Merkmale klassifiziert werden – z. B. ihr Alter. Alter ist aber schon selbst über eine Zahl bestimmt. Bei anderen – qualitativen – Merkmalen muss erst eine Klassifikation in Zahlenform vorgenommen werden. So ist jemand entweder weiblich oder männlich oder unterschiedlich hilfsbereit (gar nicht, etwas, durchschnittlich, sehr oder überaus hilfsbereit). Um ein solches Merkmal zählen zu können, muss die entsprechende Eigenschaft klassifiziert und mit einem Zahlenwert versehen werden (z. B. erhält jemand, der gar nicht hilfsbereit ist, den Wert 1, jemand, der etwas hilfsbereit ist, den Wert 2 usw.). Dann kann man dieses Merkmal zählen und zu anderen Zahlenwerten in Beziehung setzen. Voraussetzung ist, dass sich eine Eigenschaft wie Hilfsbereitschaft mit Kategorien klassifizieren lässt. Dafür müssen die Kategorien exakt definierbar sein (z. B. was ist «etwas hilfsbereit» im Unterschied zu «gar nicht hilfsbereit»?), sich gegenseitig ausschließen (jemand ist entweder «etwas hilfsbereit» oder «gar nicht hilfsbereit») und das Merkmal erschöpfend beschreiben (alle möglichen Formen von Hilfsbereitschaft müssen diesen Kategorien zugeordnet werden können).

Indexbildung

Bei quantitativen Merkmalen wie dem Alter werden alle Personen mit einem bestimmten Lebensalter (z. B. 25 Jahre) zusammengefasst (alle 25-Jährigen) oder bestimmten Altersgruppen zugeordnet (beispielsweise den 20- bis 30-Jährigen). Häufig werden komplexere Eigenschaften einer Zählung zugeführt. Viele Untersuchungen gehen vom Sozialstatus einer Person aus (um etwa herauszufinden, ob Menschen mit hohem Sozialstatus häufiger krank werden als die mit niedrigem Sozialstatus). Der Sozialstatus setzt sich aus verschiedenen Einzelmerkmalen zusammen – dem Bildungsgrad, dem Beruf, dem Einkommen, der Wohnsituation. Entsprechend wird ein Index gebildet, in dem diese Einzelmerkmale miteinander kombiniert werden. Die eigentliche Zählung setzt dann an diesem Index an. Die Bestandteile des Index können alle das gleiche Gewicht erhalten oder unterschiedlich gewichtet werden, z. B. indem das Einkommen doppelt so viel zählt wie die anderen Bestandteile des Sozialstatus. In der Lebensqualitätsforschung (vgl. z. B. Guggenmoos-Holzmann, Bloomfield, Brenner & Flick 1995) haben sich international verschiedene Lebensqualitäts-Indices durchgesetzt und werden auch im deutschen Sprachraum eingesetzt.

Protokollieren

Während quantitative Forschung auf Messung und Zählen beruht, verzichtet qualitative Forschung zunächst oder durchgängig auf solche Zahlenwerte. Vielmehr geht es im ersten Schritt darum, Verläufe und Sichtweisen möglichst genau zu protokollieren. Dabei soll nicht vorab eine Auswahl von Informationen getroffen werden, sondern möglichst genau, umfassend und detailliert das eigentliche Geschehen und der Kontext, in dem es sich ereignet, festgehalten werden. Bei Beobachtungen werden entsprechend detaillierte Beschreibungen von Situationen und ihres Kontextes erstellt. Interviews werden mit Tonband aufgezeichnet und zusätzlich Gedächtnisprotokolle der Interviewsituation angefertigt. Interaktionen werden mit Tonband oder Video festgehalten, um einen wiederholten und weitgehend ungefilterten Zugang zu den Rohdaten zu ermöglichen. Während bei Interviews die Daten durch Methoden erstellt werden (Fragen führen zu Antworten oder Erzählungen, die speziell für die Forschung zustande kommen), beschränken sich verschiedene Ansätze (etwa die Ethnographie, die objektive Hermeneutik oder die Konversationsanalyse – vgl. Kapitel 6 und Flick 2007a für mehr Details) in der qualitativen Forschung auf die Protokollierung von Alltagssituationen, ohne etwa durch Fragen einzugreifen. Quantitative Forschung nimmt bereits bei der Datenerhebung eine spezifische Verdichtung der Daten durch die Begrenzung auf bestimmte Fragen und Antwortmöglichkeiten vor. Qualitative Forschung ist zunächst an weniger verdichteten Daten interessiert und nimmt die Reduzierung der Informationen erst im Schritt der Auswertung vor, wobei die Originaldaten möglichst ungefiltert weiter und wiederholt zur Verfügung stehen sollen.

Dokumentieren

Dabei kommt dem Schritt der Dokumentation der Daten besondere Bedeutung zu. Hier wird besonderer Wert auf die möglichst umfassende Aufzeichnung gelegt, weshalb Tonband oder Video der Vorzug vor dem Notieren von Antworten und Handlungen in Stichworten gegeben wird. Nur wo technische Aufzeichnungsmedien der Methode ‹im Weg stehen› – etwa bei der teilnehmenden Beobachtung den Forscher an der Teilnahme und der Integration in das beobachtete Feld hindern –, wird weiterhin auf Feldnotizen und nachträglich erstellte Protokolle der Situationen gesetzt (vgl. hierzu ausführlicher Flick 2007a, Kapitel 22). Der möglichst genauen und umfassenden Aufzeichnung schließt sich in der Regel die ebenso gestaltete Transkription der Daten an, die so viel wie möglich an Kontextinformationen beispielsweise zu den Aussagen des Interviewpartners enthalten soll. Auch hier bekommt der möglichst unverstellte Blick auf die untersuchte Realität eine hohe Bedeutung. Die Genauigkeit der Dokumentation des Geschehens ist Voraussetzung für die detaillierte und in den Daten begründete Interpretation der Vorgänge und Aussagen.

Rekonstruieren

Dies erlaubt im nächsten Schritt, das dritte Ziel zu realisieren: in der Analyse und Interpretation der Daten zu rekonstruieren – wie läuft oder lief etwas ab, welche Sichtweise hat ein Beteiligter auf diesen Ablauf etc. Bei der detaillierten Rekonstruktion von Fallverläufen werden Daten gewonnen, die dann einem Vergleich zugeführt werden. Dieser Vergleich bedient sich zwar keiner Zahlen, will aber trotzdem zu verallgemeinernden Aussagen gelangen. Beispielsweise werden aus Rekonstruktionen von einzelnen Verläufen Typen des Verlaufs gebildet und genau beschrieben. Für diese ist weniger ausschlaggebend, wie häufig sie auftreten. Vielmehr ist die Frage, ob die Typen insgesamt das Spektrum der auftretenden Verläufe abbilden und Rückschlüsse darauf zulassen, wann und unter welchen Bedingungen welcher Typ auftritt.

Zusammenfassung

Die beiden Gruppen von Methoden – qualitative und quantitative – werden häufig auch in standardisierte und nicht standardisierte Methoden unterteilt, da ein wesentlicher Unterschied der jeweilige Grad an Standardisierung des Vorgehens ist: Daten aus einem Fragebogen können nur sinnvoll quantitativ statistisch ausgewertet werden, wenn die Erhebung – durch einheitliche Fragenformulierung und -anordnung sowie einheitliche Antwortmöglichkeiten – standardisiert durchgeführt wurde – d. h. jeder Teilnehmer exakt die gleichen Bedingungen bei der Beantwortung der Fragen hat. Qualitative Studien leben häufig gerade davon, dass das Vorgehen weniger standardisiert, dafür aber flexibel gehandhabt wird, um darüber Neues und Unerwartetes zum Tragen kommen zu lassen. Gleichzeitig wird hier besondere Bedeutung auf die Einbeziehung von Kontextinformationen gelegt: Die Antwort des Befragten soll nicht als Fakt für sich sprechen, sondern eingebettet sein in eine längere Erzählung oder ausführlichere Darstellung, um darüber Aufschlüsse über die subjektive Bedeutung des Dargestellten zuzulassen – somit verdeutlichen, in welchem Kontext der Befragte seine Aussage selber stellt.

Leitfaden für die Konzipierung der Datensammlung

Bei der Durchführung eines empirischen Projekts in der Sozialforschung sollten in Bezug auf die Auswahl und Konzipierung der Erhebungsmethoden folgende Punkte berücksichtigt und geklärt werden:

Kasten 5.7: **Leitfaden für die Konzipierung der Datensammlung**

1. Was sind die wesentlichen Aspekte, die bei der Datensammlung erhoben werden sollen?
2. Geht es eher um Handlungen in Bezug auf oder um Wissen über einen Gegenstand?
3. Beinhalten bereits vorliegende Daten schon die benötigten Informationen, sodass eine eigene Datenerhebung nicht notwendig ist?
4. Passen die vorliegenden Daten – in ihren Inhalten, in ihrer Detailliertheit etc. – zu der eigenen Fragestellung?
5. Was soll mit den Daten später in der Auswertung passieren? Sind die Daten, die eine konkrete Erhebungsmethode liefert, dafür geeignet (beispielsweise hinsichtlich Genauigkeit, Struktur und Skalenniveau)?

6. Welchen Spielraum für individuelle Besonderheiten (in den Inhalten, in der Art der Präsentation durch den Teilnehmer) bieten die gewählten Methoden, bzw. welchen Spielraum verlangt die Fragestellung?
7. Welcher Grad an Genauigkeit ist bei der Dokumentation und Transkription qualitativer Daten für die Beantwortung der Fragestellung notwendig?

Diese Fragen können wiederum für die Durchführung der eigenen Studie, aber auch für die Bewertung der Studien anderer Forscher aufschlussreich sein.

Kernpunkte

- Befragung, Beobachtung und die Verwendung existierender Daten sind zentrale Methoden der Sozialforschung.
- Diese Methoden gibt es sowohl im Rahmen der qualitativen als auch in der quantitativen Sozialforschung.
- Befragungen können offen oder mit unterschiedlichen vorgegebenen Antwortmöglichkeiten durchgeführt werden.
- Sie lassen sich mit Fragen oder Erzählaufforderungen, einzeln oder mit Gruppen realisieren.
- Beobachtung kann standardisiert oder offen und teilnehmend angewendet werden.
- Sekundär- und Materialanalysen müssen die jeweilige inhärente Struktur ihrer Daten berücksichtigen.
- Bei quantitativer Forschung werden Daten in Form von Messungen und auf unterschiedlichen Skalenniveaus erhoben, was Folgen für die möglichen Auswertungen hat.
- Teilweise werden Ereignisse gezählt, teilweise sind Eigenschaften nur über den Umweg einer Indexbildung, die mehrere Einzelmerkmale umfasst, zugänglich.

Weiterführende Literatur

Bortz, J. & Döring, N. (2006). Forschungsmethoden und Evaluation für Sozialwissenschaftler (3. überarbeitete Auflage). Berlin u. a.: Springer.

Diekmann, A. (2007). Empirische Sozialforschung (17. Auflage). Reinbek bei Hamburg: Rowohlt.

Flick, U. (2007a). Qualitative Sozialforschung – Eine Einführung. Reinbek bei Hamburg: Rowohlt (Kap. 9).

Flick, U., Kardorff, E. v. & Steinke, I. (Hrsg.) (2008). Qualitative Forschung – ein Handbuch (6. durchgesehene und aktualisierte Auflage). Reinbek bei Hamburg: Rowohlt.

6 Analyse qualitativer und quantitativer Daten

Ziele: Nachdem Sie dieses Kapitel gelesen haben, sollten Sie
- ein erstes Verständnis einiger zentraler Methoden der Datenanalyse in der Sozialforschung gewonnen haben,
- einen Eindruck von den Unterschieden, aber auch den Gemeinsamkeiten im Vorgehen qualitativer und quantitativer Datenanalyse erhalten haben und
- einschätzen können, welche Methoden Ihnen zur Verfügung stehen und was sie leisten können.

Das vorangegangene Kapitel behandelte ausgewählte Methoden der Datenerhebung. Bei Befragung, Beobachtung und Materialanalysen wurden jeweils zunächst standardisierte und dann offenere Herangehensweisen vorgestellt. Dieses Kapitel beschreibt Verfahren für die Auswertung der auf diesen Wegen erhobenen Daten. Im ersten Schritt lässt sich das Prinzip noch fortführen, wenn erst die quantitative und dann die qualitative Inhaltsanalyse dargestellt werden. Der zweite Teil des Kapitels behandelt quantifizierende Analysen für standardisierte Daten und abschließend interpretative Verfahren für die Auswertung von qualitativen Daten aus Interviews und teilnehmenden Beobachtungen.

Inhaltsanalyse

Inhaltsanalyse ist eine der klassischen Vorgehensweisen zur Auswertung von Textmaterial gleich welcher Herkunft – von Medienerzeugnissen bis zu Interviewdaten. Sie «ist eine empirische Methode zur systematischen, intersubjektiv nachvollziehbaren Beschreibung inhaltlicher und formaler Merkmale von Mitteilungen» (Früh 1991, S. 25). Die Methode basiert auf der Verwendung von Kategorien, die häufig aus theoretischen Modellen abgeleitet sind. Kategorien werden in der Regel nicht aus dem Material entwickelt, sondern auf die zu analysierenden Texte angewendet. Sie werden kontinuierlich an den Texten überprüft und wenn nötig modifiziert. Inhaltsanalysen zielen auf die Klassifikation der Inhalte von Texten ab, indem Aussagen, Sätze oder Worte einem System von Kategorien zugeordnet werden. Dabei ist zwischen quantitativen und qualitativen Inhaltsanalysen zu unterscheiden.

Quantitative Inhaltsanalyse

(1) Analyse von Zeitungsartikeln

Während die qualitative Inhaltsanalyse zu den Auswertungsverfahren beispielsweise für Interviews gerechnet wird, ordnen manche Lehrbücher die quantitative Inhaltsanalyse als spezielles Erhebungsverfahren für Daten ein (z.B. bei Bortz & Döring 2006). Schnell, Hill & Esser (2008, S. 407) sehen das Verfahren als «eine Mischform von ‹Analysetechnik› und Datenerhebungsverfahren». Damit werden Informationen etwa in der Presse wie Zeitungsartikel erhoben und klassifiziert. Es wird als Definition gegeben:

> «Die quantitative Inhaltsanalyse erfasst einzelne Merkmale von Texten, indem sie Textteile in Kategorien, die Operationalisierungen der interessierenden Merkmale darstellen, einordnet. Die Häufigkeiten der einzelnen Kategorien geben Auskunft über die Merkmalsausprägungen des untersuchten Textes» (Bortz & Döring 2006, S. 149).

Im Vordergrund solcher Analyse steht die Frage, wie in bestimmten Medien über einen bestimmten Gegenstand kommuniziert wird und wie dies auf den Adressaten wirkt. Kommunikation lässt sich nach diesem Modell in der Formel von Laswell (1938) fassen: Wer (Sender) sagt (schreibt, deutet in Zeichenform an ...) was (Information) zu wem (Empfänger) wie (Medium) und mit welchem Effekt?

Methodisch steht im Zentrum der Inhaltsanalyse das *Kategoriensystem*, mit dem die untersuchten Materialien klassifiziert werden. Die Zuordnung der Textpassage wird als Kodierung bezeichnet. Entscheidend ist die Auswahl des richtigen Materials (die gezogene Textstichprobe) und der richtigen Einheiten für die Analyse – welche Texte aus welchen Zeitungen von welchen Erscheinungstagen werden ausgewählt, und sind einzelne Worte, ganze Sätze oder Absätze die Einheiten, die Kategorien zugeordnet werden?

(2) Auswertungsstrategien

Verschiedene Auswertungsstrategien können unterschieden werden: *Einfache Häufigkeitsanalysen* untersuchen, wie häufig bestimmte Begriffe in den untersuchten Texten auftauchen und schließen darüber auf die mediale Präsenz eines Themas etwa in der Tagespresse, z. B.: Wie häufig wurde etwa das Thema «Gesundheitsfonds» im untersuchten Zeitraum in den wichtigsten deutschen Presseorganen thematisiert?

	Gesundheitsfonds
Zeitung A 20. 10. 2008	
Zeitung B 20. 10. 2008	
Zeitung A 21. 10. 2008	
Zeitung B 21. 10. 2008	

	Gesundheitsfonds
Zeitung A 22. 10. 2008	
Zeitung B 22. 10. 2008	
Zeitung A 23. 10. 2008	
Zeitung B 23. 10. 2008	

Tabelle 6.1: Häufigkeitsanalyse in der Inhaltsanalyse

Kontingenzanalysen fragen nicht nur nach der Häufigkeit des Auftretens von Begriffen (und damit Themen) im Untersuchungszeitraum in der Presse, sondern danach, mit welchen Begriffen sie gemeinsam auftreten, z. B.: Wie häufig wird das Thema «Gesundheitsfonds» im Zusammenhang mit «Versorgungsdefiziten» oder «Kosten» genannt?

	Gesundheitsfonds	Versorgungsdefizite	Kosten	Interessen der Krankenkassen
Zeitung A 20. 10. 2008				
Zeitung B 20. 10. 2008				
Zeitung A 21. 10. 2008				
Zeitung B 21. 10. 2008				
Zeitung A 22. 10. 2008				

	Gesundheitsfonds	Versorgungsdefizite	Kosten	Interessen der Krankenkassen
Zeitung B 22. 10. 2008				
Zeitung A 23. 10. 2008				
Zeitung B 23. 10. 2008				

Tabelle 6.2: Kontingenzanalyse in der Inhaltsanalyse

(3) Quantitative Inhaltsanalyse anderer Texte

Quantitative Inhaltsanalysen werden in diesem Sinn bei der Auswertung von Zeitungsartikeln häufig angewendet. Das Verfahren lässt sich jedoch auch als Analyseverfahren für Interviews oder andere zu Forschungszwecken erstellte Texte einsetzen.

(4) Phasen der quantitativen Inhaltsanalyse

Dabei lassen sich als Phasen des Vorgehens unterscheiden: Zunächst werden die für den Zweck der Untersuchung relevanten Texte bestimmt. Daran schließt sich die Ziehung einer Stichprobe aus diesen Texten an. Im dritten Schritt wird die Zähleinheit (alle oder bestimmte Worte, Wortgruppen, Sätze, ganze Artikel, Überschriften etc.) festgelegt. Aus der Fragestellung der Untersuchung und ihrem theoretischen Hintergrund wird ein *System von Kategorien* abgeleitet. Diese sollen disjunkt (klar trennend), erschöpfend, präzise und unabhängig voneinander sein. Die Klassifikation von Texten mit Kategorien dient vor allem der *Reduktion des Materials.* Das Kategoriensystem kann aus Oberbegriffen und Unterbegriffen bestehen. Häufig werden auch Wörterbücher erstellt, die Kategorienamen, Definitionsregeln für die Zuordnung von Wörtern zu Kategorien enthalten. Für die Anwendung der Kategorien auf Texte legt man Kodierregeln fest. Die Analyseeinheiten werden von Kodierern mit den jeweiligen Kategorien erfasst. Kodierer werden hierfür geschult, das Kodierungssystem einem *Pretest* unterzogen und auf seine Reliabilität (Übereinstimmung der Zuordnungen durch verschiedene Kodierer) überprüft. Dann werden statistische Analysen zur Ermittlung der Häufigkeit, mit der bestimmte Worte insgesamt bzw. im Zusammenhang mit anderen Worten auftreten, oder auch der Verteilung von Kategorien bzw. Inhalten durchgeführt.

(5) Probleme quantitativer Inhaltsanalyse

Die Probleme quantitativer Inhaltsanalyse liegen in der notwendigen Isolierung einzelner Worte oder Wortfolgen, die aus ihrem Kontext herausgelöst werden. Dabei werden Texte in ihre Bestandteile zerlegt, die sich dann als empirische Einheit verwenden lassen. Dies erschwert die Erfassung des Sinnzusammenhangs von und in Texten.

Beispielsweise wird versucht, die Änderung von *Einstellungen gegenüber alten Menschen* über Analysen von Zeitungsartikeln zu ermitteln, indem die Häufigkeiten erfasst werden, mit denen bestimmte Worte (wie «gebrechlich» oder «Erfahrung») zusammen mit dem Begriff «Alter» oder «alter Mensch» in den untersuchten Artikeln auftauchen. Ändern sich die Begriffe oder die Häufigkeit, mit denen sie im Zusammenhang mit «Alter» oder «alter Mensch» verwendet werden, so lässt sich daraus der Wandel der Einstellung gegenüber dem Alter schließen.

Dadurch wird die Inhaltsanalyse häufig sehr reduktionistisch angewendet. Dies wird vor allem damit begründet, dass eine starke *Standardisierung und Reduktion* der Analyse auf kleine Einheiten (etwa auf ein einzelnes Wort) für die Zuordnung zu den Kategorien notwendig sei, um die Wiederholbarkeit, Stabilität und Genauigkeit der Analyse zu gewährleisten. *Wiederholbarkeit* bezieht sich auf das Ausmaß, in dem Klassifikationen des Materials durch verschiedene Auswerter gleich ablaufen. *Stabilität* meint, dass Inhaltsklassifikationen im Zeitverlauf unverändert vorgenommen werden. *Genauigkeit* bezeichnet, inwieweit die Kodierung eines Textes der Kodierungsnorm oder Standardkodierung entspricht.

Stärken der quantitativen Inhaltsanalyse sind, dass damit große Mengen von Daten analysiert werden können. Das Vorgehen lässt sich in starkem Maß standardisieren. Häufigkeiten und Verteilungen von Aussagen, Einstellungen etc. lassen sich berechnen. Schwächen der quantitativen Inhaltsanalyse sind demgegenüber, dass von Anbeginn auf Fallanalysen verzichtet wird – der einzelne Text und seine Struktur oder Besonderheit als Ganzes werden nicht berücksichtigt. Der Kontext von Worten wird dabei eher vernachlässigt. Inwieweit die Analysen der Häufigkeiten von Aussagen bzw. Ereignissen in Texten ausreichen, um inhaltliche Fragestellungen befriedigend zu beantworten, ist seit Beginn der inhaltsanalytischen Forschung umstritten.

Qualitative Inhaltsanalyse

Vor dem Hintergrund der Begrenzungen quantifizierender Ansätze hat Mayring (1983) sein Verfahren der qualitativen Inhaltsanalyse entwickelt.

(1) Ablauf qualitativer Inhaltsanalysen

Der erste Schritt ist hierbei die Festlegung des Materials (z. B. Auswahl der Interviews bzw. der für die Fragestellung relevanten Ausschnitte). Es folgt die Analyse der Erhebungssituation (Wie ist das Material zustande gekommen, wer war beteiligt, wer war in der Interviewsituation anwesend? Woher stammen die zu analysierenden Dokumente? etc.), bevor das Material formal charakterisiert wird (Wie wurde es erhoben – Aufzeichnung oder Protokoll? Wie wurde es aufbereitet – Einfluss der Transkription auf die Texte? etc.). Im nächsten Schritt legt Mayring (1983, S. 45) für die Texte die Richtung der Analyse fest und «was man eigentlich (...) herausinterpretieren möchte». Voraussetzung ist dabei, dass die «Fragestellung der Analyse vorab genau geklärt sein muss, theoretisch an die bisherige Forschung über den Gegenstand angebunden und in aller Regel in Unterfragestellungen differenziert werden muss» (S. 47).

Im nächsten Schritt wählt man die Analysetechnik aus (s. u.) und legt die Analyseeinheiten fest: Die Kodiereinheit bezeichnet, was «der kleinste Materialbestandteil ist, der ausgewertet werden darf, was der minimale Textteil ist, der unter eine Kategorie fallen kann». Die Kontexteinheit definiert, was der größte Textbestandteil ist, der unter eine Kategorie fallen darf. Die Auswertungseinheit bestimmt, welche Textteile «jeweils nacheinander ausgewertet werden». Nun werden die eigentlichen Analysen durchgeführt, bevor schließlich ihre Ergebnisse in Bezug auf die Fragestellung interpretiert und Fragen der Geltungsbegründung gestellt und beantwortet werden (vgl. Abbildung 6.1).

(2) Techniken qualitativer Inhaltsanalysen
Das konkrete methodische Vorgehen besteht aus drei Techniken.

– Zusammenfassende Inhaltsanalyse
Bei der zusammenfassenden Inhaltsanalyse wird das Material paraphrasiert, um weniger relevante Passagen und bedeutungsgleiche Paraphrasen streichen *(erste Reduktion)* und ähnliche Paraphrasen bündeln und zusammenfassen zu können *(zweite Reduktion)*. Aus einem Interview mit einem arbeitslosen Lehrer wird die Aussage «(...) und zwar eigentlich im Gegenteil, ich war also ganz-ganz heiß darauf, da endlich mal zu unterrichten» (Mayring 1983, S. 104) paraphrasiert als «Im Gegenteil, ganz begierig auf Praxis gewesen» und generalisiert als «Eher auf Praxis gefreut» (S. 59). Die Aussage «Drum hab ich also da schon drauf gewartet, an eine Seminarschule, bis ich endlich einmal da unterrichten konnte» (S. 104) wird paraphrasiert als «Drauf gewartet, endlich zu unterrichten» und generalisiert als «Auf Praxis gefreut». Aufgrund der Ähnlichkeit beider Generalisierungen wird die zweite dann gestrichen und zusammen mit anderen Aussagen reduziert zu «Praxis nicht als Schock, sondern als großen Spaß erlebt» (S. 59). Dadurch wird der Ausgangstext um die Aussagen reduziert, die sich auf der Ebene der Generalisierungen überschneiden.

– Explizierende Inhaltsanalyse
Die explizierende Inhaltsanalyse geht in die andere Richtung. Dabei werden diffuse, mehrdeutige oder widersprüchliche Textstellen durch die Einbeziehung von Kontextmaterial aufgeklärt, etwa indem lexikalisch-grammatikalische Definitionen für die jeweilige Textstelle her-

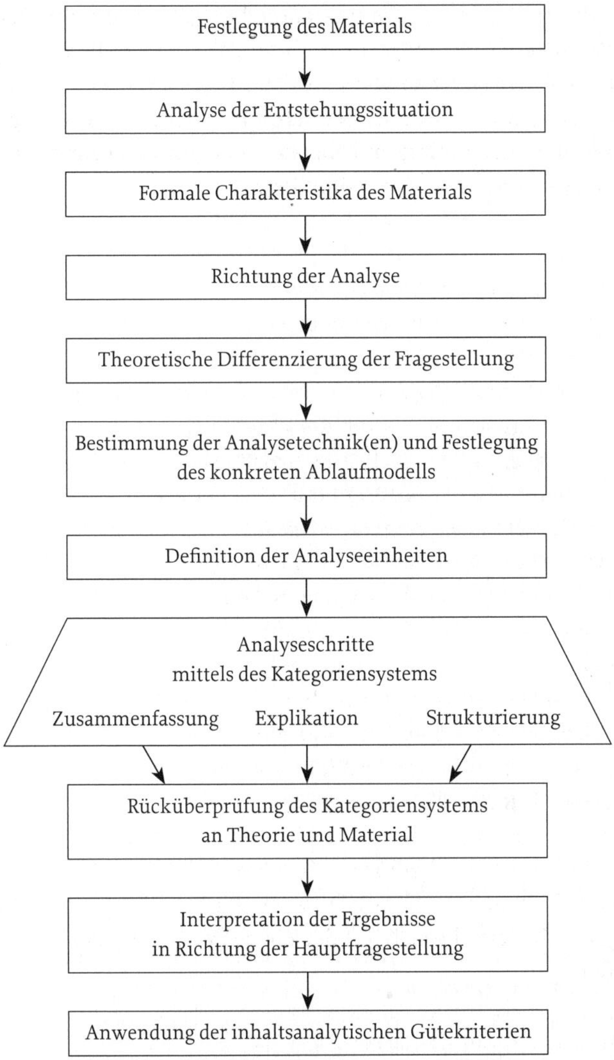

Abbildung 6.1: Allgemeines inhaltsanalytisches Ablaufmodell (aus Mayring 1983, S. 49)

angezogen bzw. formuliert werden. Bei der *engen Kontextanalyse* greift man auf zusätzliche Aussagen im selben Text zur Explikation der zu analysierenden Stelle zurück, während die *weite Kontextanalyse* auch Informationen außerhalb des Textes (zum Verfasser, zur Entstehungssituation, aus Theorien) einbezieht, um damit eine «explizierende Paraphrase» zu formulieren und zu überprüfen.

In einem Interview verdeutlicht eine Lehrerin ihre Schwierigkeiten im Unterricht, indem sie festhält, sie sei im Gegensatz zu erfolgreichen Kollegen eben kein «Conferencier-Typ» (S. 109). Um herauszufinden, was sie mit diesem Ausdruck gemeint hat, werden zunächst Definitionen von ‹Conférencier› aus zwei Lexika zusammengetragen und dann im direkten Kontext der Aussage im Interview nach verwendeten Bestimmungsmerkmalen eines Lehrers gesucht, auf den diese Bezeichnung zutrifft. Weitere Textstellen werden hinzugezogen. Aus den darin enthaltenen Beschreibungen solcher Kollegen lässt sich als «explizierende Paraphrase (...) formulieren, ein Conferencier-Typ ist jemand, der die Rolle eines extravertierten, temperamentvollen, spritzigen und selbstüberzeugten Menschen spielt» (S. 74). Diese Explikation wird am direkten Kontext, in dem der Begriff verwendet wurde, noch einmal überprüft.

– Strukturierende Inhaltsanalyse

Die strukturierende Inhaltsanalyse dient der Identifikation von Typen oder formalen, inhaltlichen, typisierenden oder skalierenden Strukturen des Materials (Mayring 1983, S. 53 f.):

> «Nach formalen Strukturierungsgesichtspunkten kann eine innere Struktur herausgefiltert werden (*formale Strukturierung*); es kann Material zu bestimmten Inhaltsbereichen extrahiert und zusammengefasst werden (*inhaltliche Strukturierung*); man kann auf einer Typisierungsdimension nach einzelnen markanten Ausprägungen im Material suchen und diese genauer beschreiben (*typisierende Strukturierung*); schließlich kann das Material nach Dimensionen in Skalenform eingeschätzt werden (*skalierende Strukturierung*).»

(3) Probleme qualitativer Inhaltsanalysen

Die schematische Aufbereitung des Vorgehens lässt dieses Verfahren übersichtlicher, eindeutiger und durch die mögliche Reduktion des Materials besser handhabbar erscheinen als andere qualitative Auswertungsverfahren (s. u.). Die Methode eignet sich vor allem für die reduzierende und an der Oberfläche von Texten (Was wird darin gesagt?) orientierte Analyse großer Textmengen. Häufig erweist sich jedoch die Umsetzung der Regeln als mindestens ähnlich aufwendig wie bei anderen qualitativen Analysemethoden. Die schnelle Kategorisierung mit von außen herangetragenen, aus der Theorie abgeleiteten Kategorien verstellt möglicherweise eher den Blick auf die Bedeutung des Textes. Interpretation des Textes im Sinne der meisten anderen Auswertungsverfahren (Wie wird etwas gesagt? Was ist damit gemeint?) wird hier durch die explikative Inhaltsanalyse angestrebt. Ein weiterer Nachteil liegt in der Verwendung von Paraphrasen, die nicht zur Erklärung des Ursprungstextes eingesetzt werden, sondern vor allem bei der zusammenfassenden Inhaltsanalyse an dessen Stelle treten. Die quantitative Inhaltsanalyse reduziert schließlich die Bedeutung des Textes vor allem auf die Häufigkeiten und das gemeinsame Auftreten bestimmter Begriffe oder Wortfolgen.

Beispiel einer Inhaltsanalyse

Beim folgenden Beispiel handelt es sich um eine themenbezogene Inhaltsanalyse von Zeitschriften.

Kasten 6.1: **Alter und Gesundheit in Fachzeitschriften – Beispiel einer Inhaltsanalyse**

In dieser Studie (Walter, Flick, Fischer, Neuber & Schwartz 2006) wurden vier Zeitschriften – das «Deutsche Ärzteblatt», «Der Hausarzt», die «Pflegezeitschrift» und «Pflege Aktuell» einer Inhaltsanalyse unterzogen. Dabei wurden Artikel ausgesucht, die sich speziell den Themen Gesundheit, Alter(n), alte Menschen bzw. Hochaltrige sowie Prävention und Gesundheitsförderung im Alter widmen. Dazu wurde (1) der Inhalt der Überschrift, (2) das Abstract und (3) schließlich der gesamte Artikel gesichtet.

Die Anzahl der ausgewählten Artikel zeigt, dass Vorstellungen von Gesundheit, vom Alter(n) und von alten Menschen sowie die Bereiche Prävention und Gesundheitsförderung im Alter in den Fachzeitschriften «Deutsches Ärzteblatt», «Der Hausarzt», «Pflegezeitschrift» und «Pflege Aktuell» kaum ein Thema sind. Von den im Zeitraum 1970 bis 2001 insgesamt 3028 gesichteten Zeitschriftenausgaben behandeln lediglich 83 Artikel explizit Vorstellungen zu Gesundheit, 216 (7,1 %) Vorstellungen zu Alter(n) und alten Menschen und 131 (4,3 %) Prävention und Gesundheitsförderung im Alter.

Für die inhaltliche Analyse standen somit 283 Publikationen aus dem Zeitraum 1970–2001 zur Verfügung. Der Stellenwert des Themas Vorstellungen vom Alter(n) und von alten Menschen in den Ärzte- und Pflegezeitschriften ist gering. Lediglich 216 (7,1 %) Artikel der in den Ärzte- und Pflegezeitschriften insgesamt 3028 gesichteten Ausgaben behandeln explizit Vorstellungen zum Alter(n) und zu alten Menschen, verteilt über drei Jahrzehnte und vier Fachzeitschriften.

Zum Thema «Alter(n)» zeigt die Verteilung der 216 Beiträge über den Zeitraum 1970–2001: Besonders häufig greifen «Der Hausarzt» und die «Pflegezeitschrift» das Thema auf, seltener das «Deutsche Ärzteblatt» und «Pflege Aktuell». Zudem erhält das Thema über die Jahrzehnte einen höheren Stellenwert. Während aus den 1970er Jahren insgesamt nur 37 (17,1 %) Artikel gesichtet wurden, die sich mit Alter(n) beschäftigen, waren es aus den 1980er Jahren bereits 71 (32,9 %) und den 1990er Jahren 91 (42,1 %) Artikel. Insbesondere das «Deutsche Ärzteblatt», «Der Hausarzt» und die «Pflegezeitschrift» widmen sich dem Thema zunehmend über die Jahrzehnte. Lediglich die Zeitschrift «Pflege Aktuell» greift es bereits in den 1970er Jahren häufiger auf.

Hinsichtlich «Prävention und Gesundheitsförderung im Alter» wird in der Mehrheit der 131 identifizierten Beiträge Prävention entsprechend der Einteilung in Primär-, Sekundär- und Tertiärprävention zum Thema. Lediglich etwa 12 % der 131 Beiträge befassen sich mit Gesundheitsförderung gemäß der Ottawa-Charta (WHO 1986).

Der quantitative Anteil von Prävention und Gesundheitsförderung im Alter am Gesamtumfang des Artikels liegt in der überwiegenden Mehrheit der Beiträge unter 10 %. Das heißt, dass das Thema in der Regel lediglich in ein bis drei Sätzen erwähnt wird. Allein daran wird deutlich, dass Prävention und Gesundheitsförderung im Alter in den untersuchten Ärzte- und Pflegezeitschriften nur einen marginalen Stellenwert hat.

Häufig werden in den Ärzte- und Pflegezeitschriften Prävention und

Gesundheitsförderung nicht explizit genannt, dennoch implizit thematisiert. Das betrifft vor allem die Pflegezeitschriften, in denen öfter statt Prävention die Bezeichnung *vorbeugende Hilfe* verwendet wird.

Insgesamt betrachtet zeigt die Verteilung der identifizierten Publikationen über die Jahrzehnte: Gesundheitsvorstellungen wurden in den Ärzte- und Pflegezeitschriften im Vergleich zu den 1990er Jahren häufiger in den 1970er Jahren thematisiert. Vorstellungen zu Alter(n) und alten Menschen wurden in den Fachzeitschriften über die Jahrzehnte zunehmend angesprochen, ohne jedoch einen großen Stellenwert einzunehmen. Auch über das Thema Prävention und Gesundheitsförderung im Alter wird zunehmend berichtet. Darüber wird einerseits der Bedeutungszuwachs der hier interessierenden Themen über die Zeit ebenso deutlich. Andererseits zeigt sich, dass sie weiterhin in einem sehr begrenzten Umfang behandelt werden (vgl. für mehr Details Walter et al. 2006, Kapitel 12).

In diesem Kapitel wurden zunächst quantitative, dann qualitative Ansätze der Inhaltsanalyse vorgestellt. Im nächsten Schritt werden allgemeine Aspekte quantitativer Datenanalyse behandelt, anschließend qualitative Analysen beschrieben.

Quantitative Datenanalysen

Aufbereitung der Daten

Bevor die Daten, die etwa mit einem Fragebogen erhoben wurden, analysiert werden können, müssen sie zunächst aufbereitet werden. Dies schließt die Erstellung einer Datenmatrix ein, d. h. die Zusammenstellung aller Variablen für jede Untersuchungseinheit, konkreter aller Antworten für jeden Fall (vgl. Tabelle 6.3), die dann noch in Zahlenwerte transformiert werden muss (vgl. Tabelle 6.4). Der Fragebogen in diesem Beispiel beginnt mit vier Fragen zu demographischen Merkmalen der Teilnehmer (Geschlecht, Alter, Beruf, Schulabschluss), bevor die ersten inhaltlichen Fragen folgen. Dabei wurde vorher in einem Kodeplan definiert, welche Antwortmöglichkeit mit welcher Zahl belegt wird. Beim

Geschlecht wird weiblich mit 1, männlich mit 2 kodiert, der Schulabschluss wird von «ohne» bis «Abitur» mit Werten von 1 bis 4 kodiert, ähnlich der aktuelle Beruf. Bei den Antworten auf die Fragen 1 und 2 werden die Werte aus der Skala (vgl. das Beispiel in Abbildung 5.1) übernommen. Die Fälle erhalten eine Identifikationsnummer, und die Variablen werden ebenfalls mit Zahlenwerten bezeichnet (z. B. Alter in Tabelle 6.3 wird zur Variablen V2 in Tabelle 6.4).

Untersuchungseinheit	**Variable**					
	Geschlecht	Alter	Beruf	Schulabschluss	Frage 1: Grad der Zustimmung	Frage 2: Grad der Zustimmung
Fall 1	M	21	Student	Abitur	5	3
Fall 2	W	28	Verkäuferin	Hauptschule	3	4
Fall 3	M	--	Taxifahrer	Realschule	1	1
Fall 4	W	25	Ärztin	ohne	2	5
...						

Tabelle 6.3: Datenmatrix-1

Kodierung meint in diesem Kontext die Zuordnung von Antworten zu Zahlenwerten. In diese Datenmatrix werden alle Antworten aus jedem Fragebogen eingegeben. Wenn dabei offene Fragen (ohne die Vorgabe von Antwortskalen) verwendet wurden, müssen die Antworten (der Text, den die Teilnehmer an der Stelle notiert haben) Kategorien zugeordnet werden, die dann mit Zahlenwerten versehen werden können.

Untersuchungs-einheit	Variable					
	V1	V2	V3	V4	V5	V6
01	2	21	4	4	5	3
02	1	28	1	2	3	4
03	2	999	3	3	1	1
04	1	25	5	1	2	5
...						

Tabelle 6.4: Datenmatrix-2

Datenbereinigung

Der nächste Schritt ist die Datenbereinigung. Dabei wird im Rahmen erster Häufigkeitsauszählungen einerseits geprüft, ob Daten in die falsche Spalte eingegeben wurden: Sind beispielsweise nur zehn mögliche Werte für den Beruf definiert worden, weisen aber mehrere Fälle Werte wie 25 oder 35 auf, deutet das auf die Eingabe von Altersangaben in die Spalte für den Beruf hin. Solche Spaltenfehler müssen überprüft und korrigiert werden. Weiterhin müssen fehlende Daten kontrolliert werden: In Tabelle 6.3 fehlt bei Fall 3 die Altersangabe und wurde mit «999» als Kodierung für einen fehlenden Wert in Tabelle 6.4 eingetragen. Weiterhin muss eine Plausibilitätsprüfung der Daten vorgenommen werden: In Tabelle 6.3 finden sich im Fall 4 Angaben, die zumindest unwahrscheinlich sind (Ärztin ohne Schulabschluss im Alter von 25 Jahren). Hier muss ebenfalls geprüft werden, ob es sich um einen Kodierfehler handelt oder tatsächlich diese Antwortkombination im Fragebogen enthalten ist. Eventuell müssen diese Antworten als fehlend behandelt werden. Nach dieser – bei großen Datensätzen häufig sehr zeitaufwendigen – Prüfung der Daten und der Korrektur aller dabei aufgetretenen Fehler können Analysen unterschiedlicher Komplexität mit ihnen durchgeführt werden.

Univariate Analysen – auf eine Variable bezogen

Ein üblicher Weg, Gemeinsamkeiten und Unterschiede hinsichtlich einer bestimmten Eigenschaft oder eines Merkmals (einer Variablen) zu demonstrieren, ist, ihre Verteilung in der untersuchten Stichprobe zu berechnen.

(1) Häufigkeiten

Gibt es beispielsweise vier Antwortmöglichkeiten, wird zunächst deren *relative Häufigkeit* kalkuliert, indem die Zahl der Fälle in einer Kategorie durch die Zahl der Fälle in der Stichprobe geteilt wird. Will man die prozentuale Häufigkeit ermitteln, wird das Ergebnis dieser Teilung mit 100 multipliziert. Haben in einer Stichprobe von 100 Personen 27 einen Hauptschulabschluss angegeben, ist die relative Häufigkeit der Hauptschüler 0,27, die prozentuale Häufigkeit 27 %. Schließlich kann man bei mehreren Ausprägungen noch die *kumulierte relative Häufigkeit* berechnen. Haben in unserem Beispiel weitere 33 Personen Realschulabschluss angegeben und 20 Personen Abitur sowie 20 keinen Abschluss, kann man die Werte in eine Rangreihe nach dem Niveau des Abschlusses bringen. Aus der Kumulation (oder Addierung) der Einzelwerte kann man z. B. feststellen, dass die relative Häufigkeit der Personen, die höchstens einen Realschulabschluss haben, 0,80 und deren relative prozentuale Häufigkeit 80 % ist (vgl. Tabelle 6.5).

Um die Verteilung der Antworten in der Stichprobe zu zeigen, gibt es zwei Wege: Einerseits wird die *zentrale Tendenz*, andererseits die *Streuung* bestimmt.

(2) Zentrale Tendenz

Das bekannteste Maß der zentralen Tendenz ist der *Mittelwert* bzw. das *arithmetische Mittel*. Dieser wird aus der Summe der Beobachtungswerte geteilt durch die Anzahl der Fälle berechnet. Als vertrautes Beispiel können die Zeugnisnoten genommen werden: Ein Schüler hat die Noten 1, 1, 4, 3, und 5 in seinem Zeugnis. Um den Mittelwert seiner Noten zu

	Kategorie	Zahl der Fälle	relative Häufigkeit	prozentuale Häufigkeit	kumulierte relative Häufigkeit	kumulierte prozentuale Häufigkeit
Ohne Abschluss	1	20	0,20	20 %	0,20	20 %
Hauptschule	2	27	0,27	27 %	0,47	47 %
Realschule	3	33	0,33	33 %	0,80	80 %
Abitur	4	20	0,20	20 %	1,00	100 %

Tabelle 6.5: Häufigkeitsverteilung der Variablen «Schulbildung»

ermitteln, werden die Einzelnoten addiert und durch die Zahl der Fächer geteilt (die Summe ist 14, die Zahl der Fächer 5 – ergibt einen Mittelwert von 2,8). Bei der Berechnung von Mittelwerten wird ein Intervallskalenniveau der Werte vorausgesetzt (die Abstände zwischen den Werten müssen gleich groß sein – vgl. Kapitel 5). Liegt dagegen nur eine Ordinalskala vor, kann die zentrale Tendenz über den *Modalwert* oder den *Median* bestimmt werden.

Der Modalwert ist die Ausprägung einer Variablen, die den höchsten Wert aufweist. Der Modalwert in unserem Zeugnisbeispiel ist entsprechend die 1 (weil sie am häufigsten vorkommt). Der Median ist der Wert, bei dem die relative kumulierte Häufigkeit 50 % erreicht – die Verteilung wird so unterteilt, dass 50 % der Werte vor und 50 % nach dem Median auftreten. Im Beispiel mit dem Schulabschluss (vgl. Tabelle 6.5) wäre der Medianwert knapp über dem Wert «Hauptschule», da knapp 50 % der Befragten «Hauptschule und weniger», etwas mehr als 50 % dagegen «Realschule und mehr» als Wert haben.

(3) Streuung

Mittelwerte sagen nicht alles über eine Verteilung aus. Der Mittelwert aus zwei Schulnoten soll dies verdeutlichen. Eine Note 3 und eine Note 4 haben den Mittelwert 3,5. Gleiches gilt jedoch auch für eine Note 1 und eine Note 6. Im ersten Fall ist die Streuung der Noten jedoch wesentlich geringer (beide liegen sehr nah beieinander) als im zweiten Fall (in dem beide weit auseinanderklaffen). Um diese Streuung zu berücksichtigen, ist ein erster Weg, die *Spannweite* der Werte zu berechnen. Damit ist die Differenz zwischen dem minimalen und dem maximalen Wert gemeint. Dazu wird der kleinste vom größten Wert abgezogen. In unserem Beispiel liegt sie im ersten Fall (Noten 3 und 4) bei 1, im anderen (Noten 1 und 6) bei 5.

Die Spannweite ist jedoch immer noch stark abhängig von Extremwerten, da sie nur den maximalen und minimalen Wert, nicht jedoch die Häufigkeit der Werte dazwischen berücksichtigt. Über die Bestimmung der Quartile und des Quartilsabstands lässt sich die Werteverteilung genauer bestimmen als mit der Spannweite. Quartile bezeichnen die Grenzpunkte, mit denen die Viertel einer Werteverteilung voneinander getrennt sind. Entsprechend gibt es die Quartile Q_1–Q_4: 25 % der Werte sind kleiner oder gleich dem Wert des ersten Quartils Q_1, 50 % kleiner oder gleich dem Wert des zweiten Quartils Q_2 und 75 % kleiner oder gleich dem Wert des dritten Quartils Q_3. Das zweite Quartil entspricht dem Median und trennt das zweite und das dritte Viertel der Werte. Der Quartilsabstand wird als Differenz zwischen dem dritten und dem ersten Quartil bestimmt (vgl. ausführlich Kühnel & Krebs 2006, S. 84 f.).

Sind die Messwerte mindestens intervallskaliert, kann man als Streuungsmaße die *Standardabweichung* und die *Varianz* berechnen. Die Standardabweichung ist die Wurzel aus der durchschnittlichen quadratischen Abweichung vom Mittelwert. Die Varianz ist das Quadrat der Standardabweichung. Diese Werte geben genaueren Aufschluss darüber, wie die Einzelwerte in der Stichprobe verteilt sind. Mit den vorgestellten Werten wird die zentrale Tendenz in den Daten bestimmt, also welche die mittleren Werte einer Variablen sind und wie sich die Werte dabei im Datensatz verteilen.

Auf zwei Variablen bezogene Analysen: Korrelationen und bivariate Analysen

Zusammenhänge zwischen zwei Variablen werden beispielsweise durch die Berechnung ihrer Korrelation bestimmt. Korrelation meint, dass die Veränderung des Werts einer Variablen mit der Veränderung des Werts der anderen Variablen einhergeht. Dabei gibt es drei Formen der Korrelation: einen *positiven Zusammenhang* (immer wenn Variable 1 einen hohen Wert aufweist, hat auch Variable 2 einen hohen Wert), einen *negativen Zusammenhang* (immer wenn Variable 1 einen hohen Wert hat, ist der Wert von Variable 2 niedrig und umgekehrt) sowie die Abwesenheit eines Zusammenhangs (es lässt sich nicht sagen, welchen Wert Variable 2 hat, wenn der Wert von Variable 1 hoch oder niedrig ist). Der Korrelationskoeffizient liegt zwischen −1 (stark negativer Zusammenhang) und +1 (stark positiver Zusammenhang), wobei der Wert 0 die Abwesenheit eines Zusammenhangs bezeichnet. Zum Beispiel zeigt sich häufig eine Korrelation zwischen Bildung und Einkommen (höhere Bildung und höheres Einkommen gehen einher).

Solche Korrelationen sind in verschiedener Hinsicht *interpretationsbedürftig*: Eine Korrelation gibt nicht an, welche der Variablen den Zusammenhang bewirkt (Führt höhere Bildung zu mehr Einkommen, oder steigert ein höheres Einkommen nur die Wahrscheinlichkeit, dass auch mehr Bildung gegeben ist?). Weiterhin sagt eine Korrelation nichts über einen ursächlichen Zusammenhang aus. In unserem Beispiel ist möglicherweise eine ganz andere Variable (z. B. die soziale Lage der Herkunftsfamilie) der Grund für die hohen Werte hinsichtlich der Bildung und des Einkommens, wobei beide nur Folge dieser dritten Variablen sind, aber untereinander nicht in einem ursächlichen Zusammenhang stehen. Rein rechnerisch lassen sich auch unsinnige Zusammenhänge in Korrelationen ausdrücken (z. B. der Zusammenhang zwischen gutem Wetter und Einkommen).

Häufig sind die untersuchten Zusammenhänge komplexer, als zweiseitige Korrelationen abbilden können. Schnell, Hill und Esser (2008, S. 446 f.) zeigen dies an einem Beispiel aus einer Untersuchung von Rosenberg (1968): Dabei wurde die Einstellung gegenüber Bürgerrechten erhoben und zunächst der Zusammenhang dieser Einstellung mit der

Schicht der Befragten ermittelt (Mittelschicht vs. Arbeiterschicht und eine liberale Einstellung – ein hoher Wert – und eine konservative Einstellung – ein niedriger Wert). Bei der Befragung von 240 Personen (jeweils zur Hälfte aus der Mittelschicht und der Arbeiterklasse) ergeben sich folgende Werte.

Bürgerrechte	Mittelschicht	Arbeiterklasse
Hoch	37 %	45 %
Niedrig	63 %	55 %
	120	120

Tabelle 6.6: Bivariate Analyse (Quelle: Schnell, Hill & Esser 2008, S. 446)

Dabei entsteht der Eindruck, dass Arbeiter eher als Mittelschichtangehörige gegenüber den Bürgerrechten positiv eingestellt sind.

Analysen mit mehr als zwei Variablen: multivariate Analysen

Wenn es darum geht, die Zusammenhänge zwischen mehr als zwei Variablen zu zeigen, werden multivariate Analysen durchgeführt. Differenziert man in dem gerade zitierten Beispiel noch zusätzlich nach der Hautfarbe der Befragten, resultiert in dieser Untersuchung folgende Verteilung, die in beiden Teiltabellen (für Farbige und Weiße) dargestellt ist (vgl. Tabelle 6.7).

Hier zeigt sich, dass die Berücksichtigung der dritten Variablen «Hautfarbe» ein anderes Bild ergibt: Die Unterschiede zwischen den beiden Schichten in den Teiltabellen sind höher (20 % bzw. 10 %) als in der vorangegangenen Tabelle ohne Berücksichtigung der Hautfarbe (jeweils nur 8 %). Außerdem kehrt sich der Zusammenhang in beiden Gruppen um: In Tabelle 6.7 wird in beiden Teilgruppen von einem größeren Anteil der Mittelschichtangehörigen den Bürgerrechten ein höherer Wert beigemessen als von den Arbeitern. Der Zusammenhang ist jetzt: je höher die Schicht, desto positiver die Einstellung zu Bürgerrechten.

Auch wenn die Unterschiede zwischen einer *bivariaten Analyse* (die nur zwei Variablen berücksichtigt) und einer *multivariaten Analyse* (mit drei und mehr Variablen) nicht immer so eindeutig ausfallen, zeigt dieses Beispiel doch die Notwendigkeit einer differenzierteren Zusammenhangsanalyse.

	Farbige		**Weiße**	
Bürger-rechte	**Mittelschicht**	**Arbeiter-klasse**	**Mittelschicht**	**Arbeiter-klasse**
Hoch	70 %	50 %	30 %	20 %
Niedrig	30 %	50 %	70 %	80 %
n	20	100	100	20

Tabelle 6.7: Multivariate Analyse (Quelle: Schnell, Hill & Esser 2008, S. 447)

(1) Entdeckung von Zusammenhängen

Dabei kann es einerseits darum gehen, Zusammenhänge zwischen verschiedenen Variablen oder Einzelbeobachtungen zu entdecken – werden in den vielen Antworten, die eine Fragebogenstudie produziert, bestimmte Einstellungen deutlich, die miteinander zusammenhängen? Das Ziel von *Faktorenanalysen* ist, aus beobachteten Variablen auf latente Faktoren zu schließen. So kann man mit Faktorenanalysen aus einer Vielzahl von Antworten auf Einstellungsfragen die dahinterliegenden latenten Einstellungen – Faktoren – identifizieren. In der Regel ergeben sich dabei aus der Vielzahl der Antworten deutlich weniger zugrunde liegende Einstellungen. Wenn es keine Zusammenhänge gibt zwischen den einzelnen Antworten (bzw. Variablen), wird man am Ende genauso viele Faktoren wie Variablen haben. Die Faktoren werden dabei im Zuge der Berechnungen ermittelt und vom Forscher benannt. Über das Verfahren sollen Ähnlichkeiten zwischen Variablen herausgearbeitet werden.

In einer *Clusteranalyse* werden Ähnlichkeiten zwischen den untersuchten Fällen gesucht – gibt es beispielsweise bestimmte Lebensstile, auf die sich Praktiken und Einstellungen in verschieden Bereichen (Hobbys, bevorzugte Musikstile, Medienkonsum, Besuch kultureller Veranstaltungen etc.) reduzieren lassen?

(2) Multivariate Testverfahren

Darüber hinaus lassen sich multivariate Verfahren zur Prüfung von Zusammenhängen und insbesondere Unterschieden zwischen Gruppen heranziehen, wenn das Messniveau bei den Daten auf einer Intervall- oder Verhältnisskala liegt. Multiple Regression etwa nimmt Analysen der Unterschiede zwischen Gruppenmittelwerten zum Ausgangspunkt und erklärt, wie gut ein Satz von Variablen die abhängige Variable erklärt im Sinne der Vorhersage von Werten der abhängigen Variablen aufgrund der Informationen über unabhängige Variablen. Weiterhin misst die Regression die Richtung und Stärke des Effekts jeder Variablen auf eine abhängige Variable (vgl. Neuman 2000, S. 337).

Softwarepakete wie SPSS bieten für die Durchführung solcher multivariaten Analysen entsprechende Befehle und Unterstützung an. Trotzdem bzw. gerade deshalb sollte bedacht werden:

> «Typisch für diese und für andere multivariate Verfahren ist es, dass es kaum zu eindeutigen Lösungen kommt; vielmehr gibt es im Rahmen der Clusteranalyse eine Vielzahl von Modellüberlegungen und zu wählenden Parametern, die auch unabhängig von der zu bestimmenden optimalen Clusterzahl zu verschiedenen Ergebnissen führen können. Daraus erwächst das grundsätzliche Problem, dass solche Verfahren zwar mittlerweile über gängige Softwarepakete für statistische Analysen relativ einfach zu handhaben sind, dass aber die Frage der Modellwahl und die Interpretation der gelieferten Ergebnisse nach wie vor dezidierter methodischer Kenntnisse und – bezogen auf den Gegenstand der Untersuchungen – theoretischer Überlegungen bedarf» (Weischer 2007, S. 392).

Überprüfung von Gemeinsamkeiten und Unterschieden

Dass sich Zusammenhänge zwischen Variablen in den Daten zeigen, reicht häufig für die Beantwortung von Forschungsfragen nicht aus. Zusammenhangsanalysen sollen prüfen, ob die beobachteten Zusammenhänge zufällig sind, wie stark die Zusammenhänge zwischen zwei Variablen sind und ob die eine Variable die Ursache für die andere darstellt bzw. ob beide sich wechselseitig bedingen. Zur Beantwortung dieser Fragen werden u.a. Signifikanztests durchgeführt. Dabei wird im Wesentlichen geprüft, ob ein Ergebnis erwartbar war oder ob es einen überzufälligen Zusammenhang zwischen zwei Variablen wiedergibt.

Um es an einem Beispiel zu verdeutlichen: Will man krankheitsbedingte Fehlzeiten am Unterricht untersuchen und dabei herausfinden, ob es dabei einen Zusammenhang zum Geschlecht gibt, kann man die Häufigkeiten von Fehlzeiten bei Mädchen und Jungen feststellen. Wenn sich dabei zeigt, dass 76 % der festgestellten Fehlzeiten bei Schülerinnen auftreten, scheint das auf den ersten Blick bemerkenswert und deutet auf einen Zusammenhang zwischen Geschlecht und Fehlzeit hin. Wenn aber in der untersuchten Schule und der Stichprobe zwei Drittel der Schüler bzw. der Teilnehmer an der Untersuchung Mädchen sind, ist zu erwarten, dass auch 75 % der Fehlzeiten auf Mädchen entfallen. Das heißt im Weiteren, es ist zu prüfen, ob der festgestellte Messwert (in unserem Beispiel 76 %) so deutlich vom Erwartungswert (in unserem Beispiel 75 %) abweicht, dass sich daraus ein Zusammenhang zwischen den Variablen – hier Geschlecht und Fehlzeiten – ableiten lässt. Über den Vergleich von Erwartungswert und beobachtetem Wert wird zunächst die Nullhypothese – es gibt keinen überzufälligen Zusammenhang zwischen den Variablen – geprüft. Wenn wie in unserem Beispiel ein Wert von 76 % zu beobachten ist, wird in einem Signifikanztest (etwa in einem Chi-Quadrat Test) geprüft, ob der Unterschied zwischen Beobachtungs- und Erwartungswert groß genug ist, um damit einen Zusammenhang zwischen Geschlecht und Fehlzeit zu bestätigen. Dazu gibt es verschiedene Signifikanztests, die je nach Skalenniveau der Messwerte eingesetzt werden können (vgl. hierzu ausführlicher Diekmann 2007 und Kühnel & Krebs 2006):

Beim *t*-Test werden zwei Datensätze auf ihre Unterschiede verglichen – etwa Messungen zu zwei Messzeitpunkten oder von zwei Teilgruppen, beispielsweise die Noten einer Schulklasse zu Anfang und Ende eines Schuljahrs oder von zwei Schulklassen am Ende eines Schuljahrs. Mit dem *t*-Test wird ein statistischer Signifikanztest durchgeführt, bei dem die Mittelwerte und Standardabweichungen der beiden Datensätze genommen werden, um die Wahrscheinlichkeit zu berechnen, dass etwaige Unterschiede zwischen beiden Datensätzen zufällig sind. Auch hier wird so lange von der Nullhypothese – dass keine wirklichen Unterschiede bestehen, beobachtete Differenzen also zufällig sind – ausgegangen, bis der statistische Test zeigt, dass eine ausreichend große Wahrscheinlichkeit gegeben ist, dass gefundene Unterschiede überzufällig sind. Letzteres wird angenommen, wenn sich zeigt, dass es eine Wahrscheinlichkeit von weniger als 5 % für die Zufälligkeit der Unterschiede gibt und man von einem Signifikanzniveau von $p < 0.05$ ausgehen kann. Der *t*-Test kann bei kleinen Stichproben wie auch bei Stichproben mit unterschiedlicher Größe eingesetzt werden – in unserem Beispiel bei Schulklassen mit 18 und 25 Schülern. Es sind allerdings intervallskalierte Messwerte erforderlich.

Der *Mann-Whitney U Test* kann bei ordinal skalierten Daten eingesetzt werden. Dabei wird eine Rangreihe der Fälle in beiden Gruppen vorgenommen und daraus eine Gesamtreihung aller Fälle aus beiden Gruppen gebildet. Die Position der Mitglieder jeder Gruppe in dieser Gesamtreihung wird dann zur Basis für die Berechnung und Prüfung der statistischen Signifikanz der Unterschiede zwischen beiden Gruppen.

Quantitative Zusammenhangsanalysen – Fazit

Die vorgestellten Verfahren zur Zusammenhangsanalyse stellen die zentrale Tendenz in den Daten heraus, beleuchten die Verteilung der Werte in den Daten oder versuchen, Zusammenhänge zwischen zwei oder mehr Variablen zu berechnen und schließlich zu prüfen, ob gefundene Zusammenhänge zufällig oder signifikant sind.

Tabelle 6.8 gibt einen weiteren Überblick über die in diesem Abschnitt behandelten quantitativen Analyseansätze und die Messniveaus der Daten, die sie jeweils voraussetzen, ergänzt um die geläufigen Testverfahren für Zusammenhänge, die dabei jeweils eingesetzt werden können.

In diesem Überblick konnten nur einige wesentliche Prinzipien quantitativer Analysen vorgestellt werden. Für deren Anwendung und detaillierte Auseinandersetzung mit ihnen sei auf die entsprechenden

Lehrbücher quantitativer Sozialforschung (z.B. Diekmann 2007) der Statistik (z.B. Kühnel & Krebs 2006) verwiesen.

Messniveau und geeignete deskriptiv-statistische Testverfahren			
Messniveau	*Zentrale Tendenz*	*Streuung*	*Statistische Tests*
Nominal	Modalwert	Häufigkeitsverteilung	Chi-Quadrat
Ordinal	Median	Spannweite/ Range	Mann-Whitney U Test
Intervall	Mittelwert	Standardabweichung	*t*-Test

Tabelle 6.8: Messniveau und geeignete deskriptiv-statistische Testverfahren (modifiziert nach Denscombe 2007, S. 271)

Interpretative Analysen

Auch bei quantitativen Analysen werden Interpretationen vorgenommen. Zusammenhänge, die sich rechnerisch gezeigt haben, etwa Korrelationen zwischen zwei Variablen, interpretiert man, indem nach einer inhaltlichen Erklärung für die Zusammenhänge gesucht wird. Dabei hat die Interpretation jedoch weniger die Daten selbst als die Berechnungen, die mit ihnen angestellt wurden, und die dabei erzielten Ergebnisse zum Gegenstand. Bei den im Folgenden vorgestellten Verfahren bezieht sich die Interpretation dagegen direkt auf die Daten und stellt die eigentliche Analyse dar (vgl. ausführlicher Flick 2007a).

Theoriegenerierende Analysen

Glaser und Strauss (1967/2005) sowie Strauss und Corbin (1990/1996) haben ein Verfahren entwickelt, bei dem zur Interpretation von Daten bzw. Texten drei Prozeduren angewendet werden: «offenes Kodieren», «axiales Kodieren» und «selektives Kodieren». Dabei handelt es sich weder um klar voneinander trennbare Vorgehensweisen noch um zeitlich eindeutig getrennte Phasen des Prozesses, sondern um verschiedene Umgangsweisen mit Textmaterial, die kombiniert und auch im Wechsel angewendet werden.

(1) Kodierung

– Offenes Kodieren

Am Anfang steht das offene Kodieren, während gegen Ende des gesamten Analyseprozesses das selektive Kodieren in den Vordergrund rückt. Kodierung meint dabei, Daten aufzubrechen, zu konzeptualisieren und neu zusammenzusetzen (vgl. Strauss & Corbin 1990/1996, S. 39). Dabei werden kontinuierlich Vergleiche zwischen Phänomenen, Fällen, Begriffen etc. vorgenommen und Fragen an den Text gestellt. Die Kodierung führt, von den Daten ausgehend, zur Entwicklung von Theorien. Dabei werden dem empirischen Material Begriffe bzw. Kodes zugeordnet, die zunächst möglichst nahe am Text und später immer abstrakter formuliert sein sollen.

Offenes Kodieren zielt darauf ab, Daten und Phänomene in Begriffe zu fassen. Zu diesem Zweck werden die Daten zunächst zerlegt: Aussagen werden in ihre Sinneinheiten (einzelne Worte, kurze Wortfolgen) zergliedert, um sie mit Anmerkungen und vor allem mit «Begriffen» (Kodes) zu versehen. Dies wird nicht auf den gesamten Text (eines Interviews oder eines Beobachtungsprotokolls), sondern auf besonders aufschlussreiche oder auch besonders unklare Passagen angewendet, häufig gerade auch auf den Anfang eines Textes. Dieses Vorgehen soll ein tieferes Verständnis für den Text entwickeln. Zur Benennung von Kodes zieht man Begriffe aus der (sozialwissenschaftlichen) Literatur *(konstruierte Kodes)* oder aus Aussagen der Interviewpartner *(In-vivo-Kodes)* heran. Zur Weiterentwicklung von Kodes werden die Eigenschaften, die zu einer Kategorie gehören, benannt und dimensionalisiert, d. h. entlang eines Kontinuums verortet. Dies dient dazu, die Kategorie inhaltlich näher zu bestimmen. Mit dem offenen Kodieren kann man einen Text Zeile für

Zeile, satz- oder abschnittsweise kodieren oder auch Kodes in Bezug auf ganze Texte (ein Protokoll, ein Fall etc.) vergeben.

Für die gesamte Kodierung wird empfohlen, regelmäßig und wiederholt (die sog. W-)Fragen an den Text zu richten (Strauss & Corbin 1990/1996, S. 57; Böhm 2008, S. 477):

- Was? Worum geht es hier? Welches Phänomen wird angesprochen?
- Wer? Welche Personen, Akteure sind beteiligt? Welche Rollen spielen sie dabei? Wie interagieren sie?
- Wie? Welche Aspekte des Phänomens werden angesprochen (oder nicht angesprochen)?
- Wann? Wie lange? Wo? Zeit, Verlauf und Ort
- Wie viel? Wie stark? Intensitätsaspekte
- Warum? Welche Begründungen werden gegeben oder lassen sich erschließen?
- Wozu? In welcher Absicht, zu welchem Zweck?
- Womit? Mittel, Taktiken und Strategien zum Erreichen des Ziels

Mit diesen Fragen soll der Text erschlossen werden. Sie können an einzelne Passagen, aber auch an ganze Fälle gerichtet werden.

– Axiales Kodieren

Dieser Schritt dient dazu, die bis dahin entwickelten Kategorien zu verfeinern und zu differenzieren. Dabei wählt man diejenigen Kategorien aus, deren weitere Ausarbeitung besonders vielversprechend erscheint. Diese «Achsenkategorien» werden mit möglichst vielen Textstellen bzw. Belegen weiter angereichert. Zur Verfeinerung dienen wieder die zuvor genannten Fragen und Vergleiche. Schließlich werden Beziehungen zwischen diesen Kategorien und anderen Kategorien herausgearbeitet. Um solche Beziehungen zu formulieren, schlagen Strauss und Corbin (1990/1996, S. 78) ein Kodierparadigma vor, das sich folgendermaßen symbolisieren lässt:

«(A) Kausalbedingungen → (B) Phänomen → (C) Kontext → (D) Intervenierende Bedingungen → (E) Handlungs- und Interaktionsstrategien → (F) Konsequenzen.»

Dies soll Beziehungen zwischen einem Phänomen, seinen Ursachen und Konsequenzen, seinem Kontext und den dabei von den Beteiligten verwendeten Strategien verdeutlichen. Das Kodierparadigma benennt mögliche Beziehungen zwischen Phänomenen und Konzepten, um Zusammenhänge zwischen Phänomenen, zwischen Konzepten und zwischen Kategorien zu entdecken. Auch hier werden wieder Fragen an den Text gestellt und Vergleiche vorgenommen. Der Forscher wechselt hier zunehmend zwischen induktivem Denken (Entwicklung von Begriffen, Kategorien und Beziehungen aus dem Text) und deduktivem Denken (Überprüfung gefundener Begriffe, Kategorien und Beziehungen am Text).

– Selektives Kodieren

Beim dritten Schritt geht es um die Herausarbeitung der Kernkategorie, um die herum sich die anderen entwickelten Kategorien gruppieren lassen und durch die sie integriert werden. Dabei wird auch die Geschichte des untersuchten Falls herausgearbeitet. Ergebnis sollte nach Möglichkeit *eine* zentrale Kategorie und *ein* zentrales Phänomen sein. Die Kernkategorie wird wieder in ihren Eigenschaften und Dimensionen entwickelt und zu (möglichst allen) anderen Kategorien unter Verwendung der Bestandteile und Relationen des Kodierparadigmas in Beziehung gesetzt, was «ermöglicht zu sagen: Unter diesen Bedingungen (Auflistung) passiert das und das; während unter anderen Bedingungen das und das eintritt» (Strauss & Corbin 1990/1996, S. 107). Abschließend wird die Theorie ausformuliert und erneut an den Daten überprüft. Die Interpretation wird beendet, wenn die theoretische Sättigung erreicht ist, also weitere Kodierung, Anreicherung von Kategorien etc. keine neuen Erkenntnisse mehr versprechen.

Kasten 6.2: **Beispiel «Interaktion mit Sterbenden»**

Bei dieser Studie war die Fragestellung, wovon die Art der Interaktion mit Sterbenden im Krankenhaus abhängt – wie offen über den nahen Tod gesprochen wird – und wie das Wissen um dessen nahen Tod die Interaktion mit dem Todkranken bestimmt. Konkret wurde untersucht, welche

Interaktionsformen zwischen dem Sterbenden und den Ärzten bzw. Pflegekräften im Krankenhaus, zwischen Letzteren und Angehörigen und zwischen Angehörigen und dem Sterbenden zu beobachten sind. Welche Taktiken wenden die Beteiligten im Umgang mit Sterbenden jeweils an, und welche Rolle spielt dabei das Krankenhaus als soziale Organisation? Ergebnis der Analyse mit dem gerade beschriebenen Vorgehen war eine Theorie über die Interaktion mit Sterbenden, als deren zentrales Konzept am Ende der Analysen das der «Bewussheitskontexte» herausgearbeitet wurde. Dies bezeichnet, was jeder Interagierende über einen bestimmten Zustand des Patienten weiß und sein Wissen darüber, dass die anderen Beteiligten sich dessen bewusst sind, was er weiß. Dieser Bewusstheitskontext kann sich durch Veränderungen des Zustandes des Patienten oder durch neue Informationen für einen oder alle der Beteiligten verändern. Als *Typen* von Bewusstheitskontexten werden festgehalten: geschlossene Bewusstheit (der Patient ist ahnungslos hinsichtlich seines baldigen Sterbens), argwöhnische Bewusstheit (er hat einen diesbezüglichen Verdacht), Bewusstheit der wechselseitigen Täuschung (alle wissen Bescheid, aber keiner sagt dies offen) und die offene Bewusstheit (der Patient kennt seinen Zustand und spricht ebenso wie die anderen Beteiligten offen darüber). Neben der Beschreibung der jeweiligen Bewusstheitskontexte wurden die Bedingungen analysiert, unter denen sie auftreten, sowie ihre Folgen für Interaktionen inklusive der Taktiken und Gegentaktiken der Beteiligten, die Veränderung der Interaktion beim Übergang von einem Kontexttyp zu einem anderen, die Maßnahmen der einzelnen Beteiligten, um Veränderungen des Bewusstheitskontextes zu bewirken (vgl. Glaser & Strauss 1965/2002; Flick 2007a für detaillierte Darstellungen).

– Stärken und Probleme des Ansatzes

Dieses Verfahren zielt auf ein weitgehendes *Aufbrechen von Texten.* Die Kombination eines konsequent offenen Kodierens mit zunehmend fokussierten Vorgehensweisen kann dazu beitragen, ein tieferes Verständnis von Inhalt und Gehalt des Textes jenseits seiner Paraphrase und Zusammenfassung (die etwa in der behandelten qualitativen Inhaltsanalyse die Hauptansatzpunkte sind) zu entwickeln. Der Vorzug ist, dass Textinterpretation hier *methodisch umgesetzt und handhabbar* wird. Von anderen Textinterpretationsverfahren unterscheidet es sich dadurch, dass die Interpretation die Ebene des reinen Textes verlässt, um Kategorien und Relationen und damit Theorien zu entwickeln. Ein Problem ist bei diesem Ansatz, dass der Übergang von einer Methode zu einer Kunstlehre fließend wird, was das Erlernen der Methode teilweise erschwert. Häufig werden die Stärken der Methode erst in ihrer praktischen Anwendung deutlich. Wenn dabei große Mengen von Kodes und potenziellen Vergleichen entstehen, ist zu empfehlen, Prioritätenlisten zu erstellen: Welche Kodes sind unbedingt weiter auszuarbeiten, welche erscheinen weniger aufschlussreich, und welche können mit Blick auf die Fragestellung weggelassen werden?

(2) Thematisches Kodieren

Wenn bei einem kodierenden Verfahren in Anlehnung an Glaser und Strauss der Bezug beispielsweise zum Interviewpartner als Fall aufrechterhalten werden soll, bietet sich als Alternative das thematische Kodieren (vgl. Flick 2007a, Kapitel 23) an. Dabei wird zunächst mit Fallanalysen gearbeitet, bei denen eine thematische Struktur herausgearbeitet wird (Was kennzeichnet die Auseinandersetzung eines Interviewpartners mit Gesundheit über verschiedene inhaltliche Bereiche hinweg, gibt es Hinweise auf durchgängige Themen in dieser Auseinandersetzung?).

– Vorgehen

Zunächst interpretiert man dabei die einbezogenen Fälle in einer Reihe von Einzelfallanalysen. Als erste Orientierung wird eine Kurzbeschreibung des jeweiligen Falls erstellt, die im Laufe seiner weiteren Interpretation kontinuierlich überprüft und gegebenenfalls modifiziert wird. Sie enthält eine für das Interview typische Aussage, eine knappe Darstellung der Person im Hinblick auf die Fragestellung (z. B. Alter, berufliche Tätigkeit, Zahl der Kinder, wenn dies für den untersuchten Gegenstand relevant ist) und die zentralen Themen, die sie im Interview hinsichtlich des Untersuchungsgegenstandes angesprochen hat. Diese Kurzbeschreibung hat zunächst heuristischen Wert für die anschließenden Analysen.

Im Gegensatz zum Vorgehen von Strauss (1994) orientiert sich die vertiefende Analyse am einzelnen Fall, in diesem Beispiel dem einzelnen Interview. Damit werden verschiedene Ziele verfolgt: Der Sinnzusammenhang der Auseinandersetzung der jeweiligen Person mit dem Thema der Untersuchung soll erhalten bleiben, weshalb Fallanalysen für alle einbezogenen Interviews durchgeführt werden. In der Analyse wird ein Kategoriensystem für den einzelnen Fall entwickelt. Bei der weiteren Ausarbeitung des Kategoriensystems wird (in Anlehnung an Strauss) zunächst offen, dann selektiv kodiert. Selektive Kodierung zielt hier weniger auf die Entwicklung einer gegenstandsbezogenen Kernkategorie über alle Fälle hinweg als auf die Generierung thematischer Bereiche und Kategorien zunächst für den einzelnen Fall. Nach den ersten Analysen werden die dabei entwickelten Kategorien und die thematischen Bereiche, auf die sie sich in den einzelnen Fällen beziehen, miteinander abgeglichen. Daraus resultiert eine thematische Struktur, die für die Analyse weiterer Fälle zugrunde gelegt wird, um deren Vergleichbarkeit zu erhöhen.

Diese Struktur wird aus den ersten Fällen entwickelt, an allen weiteren Fällen kontinuierlich überprüft und – wenn sich neue oder ihr widersprechende Aspekte ergeben – entsprechend modifiziert. Mit ihr werden alle in die Auswertung einbezogenen Fälle analysiert. Zur Feinanalyse der thematischen Bereiche werden einzelne Textpassagen (z. B. Erzählungen von Situationen) detaillierter interpretiert. Dabei dient das von Strauss (1994, S. 57–58, s. o.) vorgeschlagene Kodierparadigma als Ausgangspunkt. Ergebnis dieses Schritts, ergänzt um eine Phase des selektiven Kodierens, ist eine fallbezogene Darstellung der Auseinandersetzung mit dem Gegenstand der Untersuchung einschließlich der Leitthemen (z. B. Fremdheit der Technik), die sich durch die Sichtweisen über verschiedene Bereiche (z. B. Arbeit, Freizeit, Haushalt) hinweg als spezifisch für den Fall festhalten lassen. Die entwickelte thematische Struktur dient auch dem Fall- und Gruppenvergleich, d. h. der Herausarbeitung von Gemeinsamkeiten in und Unterschiede zwischen den verschiedenen Untersuchungsgruppen. Darüber wird die soziale Verteilung der Perspektiven auf den untersuchten Gegenstand analysiert.

– Probleme der Methode
Das Verfahren ist vor allem für Studien geeignet, bei denen theoretisch begründete Gruppenvergleiche in Bezug auf einen Gegenstand durchgeführt werden sollen. Von daher ist der Spielraum hinsichtlich einer zu entwickelnden Theorie begrenzter als etwa im Verfahren von Strauss (1994).

Hermeneutische Verfahren

Qualitative Forschung betreibt bei der Datenerhebung großen Aufwand, um dann Aussagen in ihrem Kontext verstehen und analysieren zu können. Deshalb werden in Interviews offene Fragen gestellt. Bei der Auswertung wird aus diesem Grund zumindest am Anfang offen kodiert. Die gerade behandelten Interpretationsverfahren wie auch die qualitative Inhaltsanalyse lösen sich im Laufe der Analysen zunehmend von der Gestalt des Textes und ordnen Aussagen neu – in Kategorien – und – bei Glaser und Strauss – in entwickelten Theorien. Konsequenter an der Gestalt des Textes orientiert sind jedoch Methoden, die sich vom Prinzip der Sequenzanalyse leiten lassen. «Die Sequenzanalyse ist die Methodisierung der Idee einer sich im Interaktionsvollzug reproduzierenden sozialen Ordnung» (Bergmann 1985, S. 313).

(1) Narrative Analysen

– Grundannahmen der Analyse narrativer Daten
Bei den von Schütze (1983) formulierten Vorschlägen zur Auswertung narrativer Interviews besteht der erste «Analyseschritt – die formale Textanalyse – darin, zunächst einmal alle nicht narrativen Textpassagen zu eliminieren und sodann den ‹bereinigten› Erzähltext auf seine formalen Abschnitte hin zu segmentieren» (S. 286). Es schließt sich die strukturelle inhaltliche Beschreibung an, die anhand von formalen «Rahmenschaltelementen» wie «und dann» oder Pausen die unterschiedlichen Bestandteile von Erzählungen («zeitlich begrenzte Prozessstrukturen des Lebensablaufs») bestimmt. Die analytische Abstraktion als dritter

Schritt löst sich von den jeweiligen Einzeldetails der Lebensabschnitte, um die «biographische Gesamtformung, d.h. die lebensgeschichtliche Abfolge der erfahrungsdominanten Prozessstrukturen in den einzelnen Lebensabschnitten bis hin zur gegenwärtig dominanten Prozessstruktur» (S. 286) herauszuarbeiten. Erst im Anschluss an diese Rekonstruktion von Verlaufsmustern finden die anderen, nicht narrativen Bestandteile des Interviews Eingang in die Auswertung. Schließlich werden die auf diesem Weg entstandenen Fallanalysen kontrastierend miteinander verglichen. Ziel ist dabei weniger, die subjektiven Deutungen des Erzählers über sein Leben als den «Zusammenhang faktischer Prozessabläufe» (S. 284) zu rekonstruieren. Diese Rekonstruktionen faktischer Verläufe von Lebensläufen aus biographischen Erzählungen gehen von der «Homologieannahme» aus, die nach Bude (1985, S. 332) folgende Prämisse umfasst: «Die autobiographische Stegreiferzählung wird (...) als abbildgetreue Rekapitulation der vergangenen Erfahrung gesehen.»

– Vorgehensweisen bei der Analyse narrativer Daten

Rosenthal und Fischer-Rosenthal (2008, S. 461) verfahren bei der Analyse narrativen Materials entsprechend wie folgt:

1. Analyse der biographischen Daten (Ereignisdaten)
2. Text- und thematische Feldanalyse (sequenzielle Analyse der Textsegmente des Interviews – Selbstpräsentation)
3. Rekonstruktion der Fallgeschichte (erlebtes Leben)
4. Feinanalyse einzelner Textstellen
5. Kontrastierung der erzählten mit der erlebten Lebensgeschichte
6. Typenbildung

Lucius-Hoene und Deppermann (2002) gehen in folgenden Schritten vor, wobei sie zwischen einer strukturellen (Grob-)Analyse und einer Feinanalyse wechseln. Die strukturelle Analyse identifiziert Darstellungssegmente im Text (Übergänge, Abschnitte, lebenszeitliche Einschnitte, thematische Wechsel), um daraus eine Binnengliederung des Textes abzuleiten. Weiterhin werden in diesem Schritt die Interviewpassagen für die Feinanalyse ausgewählt. Dabei sollte am Anfang eine möglichst frühe Phase des Interviews gewählt werden, die Ausschnitte hinreichend klein und thematisch, handlungslogisch und erzählstrukturell abgeschlossen sein. Im Idealfall sollte eine Passage aus dem Anfang des Interviews genommen werden, die nicht zu lang ist und eine nachvollziehbare Episode ganz in Erzählform darstellt. Die Feinanalyse soll bei einem ausgewählten Ausschnitt mit einer Feinsegmentierung strikt sequenziell vorgehen (Wort für Wort, Satz für Satz, ohne vor- und zurückzuspringen). Gleichzeitig sollen aber auch satzübergreifende strukturelle Aspekte des Textes berücksichtigt werden (Welche Funktion hat die Passage als Teil einer längeren Erzählung?). Hierbei wird als Heuristiken der Texterschließung eine Reihe von Fragen vorgeschlagen:

- *Was* wird dargestellt?
- *Wie* wird es dargestellt?
- Wozu wird *das* dargestellt – und nicht etwas anderes?
- Wozu wird es *jetzt* dargestellt – und nicht zu einem anderen Zeitpunkt?
- Wozu wird es *so* dargestellt – und nicht in einer anderen Art und Weise? (vgl. Lucius-Hoene & Deppermann 2002, S. 321).

Schließlich wird die Fallstruktur herausgearbeitet, indem etwa wiederkehrende Befunde, Kernkonzepte und abstraktere Strukturmerkmale in verschiedenen Passagen der Sequenzanalyse zusammengestellt, gebündelt und verglichen werden.

– Gemeinsamkeiten und Vorteile

Die hier kurz vorgestellten Verfahren zur Analyse narrativer Daten verbindet, dass sie die Gestalt «Erzählung» bei der Interpretation von Äußerungen als Ausgangspunkt nehmen und Äußerungen im Kontext des Ablaufs der Erzählung sehen. Sie beziehen weiterhin eine formale Analyse des Materials ein – bei welchen Passagen des Textes handelt es sich um narrative Passagen, welche anderen Textsorten lassen sich festhalten? Bei den Verfahren wird dem Narrativen für die Analyse der untersuchten Zusammenhänge ein unterschiedlicher Stellenwert gegeben. Wenn etwas im Interview in Form einer Erzählung dargestellt wird, ist dies für Schütze ein Anhaltspunkt dafür, dass sich das Dargestellte auch so ereignet hat, wie es erzählt wird. Andere Autoren behandeln und analysieren Erzählungen als eine besonders aufschlussreiche Weise der subjektiven und sozialen Konstruktion von Ereignissen in der Darstellung.

Dabei ist zum Teil die Annahme leitend, dass die Erzählung als Form der Konstruktion von Ereignissen auch im Alltag und im Alltagswissen anzutreffen ist und sich der entsprechende Modus der Konstruktion deshalb besonders gut zu Forschungszwecken nutzen lässt. Die Verbindung formaler Analysen mit einem sequenziellen Vorgehen in der Interpretation von Darstellung und Erfahrungen kennzeichnet narrative Analysen generell.

– Probleme

Insbesondere bei Analysen, die sich auf Schütze berufen, wird der Realitätsgehalt von Erzählungen teilweise überbewertet. Der Anteil der Darstellung am Erzählten wird ebenso unterschätzt, wie der mögliche Rückschluss von Erzählungen auf faktische Abläufe von Lebensverläufen überschätzt wird. Gelegentlich werden narrative Analysen mit anderen (z. B. ethnographischen) Zugängen kombiniert, um Daten jenseits des Erzählten zu gewinnen. Ein zweites Problem ist, dass die Analysen häufig stark auf die einzelnen Fälle fokussiert bleiben, da sie wegen der aufwendigen Analyse des Einzelfalls über wenige Rekonstruktionen und Vergleiche kaum hinauskommen.

(2) Objektive Hermeneutik

– Ansatz der objektiven Hermeneutik

Ursprünglich für die Analyse von natürlichen Interaktionen (z. B. Familiengespräche) entwickelt, wurde die objektive Hermeneutik von Oevermann et al. (1979) auf die Interpretation unterschiedlicher Dokumente (einschließlich Kunstwerken und Fotos) ausgedehnt. Dieser Ansatz unterscheidet grundsätzlich zwischen der subjektiven Bedeutung, die eine Äußerung bzw. Handlung für den oder die Beteiligten hat, und ihrer objektiven Bedeutung. Letzteres wird als «latente Sinnstruktur» einer Handlung bezeichnet. Diese Struktur wird in einem mehrstufigen wissenschaftlichen Interpretationsverfahren ergründet.

– Vorgehen der objektiven Hermeneutik

Die Analyse verläuft dabei streng sequenziell, d.h. dem tatsächlichen zeitlichen Ablauf des Geschehens im Text folgend. Analysen führen dabei Gruppen von Interpreten durch, die am selben Text arbeiten. Zunächst wird dabei festgelegt, was der zu analysierende Fall und auf welcher Ebene er anzusiedeln ist: als Äußerung bzw. Handlung einer konkreten Person oder als Ausführung einer bestimmten Rolle in einem institutionellen Kontext oder als Aktivität eines Mitgliedes der Gattung Mensch (vgl. Schneider 1985, S. 78). Es schließt eine sequenzielle Grobanalyse der äußeren Kontexte der zu analysierenden Äußerung an, um den Einfluss solcher Kontexte darauf zu berücksichtigen. Hier geht es vor allem darum, was das konkrete Handlungsproblem ist, das mit der untersuchten Handlung bzw. Interaktion gelöst werden soll. Dabei werden erste Fallstrukturhypothesen, die in späteren Schritten falsifiziert werden, und die Grobstruktur des Falls entwickelt. Die Bestimmung der äußeren Kontexte bzw. Interaktionseinbettung des Falls dient u.a. der Klärung der Frage, wie die jeweiligen Daten zustande gekommen sind.

– Ebenen der objektiven Hermeneutik

In der anschließenden sequenziellen Feinanalyse erfolgt die Interpretation von Interaktionen auf neun Ebenen (Oevermann et al. 1979, S. 394 f.):

1. Explikation des einem Interakt unmittelbar vorausgehenden Kontextes
2. Paraphrase der Bedeutung eines Interakts gemäß dem Wortlaut der begleitenden Verbalisierung
3. Explikation der Intention des interagierenden Subjekts
4. Explikation der objektiven Motive des Interakts und seiner objektiven Konsequenzen
5. Explikation der Funktion des Interakts in der Verteilung von Interaktionsrollen
6. Charakterisierung sprachlicher Merkmale des Interakts
7. Exploration des Interpretationsakts auf durchgängige Kommunikationsfiguren
8. Explikation allgemeiner Zusammenhänge
9. Unabhängige Prüfung der auf der Vorebene formulierten, allgemeinen Hypothesen anhand von Interaktionsfolgen aus weiteren Fällen

– Kennzeichen des Verfahrens

Auf der 4. und 5. Ebene wird dabei versucht, den objektiven Kontext einer Äußerung durch die gedankenexperimentelle Konstruktion verschiedener möglicher Kontexte und ihren sukzessiven Ausschluss zu rekonstruieren. Die Analyse subjektiver Bedeutungen von Äußerungen und Handlungen spielt demgegenüber eine untergeordnete Rolle. Das Interesse richtet sich auf die Strukturen der Interaktion. Das Vorgehen auf der 5. Ebene orientiert sich an den Interpretationen im Rahmen der Konversationsanalyse (s. u.), während die 6. Ebene sich dem Text in seinen formalen, sprachlichen Merkmalen widmet. Die Ebenen 7 bis 9 streben eine zunehmende Verallgemeinerung der gefundenen Strukturen an – innerhalb des Textes wird geprüft, ob sich Kommunikationsfiguren als durchgängige Figuren bestätigen. Diese Figuren und Strukturen werden im Sinne von Hypothesen sukzessive im weiteren Material überprüft und gegebenenfalls falsifiziert.

– Prinzipien der Interpretationspraxis der objektiven Hermeneutik

Nach Wernet (2006) folgt die Interpretationspraxis hier fünf Prinzipien:

1. Kontextfreiheit: Demnach wird zunächst eine Äußerung unabhängig vom spezifischen Kontext, in dem sie gefallen ist, interpretiert, indem «textkompatible gedankenexperimentelle Kontexte» (S. 23) formuliert werden, um zu klären, welche Bedeutungen die Aussage haben könnte, bevor eine auf den konkreten Kontext bezogene Interpretation erfolgt.
2. Wörtlichkeit: Demnach muss die Aussage so interpretiert werden, wie sie tatsächlich gefallen ist, und nicht wie der Sprecher sie gemeint haben könnte – etwa bei Versprechern (z. B. Tatsachen, die zum Vorschwein kommen). «Das Prinzip der Wörtlichkeit eröffnet einen direkten interpretatorischen Zugang zur Explikation der Differenz zwischen manifesten Sinngehalten und latenten Sinnstrukturen eines Textes» (S. 25).
3. Sequenzialität: Es wird nicht nach Inhalten im Text gesucht, sondern dessen Verlauf Schritt für Schritt interpretiert. «Für die Sequenzanalyse ist es ausgesprochen wichtig, den Text, der einer zu interpretierenden Sequenzstelle folgt, *nicht* zu beachten» (S. 28).
4. Extensivität: Dabei geht es um die Einbeziehung einer Vielzahl von Lesarten (Bedeutungen, die der Text haben könnte).

5. Sparsamkeit: «Das Prinzip der Sparsamkeit (…) schreibt vor, dass nur solche Lesarten gebildet dürfen, die ohne weitere Zusatzannahmen über den Fall von dem zu interpretierenden Text erzwungen sind» (S. 35). Damit ist gemeint, dass nicht auf die möglichen Intentionen des Sprechers zurückgegriffen werden darf, um zu verstehen, was er tatsächlich gesagt hat und was am Text überprüft werden kann.

Über die Einhaltung dieser Prinzipien soll gewährleistet werden, dass der Text umfassend interpretiert wird, ohne auf Zusatzannahmen außerhalb des Materials zurückzugreifen und ohne etwas in dieses hineinzuinterpretieren, was nicht darin dokumentiert ist.

– Verwendung für die Analyse von Interviews

Das Verfahren der objektiven Hermeneutik wurde für *alltagssprachliche Interaktionen* konzipiert, die aufgezeichnet und transkribiert als Material für Interpretationen zur Verfügung stehen. Die sequenzielle Analyse will dabei die Aufschichtung sozialen Sinns aus dem Verlauf der Interaktionen rekonstruieren. Liegen diese Interaktionen in ihrem Verlauf aufgezeichnet und anschließend transkribiert vor, lässt sich dieser Verlauf von Anfang bis Ende (zumindest der Aufzeichnung) sukzessive analysieren. Deshalb beginnt die Analyse immer mit der Eröffnungssequenz der Interaktion. Für die Analyse von Interviews mit diesem Ansatz ergibt sich das Problem, dass über Ereignisse und Verläufe nicht immer in ihrer chronologischen Reihenfolge berichtet wird. Der Interviewpartner erzählt beispielsweise eine bestimmte Phase seines Lebens und verweist im Laufe der Erzählung auf zeitlich früher anzusiedelnde Ereignisse. Auch im narrativen Interview und mehr noch bei Leitfaden-Interviews werden Ereignisse und Erfahrungen nicht in ihrem Ablauf geschildert. Für die Verwendung sequenzanalytischer Verfahren zur Interpretation von Interviews ist zunächst die «sequentielle Ordnung der Geschichte des untersuchten Handlungssystems» aus den Äußerungen des Interviewpartners zu rekonstruieren (Schneider 1988, S. 234). Dazu werden die berichteten Ereignisse zunächst in ihre zeitliche Ordnung gebracht. Die Sequenzanalyse orientiert sich dann daran und nicht am zeitlichen Ablauf des Interviews: «Der Beginn der Sequenzanalyse besteht also nicht in der Analyse des Gesprächsbeginns beim ersten Interview, sondern in der Analyse jener vom Interviewten berichteten Handlungsereignisse, die das zeitlich früheste ‹Dokument› aus der Fallgeschichte darstellen» (S. 234).

– Vorteile des Verfahrens

Dieser Ansatz erhebt einerseits die sequenzanalytische Vorgehensweise am konsequentesten zum Programm und methodisiert sie. Andererseits wird dabei deutlich, dass subjektive Sichtweisen nur *ein* Zugang zu sozialen Phänomenen sind und dass Sinn und Bedeutungen auch auf der Ebene des Sozialen hergestellt und fortgeschrieben werden. Zentral ist dabei die Forderung, Interpretationen von Texten in Gruppen durchzuführen, um darüber die Variationsbreite der Lesarten und Perspektiven auf den Text zu erweitern und gefundene Interpretationen in dieser Gruppe zu validieren.

– Probleme des Verfahrens

Zu kritisieren ist an diesem Ansatz, dass er – schon wegen des großen Aufwandes, der mit der Methode verbunden ist – in der Regel auf Einzelfallanalysen beschränkt bleibt und der Sprung von der Fallanalyse zu allgemeinen Aussagen häufig ohne Zwischenschritte erfolgt. Weiterhin erschwert das Verständnis der Methode als Kunstlehre, die sich einer didaktischen Aufbereitung und Vermittlung kaum zuführen lässt, die allgemeine Anwendung.

(3) Konversationsanalyse

– Ansatz der Konversationsanalyse

Mit dieser Methode werden weniger die Inhalte eines Gesprächs etc. als die formalen Prozeduren analysiert, mit denen Menschen kommunizieren und bestimmte Situationen hergestellt werden. Klassische Beispiele untersuchen die Organisation des Sprecherwechsels in Gesprächen oder wie die Beendigung von Gesprächen von den Beteiligten eingeleitet wird. Dabei wird angenommen, dass Interaktion geordnet abläuft und darin nichts als zufällig angesehen wird; der ‹Kontext› einer Interaktion beeinflusst nicht nur die Interaktion, sondern wird darin hergestellt und fortgeschrieben (z. B. ist ein Beratungsgespräch nicht per Definition eine Beratung, sondern wird von den Beteiligten durch ihre Handlungen darin dazu ‹gemacht›). Was in einer sozialen Interaktion und damit für deren Interpretation relevant ist, kann bei diesem Ansatz erst aus der Analyse entschieden werden und nicht vorab.

– Regeln der Konversationsanalyse
Drew (1995, S. 70–72) hat methodische Regeln für Konversationsanalysen formuliert. Dabei stehen die Organisation von Gesprächen, der Umgang mit Fehlern, die Auswahl von Themen und die sprachliche Gestaltung von Beiträgen im Vordergrund der Analyse, die Muster über Vergleiche von Beispielfällen identifizieren will und durch die Präsentation von Ausschnitten aus dem Material dem Leser ermöglichen soll, Analysen zu überprüfen und in Frage zu stellen.

– Vorgehen der Konversationsanalyse
Das Vorgehen der Konversationsanalyse umfasst folgende Schritte: Zunächst wird in Transkripten eine bestimmte Äußerung oder Äußerungsfolge als ein mutmaßliches Element der Ordnung des jeweiligen Gesprächstyps identifiziert. Der zweite Schritt stellt eine Kollektion von Fällen zusammen, in denen sich dieses Element feststellen lässt. Es wird weiterhin bestimmt, wie es als Mittel verwendet wird, um in Interaktionen Ordnung herzustellen, und auf welches Problem in der Organisation von Interaktionen es eine Antwort darstellt. Es schließt sich die Analyse der Methoden an, mit denen solche Organisationsprobleme allgemeiner angegangen werden (vgl. Bergmann 2008). So ist ein häufig gewählter Ansatzpunkt von Konversationsanalysen die Untersuchung der Frage, wie bestimmte Gespräche eröffnet und welche sprachlichen Praktiken dazu eingesetzt werden, diese Gespräche geordnet zu beenden.

– Anwendungsfelder der Konversationsanalyse
Die konversationsanalytische Forschung konzentrierte sich anfänglich auf Alltagsgespräche im engeren Sinn (d. h. ohne besondere Rollenverteilung wie Telefonate, Klatsch oder Familiengespräche). Mittlerweile

stehen zunehmend spezifische Rollenverteilungen und -asymmetrien im Vordergrund, etwa in Beratungsgesprächen (vgl. Wolff 1986), Arzt-Patient-Interaktionen oder Gerichtsverhandlungen, also in Gesprächen, die in einem besonderen institutionellen Kontext stattfinden. Diese Erweiterungen beziehen sich inzwischen auch auf schriftliche Texte wie etwa Gutachten, d. h. Texte in einem weiteren Sinn (Wolff 2008a; vgl. Kapitel 5). Außerdem wurde damit der Alltag im Labor bei naturwissenschaftlicher Forschung untersucht (Latour & Woolgar 1979; vgl. Kapitel 3).

– Weiterentwicklung der Konversationsanalyse: Diskursanalysen
Diskursanalyse wurde vor unterschiedlichen Hintergründen (vgl. Keller et al. 2001, 2003) entwickelt, zu denen auch die Konversationsanalyse gehört. Sie ist (vgl. Harré 1995 und Potter & Wetherell 1995) daran interessiert, an Gesprächen zu zeigen, wie die «konversationellen Versionen der Teilnehmer von Ereignissen (Erinnerungen, Beschreibungen, Formulierungen) konstruiert werden, um kommunikative, interaktive Arbeit zu leisten» (Edwards & Potter 1992, S. 16). Besonderes Gewicht liegt dabei auf der Konstruktion von Versionen des Geschehens in Berichten und Darstellungen und den dabei verwendeten «interpretativen Repertoires». Willig (2003) unterteilt den Forschungsprozess in der Diskursanalyse in mehrere Schritte: Nach der Auswahl von im natürlichen Kontext auftretenden Texten und Gesprächen, die zunächst beschrieben werden müssen, werden die Transkripte sorgfältig gelesen. Hier sind die Leitfragen: Warum lese ich diese Passage in dieser Art und Weise? Welche Charakteristika der Texterzeugung bringen diese Lesart hervor? Die Analyse richtet sich auf den Kontext, die Variabilität und Konstruktionen im Text und schließlich auf die interpretativen Repertoires, die im Text verwendet werden. Der letzte Schritt ist nach Willig der Bericht über die durchgeführte Diskursanalyse und ihre Ergebnisse.

(4) Kennzeichen der hermeneutischen Verfahren – Fazit
Die hier behandelten hermeneutischen Verfahren haben als gemeinsames Kennzeichen, dass sie sich an der zeitlich-logischen Struktur des Textes orientieren und diese zum Ansatzpunkt der Interpretation nehmen. Da-

mit bleiben sie näher am Text als die zuvor behandelten, auf Kategorien basierenden Verfahren. Das Verhältnis von inhaltlichen und formalen Ansatzpunkten ist dabei unterschiedlich gestaltet: Bei narrativen Analysen beeinflusst die formale Differenzierung von erzählenden und etwa argumentierenden Passagen in Interviews die Entscheidung, welchen Passagen wie viel interpretative Aufmerksamkeit zukommt und wie glaubwürdig die enthaltenen Inhalte sind. In objektiv-hermeneutischen Analysen ist die formale Analyse der Texte eine eher nachgeordnete Ebene der Interpretation. Die Konversationsanalyse untersucht vor allem die formalen Aspekte, mit denen Gespräche gestaltet werden – etwa als Beratungsgespräche –, und wie darüber bestimmte Inhalte zum Thema ausgehandelt werden können.

Fallanalysen und Typenbildung

In Kapitel 4 wurde bereits auf die Fallstudie als eines der Basisdesigns bei nicht standardisierter Forschung eingegangen. Die hier vorgestellten Interpretationsverfahren arbeiten in unterschiedlichen Phasen der Auseinandersetzung mit dem Material mit Fallanalysen. Bei hermeneutischen Verfahren wird in der Regel zunächst eine Fallanalyse – der einzelnen Interaktion, des einzelnen Dokuments oder Interviews – erstellt, Fallvergleiche erfolgen später. Beim Ansatz von Glaser und Strauss wird dem Einzelfall (das Interview, ein Dokument, die Interaktion) weniger Beachtung geschenkt. Wenn hier von «Fall» die Rede ist, wird damit das Untersuchungsfeld oder der Gegenstand der Studie insgesamt bezeichnet. In diesem Ansatz wird der Vergleich zwischen den Interviewpartnern oder zwischen bestimmten Situationen unmittelbar zum Ansatz genommen.

Erstellen und Lesen von Fallanalysen

Manchmal, etwa bei der Evaluation einer Institution, ist die Fallanalyse das Ergebnis der Untersuchung, in anderen Studien stehen Fallanalysen am Anfang, bevor Vergleiche in den Vordergrund rücken. Eine dritte Variante ist, Fallanalysen zur Illustration einer an sich vergleichend angelegten Studie zu verwenden, um die Zusammenhänge zwischen den verschiedenen dabei untersuchten Themen zu verdeutlichen. In diesem Sinn finden sich eine Reihe von Falldarstellungen neben einer thematisch gegliederten vergleichenden Darstellung in der Studie zu Gesundheits- und Krankheitsvorstellungen obdachloser Jugendlicher (Flick & Röhnsch 2008).

Ein wichtiger Punkt bei der Erstellung und Beurteilung von Fallanalysen ist die Einordnung, wofür der Fall und seine Analyse stehen und was an ihm verdeutlicht werden soll: Geht es um die einzelne Person (Institution etc.) selbst, geht es um die Person als typisch für eine bestimmte Teilgruppe in der Studie, steht der Fall für eine spezifische professionelle Perspektive (z. B. Ärzte in diesem Feld), und nach welchen Kriterien wurde der Fall ausgesucht – für die Datenerhebung, für die Analyse und für die Darstellung?

Typenbildung

Zwar werden auch bei quantitativer Forschung Typen gebildet, doch ist dies insbesondere bei qualitativer Forschung ein häufig eingesetzter Schritt der Verdichtung und Darstellung von Ergebnissen. Kelle und Kluge (1999) haben hierzu Vorschläge gemacht, wie dies umzusetzen ist, aus denen sich folgendes Vorgehen ableiten lässt.

Der erste Schritt ist entweder die Durchführung von Fallanalysen der einbezogenen Fälle. Oder es wird mit einer Analyse in Bezug auf bestimmte Themen begonnen. Es schließen sich jeweils systematische Vergleiche (von Fällen oder in Bezug auf Themen) an.

Hierzu ist die Benennung relevanter Vergleichsdimensionen der nächste Schritt: Wonach sollen Vergleiche vorgenommen werden – z. B. nach den Inhalten der geäußerten Gesundheitsvorstellungen einerseits, nach Alter und Geschlecht andererseits? Das zeigt dann, welche inhaltlichen Dimensionen das Spektrum der geäußerten Gesundheitsvorstellungen kennzeichnen, und gegebenenfalls auch, wie sich die einzelnen Dimensionen nach Alter unterschiedlich den Fällen zuordnen lassen bzw. was davon eher bei männlichen oder eher bei weiblichen Interviewpartnern zu finden ist.

Es folgen die Gruppierung der Fälle (nach inhaltlicher Dimension und/oder Alter) und die Analyse empirischer Regelmäßigkeiten (z. B. bestimmte Vorstellungen finden sich vor allem bei jüngeren Mädchen, andere dagegen eher bei älteren Jungen).

Soweit dies möglich ist, sollte das Spektrum der Aussagen benannt und umrissen werden, um daraus eine Kontrastfolie für die einzelne Aussage abzuleiten. Dies kann durch die Zusammenstellung aller thematisch einschlägigen Aussagen und ihre Anordnung entlang einer Dimension erfolgen. Kelle und Kluge schlagen hierzu alternativ vor, den Merkmalsraum abzustecken. Im Beispiel von Gerhardts (1986) Studie zur Familienrehabilitation nach der chronischen Erkrankung des Mannes besteht dieser Merkmalsraum daraus, welche Tätigkeitsbereiche sich bei Männern finden (Berufstätigkeit, zu Hause), welche bei Frauen (Berufstätigkeit, zu Hause) und welche Kombinationen sich aus den vier Möglichkeiten ergeben. In Gerhardts Studie resultieren daraus vier Typen: beide berufstätig (dual career), traditional (Mann berufstätig, Frau zu Hause), rational (umgekehrt, wenn der Mann nicht mehr arbeiten kann und die Frau stattdessen berufstätig ist) und Arbeitslosigkeit (wenn keiner der beiden berufstätig ist). Gerhardt hat diese vier Typen dann daraufhin verglichen, in welcher Konstellation die Rehabilitation des Mannes erfolgreicher verlief.

Der nächste Schritt der Typenbildung ist die Analyse inhaltlicher Sinnzusammenhänge. Dabei werden die Fälle in den einzelnen Typen noch einmal darauf betrachtet, welche Bedeutungen des eigenen Handelns beispielsweise sich darin identifizieren lassen, welche Regelmäßigkeiten sich dabei zeigen.

Schließlich werden die gebildeten Typen charakterisiert – welche Eigenschaften bzw. Merkmalskombinationen kennzeichnen die den einzelnen Typen zugeordneten Fälle, was ist ihnen gemeinsam, was unterscheidet die Fälle zwischen den Typen? Gegebenenfalls sind auch noch das Herausnehmen stark abweichender Fälle aus der jeweiligen Gruppe, die weitere Zusammenfassung von Gruppen mit dem Ziel der Reduktion der Vielfalt oder die Differenzierung von Gruppen bei starken Unterschieden innerhalb der bislang gebildeten Typen notwendig.

Dieses Vorgehen beinhaltet die systematische Analyse von Fällen, ihren Vergleich und die Formulierung einer Typologie. Diese kann sich auf die Fälle insgesamt beziehen, bei denen dann beispielsweise Personen den jeweiligen Typen zugeordnet werden. Sie kann sich aber auch auf bestimmte Themen richten, woraus sich eine Typologie des Umgangs mit sexuellen Risiken bei den befragten Jugendlichen auf der Straße ergibt und eine in Bezug auf die Inanspruchnahme von ärztlicher Unterstützung bei gesundheitlichen Problemen. Die Zuordnung der Interviewpartner muss dann in beiden Typologien nicht notwendigerweise identisch sein.

Zusammenfassung

Die vorgestellten Varianten der quantitativen und qualitativen Datenanalyse verfolgen grundsätzlich betrachtet ähnliche Ziele. Sie sollen Gemeinsamkeiten und Unterschiede in den Daten herausarbeiten und belegen. Das Vorgehen dabei unterscheidet sich in vielen Punkten, ebenso wie die verwendeten Daten. In beiden Bereichen gibt es Zugänge, die eher auf der deskriptiven Ebene bleiben, und solche, die Erklärungen für Zusammenhänge suchen oder auch überprüfen. Welche Alternative vorzuziehen ist, hängt von der Fragestellung sowie der Art der vorliegenden Daten ab.

Leitfaden für die Datenanalyse

Bei der Durchführung eines empirischen Projektes in der Sozialforschung sollten in Bezug auf die Auswertung der erhobenen Daten folgende Punkte berücksichtigt und geklärt werden:

Kasten 6.3: **Leitfaden für die Datenanalyse**

1. Ist die gewählte Analysemethode für die erhobenen Daten geeignet?
2. Wird sie ihnen in ihrer Komplexität gerecht?
3. Erlauben die Daten in ihrer Beschaffenheit die Anwendung der gewählten Auswertungsart?

4. Ermöglicht die Art der Auswertung, die Komplexität der Daten so zu reduzieren, dass Ergebnisse überschaubar werden?
5. Kann mit der gewählten Analyseform die Fragestellung beantwortet werden?
6. Wie lautet die Fragestellung, bzw. welcher Aspekt soll bei der Auswertung im Zentrum stehen?
7. Kann durch die Analyse geprüft werden, ob es sich um ein zufälliges oder singuläres Ergebnis handelt?
8. Sind die quantitativen Ergebnisse signifikant?
9. Zeigen sich in den qualitativen Ergebnissen Regelmäßigkeiten (z. B. eine Typologie)?
10. Wie geht die Analyse mit abweichenden Fällen bzw. Daten um?

Diese Fragen können wiederum für die Durchführung der eigenen Studie, aber auch für die Bewertung der Studien anderer Forscher relevant sein.

Kernpunkte

- Inhaltsanalyse setzt sich mit Texten auseinander – quantitativ z. B. in der Analyse von Zeitungsanalyse, qualitativ auch bei der Analyse von Interviews und anderen Daten.
- Quantitative Datenanalyse beginnt mit der Aufbereitung, Prüfung und Bereinigung von Daten.
- Der nächste Schritt ist die deskriptive Analyse von Häufigkeiten, Verteilungen, Mittelwerten und Streuungen in den Daten.
- Quantitative Analysen können sich auf eine, zwei oder mehrere Variablen und ihre Zusammenhänge richten.
- Gefundene Zusammenhänge werden dabei mit verschiedenen Testverfahren auf ihre Signifikanz überprüft.
- Qualitative Analysen können auf die Entwicklung einer Theorie durch verschiedene Verfahren der Kodierung von Daten abzielen.
- Sie können aber auch Erzählungen analysieren mit Blick auf darin wiedergegebene Verläufe und (Lebens-) Geschichten.
- Die Analyse von Interaktionen stellt eine weitere Form der Datenanalyse dar.

- Qualitative Forschung bewegt sich dabei zwischen fallbezogenen und vergleichenden Analysen mit dem Ziel, Typologien zu entwickeln.

Weiterführende Literatur

Diekmann, A. (2007). Empirische Sozialforschung (17. Auflage). Reinbek bei Hamburg: Rowohlt.

Flick, U. (2007a). Qualitative Sozialforschung – Eine Einführung. Reinbek bei Hamburg: Rowohlt.

Flick, U., Kardorff, E. v. & Steinke, I. (Hrsg.) (2008). Qualitative Forschung – ein Handbuch (6. durchgesehene und aktualisierte Auflage). Reinbek bei Hamburg: Rowohlt.

Hitzler, R. & Honer, A. (Hrsg.) (2002). Sozialwissenschaftliche Hermeneutik (2. Auflage). Opladen: Leske & Budrich.

Kühnel, S. & Krebs, D. (2006). Statistik für die Sozialwissenschaften: Grundlagen, Methoden, Anwendungen. Reinbek bei Hamburg: Rowohlt.

7 Auswahl von Methoden – Entscheidung für eine bestimmte Vorgehensweise

Ziele: Nachdem Sie dieses Kapitel gelesen haben, sollten Sie

- verstanden haben, wie im Forschungsprozess über eine Reihe von Entscheidungen bestimmt wird, was konkret zum Gegenstand der Studie wird,
- einschätzen können, dass die Wahl einer spezifischen Methode der Datenerhebung bzw. -analyse nur *eine* von mehreren relevanten Entscheidungen darstellt und
- wissen, dass die Entscheidung zwischen qualitativen und quantitativen Methoden und für bestimmte Methoden generell am Untersuchungsgegenstand, an den Bedingungen im Untersuchungsfeld und am verfügbaren Vorwissen orientiert sein sollte.

Entscheidungen im Forschungsprozess

In Kapitel 4 wurde der Forschungsprozess bei quantitativer und bei qualitativer Forschung in seinen Schritten in knappen Überblicken vorgestellt. Anschließend wurden die wichtigsten Methoden behandelt, die für die Realisierung eines Forschungsprojekts zur Verfügung stehen und eingesetzt werden können (vgl. Kapitel 5 und 6). Der Forschungsprozess stellt bei beiden Ansätzen eine Abfolge von Entscheidungen dar, die Forscher treffen (müssen). Übersichten über Methoden geben aber meist kaum Anhaltspunkte für die Entscheidung für eine bestimmte

Methode oder für Entscheidungen im Verlauf des Projekts. Bei der Realisierung seines Projekts kann der Forscher in verschiedenen Stationen des Prozesses – von der Fragestellung über Erhebung und Auswertung bis zur Darstellung der Ergebnisse – aus verschiedenen Alternativen auswählen. In diesen Entscheidungen realisiert er einerseits das Design seiner Studie in doppelter Hinsicht – ein vorab geplantes Design wird in konkrete Vorgehensweisen umgesetzt, bzw. in den Entscheidungen für die jeweiligen Alternativen wird das Design im Prozess konstituiert und modifiziert (vgl. Kapitel 4). Andererseits bestimmt er in solchen Entscheidungen, was zum Gegenstand der Forschung wird und wie. Nach einem weitgehenden Verständnis konstituiert er damit den Forschungsgegenstand. Moderater formuliert bestimmt er damit, welche Aspekte des Gegenstandes zum Thema der Forschung bzw. darin erfasst werden (vgl. Kapitel 3 für die erkenntnistheoretischen Hintergründe beider Verständnisweisen).

Entscheidungen innerhalb der quantitativen Forschung

Auswahl des Forschungsproblems

Die erste Entscheidung betrifft die Auswahl eines Forschungsproblems. Sie wird nach Interesse, gegebenenfalls nach Auftrag (etwa bei der Evaluation einer Institution) getroffen und hat wesentliche Implikationen für das weitere Vorgehen (vgl. Kapitel 2). Bortz und Döring (2006, S. 40 ff.) formulieren eine Reihe von Kriterien zur Bewertung von Forschungsproblemen bzw. Untersuchungsideen, die als Anhaltspunkte für die zu treffenden Entscheidungen an dieser Stelle dienen können:

- Präzision der Problemformulierung: Wie vage oder genau ist die Idee formuliert? Wie klar sind die Begriffe, auf denen sie basiert?
- Empirische Untersuchbarkeit: Sind die Untersuchungsideen empirisch zugänglich, oder basieren sie auf religiösen, metaphysischen oder philosophischen Inhalten (z. B. der Sinn des Lebens)? Schließlich sollten ausreichend viele potenzielle Untersuchungsteilnehmer ohne einen unangemessenen Arbeitsaufwand erreichbar sein (z. B. nicht: «psychische Probleme bei Kleinwüchsigen», S. 41).

- Wissenschaftliche Tragweite: Ist das Thema schon so weitgehend oder umfassend erforscht, dass keine neuen Erkenntnisse von einer weiteren Untersuchung zu erwarten sind?
- Ethische Kriterien: Würde durch die Untersuchung gegen eines der (hier in Kapitel 11 behandelten) ethischen Prinzipien verstoßen, oder anders herum betrachtet: Ist die Untersuchung ethisch zu vertreten?

Diese Kriterien erlauben eine einordnende Bewertung von Forschungsideen und helfen, die Auswahl des Forschungsproblems zu begründen und auf ihre Umsetzbarkeit in einer standardisierten Untersuchung zu überprüfen.

Kasten 7.1: **Entscheidung Quant-1: Forschungsproblem**
Die Entscheidungen des Forschers richten sich hier auf das Problem selbst und dessen in den Vordergrund zu stellende Aspekte. Sie sollten am eigenen Interesse und an seiner empirischen Umsetzbarkeit sowie daran orientiert sein, inwieweit das Vorwissen über das Problem ausreicht, eine standardisierte Untersuchung durchzuführen, und ob genügend viele Untersuchungsteilnehmer erreichbar sind. Entscheidungen an dieser Stelle beeinflussen die weiteren methodischen Schritte und die Auswahl der geeigneten Alternativen.

Zielsetzung der Studie

Bei quantitativer Forschung ist die Zielsetzung in der Regel die Überprüfung einer vorab in Form einer Hypothese formulierten Annahme bzw. der dahinterstehenden Theorie. Ziel ist dabei konkret die Überprüfung des Zusammenhangs zwischen zwei Variablen oder die Identifikation von Ursachen für ein bestimmtes Ereignis. Um zu vermeiden, dass Zusammenhänge fälschlicherweise bestätigt oder Ursachen in nicht zutreffender Weise identifiziert werden, liegt ein großes Gewicht bei der Planung der Studie und der Gestaltung ihres Designs auf der *Standardisierung* möglichst vieler Bedingungen und der Definition von Variablen. Dabei wird zwischen unabhängigen, abhängigen und intervenierenden Variablen unterschieden. Die auslösende Bedingung (z. B. eine Infektion) wird als unabhängige Variable bezeichnet, die Folge (z. B. bestimmte Symptome) als abhängige Variable. Intervenierende Variablen sind andere Einflüsse (z. B. die soziale Lage des Infizierten), die den Zusammenhang zwischen unabhängiger und abhängiger Variablen beeinflussen. Geht es um die Überprüfung des Zusammenhangs zwischen unabhängiger und abhängiger Variablen – in unserem Beispiel des Zusammenhangs zwischen Infektion und Erkrankung (festgemacht an bestimmten Symptomen) und damit der Identifikation der Infektion als Ursache für die Erkrankung –, so ist entscheidend, dass der Einfluss der intervenierenden Variablen kontrolliert werden kann und dass bei der Formulierung des Zusammenhangs keine logischen Fehler gemacht werden (z. B. ein tautologischer Zusammenhang formuliert wird).

Darüber hinaus kann eine quantitative Studie die Beschreibung eines Sachverhalts – etwa der Häufigkeit einer Erkrankung in der Bevölkerung oder in verschiedenen Bevölkerungsgruppen – zum Ziel haben. Hierfür wird auch der Begriff der «populationsbeschreibenden Untersuchung» in Abhebung von der zuvor besprochenen «hypothesentestenden Untersuchung» verwendet (Bortz & Döring 2006, S. 51). Wo der Stand der Forschung nicht weit genug entwickelt ist, um Hypothesen zu formulieren, kann in beiden Fällen eine explorative Studie vorangestellt werden.

Kasten 7.2: **Entscheidung Quant-2: Zielsetzung**
Die Entscheidung für den jeweiligen Untersuchungstyp sollten das Forschungsinteresse und der Forschungsstand vor Beginn der Studie bestimmen. Die relevante Frage an dieser Stelle ist, wieweit diese Entscheidung vom Gegenstand und Feld der Untersuchung oder ausschließlich von der methodischen Orientierung des Forschers determiniert ist.

Theoretischer Rahmen

Theoretische Fragen können auf verschiedenen Ebenen Gegenstand von Entscheidungen werden. Zunächst sollte ein bestimmtes theoretisches Modell des untersuchten Gegenstandes zum Ausgangspunkt genommen werden. In den meisten Fällen bieten sich hier mehrere Alternativen an. Beispielsweise gibt es verschiedene Modelle, mit denen Bewältigungsverhalten bei Erkrankungen erklärt wird. Weiterhin lässt sich die Studie im Rahmen eines generelleren theoretischen Modells oder eines Forschungsprogramms durchführen. So kann man den Ansatz der rationalen Erklärungen («rational choice» – Kelle & Lüdemann 1995) zur Beschreibung von Bewältigungsverhalten anwenden. Der Ansatz ist jedoch nicht auf einen bestimmten Gegenstandsbereich fokussiert.

Kasten 7.3: **Entscheidung Quant-3: Theoretischer Rahmen**

Mit der Entscheidung für diesen (oder einen anderen) theoretischen Rahmen ist eine Reihe von methodischen Konsequenzen verbunden. Aus der Entscheidung für ein theoretisches Modell des Gegenstandes ergibt sich die Operationalisierung der relevanten bzw. zu untersuchenden Bestandteile in Fragen oder Beobachtungskategorien. Diese Entscheidungen sollten am untersuchten Gegenstand und dem Feld, in dem er erforscht wird, orientiert sein.

Formulierung der Fragestellung

Für den Erfolg der Studie ist bedeutsam, dass das im ersten Schritt gewählte Forschungsproblem auf eine bearbeitbare Fragestellung eingegrenzt wird. Neuman (2000, S. 144) z. B. bezeichnet als «schlecht formulierte Fragestellungen» in diesem Zusammenhang Fragen, die nicht empirisch getestet werden können, die allgemeine Themenbereiche, aber keine Fragen beinhalten, die nur einen Set von Variablen benennen, aber keine Frage formulieren, die zu vage oder zweideutig bleiben und die noch weiter spezifiziert werden sollten. Gut formulierte Fragestellungen benennen demgegenüber einen zu erklärenden oder zu beschreibenden Zusammenhang in Form einer möglichst konkret formulierten Frage wie: «Ist der Mangel an ausreichenden Finanzen für präventive Behandlungen eine Hauptursache dafür, dass schwerwiegendere medizinische Probleme bei Kindern, die in Familien in Armut aufwachsen, häufiger auftreten?» (S. 144).

Kasten 7.4: **Entscheidung Quant-4: Fragestellung**
Die Entscheidung für eine Fragestellung grenzt ein, was Gegenstand der Studie werden kann, was bzw. welche Aspekte dabei außen vor bleiben und welche Methoden für die Untersuchung in Frage kommen. An dieser Stelle ist entscheidend, wie klar und erkenntnisförderlich die gewählte Fragestellung für die Bearbeitung des Forschungsproblems ist.

Ressourcen

Schnell et al. (2008, S. 15) halten zur Kalkulation einer standardisierten Studie einerseits fest, dass sich ohne konkrete Kenntnis des jeweiligen Projekts eine allgemeine Aussage über anfallende Kosten nicht treffen lässt; andererseits schreiben sie: «Als grobe Orientierung soll erwähnt werden, dass ein ‹typisches› Zwei-Jahre-Projekt mit einer Befragung von ca. 1500 Personen kaum unter 300 000,– Euro abzuwickeln ist. Andere Forschungsformen als eine Befragung verursachen nicht unbedingt weniger Kosten.» Generell lässt sich festhalten, dass methodische Standards und Ansprüche mit höheren Kosten verbunden sein können. Denscombe (2007, S. 27) verweist in dem Zusammenhang darauf, dass kommerzielle Umfrageinstitute in England ihren Kunden deutlich machen, dass für einen bestimmten Preis ein bestimmtes Niveau der Genauigkeit der Messung und Stichprobenauswahl zu realisieren und dass ein höheres Niveau mit steigenden Kosten verbunden ist. Entsprechend halten Hoinville et al. (1985, S. 73) für das Beispiel der Stichprobenziehung fest: «In der Praxis bedeutet die Komplexität der rivalisierenden Faktoren der Ressourcen und der Genauigkeit, dass die Entscheidung über die Größe der Stichprobe tendenziell eher auf Erfahrung und gesundem Menschenverstand basiert, als dass sie sich auf eine strenge mathematische Formel stützt.»

Kasten 7.5: **Entscheidung Quant-5: Ressourcen**
Die Entscheidung des Forschers in diesem Zusammenhang bezieht sich generell darauf, zwischen vorhandenen Ressourcen (Geld, Zeit, Erfahrung, Arbeitskraft) und methodischen Ansprüchen (der Genauigkeit und Reichweite bei der Stichprobenziehung beispielsweise) abzuwägen, sodass er sein Projekt mit realistischen Ansprüchen umsetzen kann.

Sampling und Vergleichsgruppenbildung

Die Stichprobenziehung bei quantifizierender Forschung ist in der Regel an der Repräsentativität der Untersuchten (Personen, Situationen, Institutionen oder Phänomene) für eine größere Population orientiert. Vergleichsgruppen werden häufig danach gebildet, dass sie untereinander eine große Übereinstimmung aufweisen (dass z. B. die Untersuchungsgruppe möglichst weitgehend genauso zusammengesetzt ist wie die Kontrollgruppe). Hier geht es um Kontrolle und Standardisierung möglichst vieler Eigenschaften der Gruppe, um darüber Unterschiede zwischen den Mitgliedern der einen Gruppe im Vergleich zu denen in der anderen Gruppe auf die zu untersuchende Variable zurückführen zu können. Am konsequentesten ist hier die Zufallsstichprobe, bei der die Zuordnung zu Untersuchungs- und Kontrollgruppe dann noch zusätzlich nach dem Zufallsprinzip erfolgt. Auch bei einer quantitativen Studie ist dies nicht immer der beste und für den Untersuchungsgegenstand bzw. für das Untersuchungsfeld der am besten geeignete Weg.

Kasten 7.6: **Entscheidung Quant-6: Sampling und Vergleich**
Die Entscheidung des Forschers hängt mit der Frage der Angemessenheit einer bestimmten Form der Stichprobenziehung zusammen und inwieweit sich darüber bestimmte Zielgruppen in der Untersuchung angemessen berücksichtigen lassen.

Methoden

An dieser Stelle steht der Forscher vor Entscheidungen auf verschiedenen Ebenen: Zunächst sollte die Art der zu erhebenden Daten geklärt werden. Dabei lassen sich vorhandene Daten (etwa Routinedaten von Krankenkassen) für eigene Analysen nutzen. Relevant sind hier Fragen der Zugänglichkeit der Daten (nicht jede Krankenkasse gibt ihre Daten zu Forschungszwecken frei, manchmal stehen dem auch Datenschutzbelange im Weg), aber auch der Eignung der Daten. So ist zu klären, ob der interessierende Sachverhalt in den Daten überhaupt erfasst ist und ob die vorliegende Klassifikation der Daten die notwendigen Analysen erlaubt (vgl. Kapitel 5). Dann stellt sich die Entscheidung zwischen Befragung und Beobachtung – geht es eher um Wissen und Einstellungen oder um Handlungsweisen bei der Erfassung der relevanten Phänomene? Bei den eingesetzten Erhebungsinstrumenten ist wiederum zwischen der Verwendung existierender und der Entwicklung neuer Instrumente zu entscheiden. Für Ersteres spricht, dass diese Methoden in der Regel gut erprobt sind und die Daten zu anderen Untersuchungen eher in Beziehung gesetzt werden können. In der Lebensqualitäts- oder der Einstellungsforschung werden häufig existierende Fragebogen verwendet, Interaktionen werden oft mit vorhandenen Inventaren in Beobachtungen erfasst. Zu fragen ist dabei, ob der existierende Fragebogen die für die eigene Untersuchung relevanten Aspekte erfasst und ob er für deren spezielle Zielgruppe geeignet ist. Die Alternative der eigenen Entwicklung des Instruments erlaubt zwar die bessere Anpassung an die konkreten Umstände der Untersuchung. Hier ist jedoch zu klären, ob das theoretische bzw. empirische Vorwissen ausreicht, um die ‹richtigen› Fragen zu formulieren bzw. Beobachtungskategorien festzulegen. Schließlich sind vor dem eigentlichen Einsatz noch ein Pretest und die Überprüfung der Reliabilität und Validität des Instruments (vgl. Kapitel 10) notwendig. Bei der Analyse quantitativer Daten werden in der Regel existierende Statistikprogramme (z. B. SPSS) eingesetzt. Dabei ist zu entscheiden, welche Arten von Zusammenhangsanalysen für die Beantwortung der Fragestellung am besten geeignet sind. Außerdem ist vorab zu klären, welche Prüfungen an den erhobenen Daten vorgenommen werden müssen – z. B. Plausibilitätsprüfungen (finden sich widersprüchliche Angaben,

z. B. 20-jährige Rentner, im Datensatz?) oder die Prüfung fehlender Angaben etc. (vgl. Kapitel 5 und 6).

Kasten 7.7: **Entscheidung Quant-7: Methoden**
Die Entscheidung des Forschers an dieser Stelle bezieht sich auf die Verwendung existierender Daten und/oder Instrumente oder die Erhebung eigener Daten mit eigens entwickelten Methoden. Sie sollte an der eigenen Fragestellung, den Bedingungen im Feld und dem existierenden Vorwissen orientiert sein. Schließlich kann es eine Frage der Ressourcen – etwa der zur Verfügung stehenden Zeit – sein, ob eigene Instrumente entwickelt und eigene Daten erhoben werden oder eher auf bereits vorhandene (Instrumente bzw. Datensätze) zurückgegriffen werden sollte.

Grad an Standardisierung und Kontrolle

Quantitative Forschung basiert auf der Standardisierung der Forschungssituation und des Vorgehens in der Forschung sowie der Kontrolle möglichst vieler Bedingungen. In der Regel werden Variablen definiert, die in Hypothesen verknüpft werden, um sie anschließend zu testen. Es werden Analyseeinheiten definiert und konkrete Messungen für die einzelne Variable bestimmt. Dies wird vor dem Einstieg in das Feld festgelegt und für jeden untersuchten Fall identisch gehandhabt. Danach werden die Standardisierung der Forschung und die Kontrolle von Bedingungen in der Untersuchungssituation möglichst weit vorangetrieben.

Kasten 7.8: **Entscheidung Quant-8: Standardisierung und Kontrolle**
Die Entscheidung des Forschers bezieht sich darauf, wie weit die Standardisierung und Kontrolle getrieben werden sollen bzw. müssen. Experimentelle Untersuchungen sind methodisch gesehen am konsequentesten; sie lassen sich jedoch nicht in jedem Feld und für alle Themen realisieren. Andere Studienformen sind weniger standardisiert und kontrolliert, lassen sich dafür aber eher mit den Bedingungen im Untersuchungsfeld vereinbaren. Die Entscheidung des Forschers für mehr oder

weniger weitgehende Standardisierung und Kontrolle sollte von den Bedingungen im Feld und von den Zielsetzungen seiner Studie bestimmt werden.

Generalisierung

Generalisierung wird hier in der Regel mit dem Schluss von einer kleinen Zahl (z. B. untersuchter Personen) auf eine große Zahl (z. B. potenziell zu untersuchender Personen) gleichgesetzt. Entsprechend ist Generalisierung ein numerisches bzw. statistisches Problem und mit der Frage der (statistischen) Repräsentativität der untersuchten Stichprobe in einer angenommenen Population (vgl. hierzu Kapitel 4) verknüpft. Als Population ist dabei nicht in jedem Fall die Bevölkerung notwendiger Bezugspunkt, es können auch stärker eingeschränkte Grundgesamtheiten relevant sein.

Kasten 7.9: **Entscheidung Quant-9: Generalisierung**
Die Entscheidung für eine bestimmte Zielgröße der Verallgemeinerung hat Konsequenzen für das Forschungsdesign und die zu verwendenden Methoden. Sie sollte bestimmt sein von den Zielsetzungen der Studie insgesamt und den Bedingungen im Untersuchungsfeld. Die generelle Frage hier ist, inwieweit die angestrebte Generalisierung dem Thema, der Studie und dem Untersuchungsfeld angemessen ist.

Darstellung

Wen soll die Forschung mit ihren Ergebnissen erreichen, was ist die Öffentlichkeit und Zielgruppe ihrer Darstellung? Hier ist zu unterscheiden zwischen akademischen, allgemeinen und politischen Leserschaften. Wenn die Untersuchung am Ende in einer Qualifikationsarbeit (z. B. einer Bachelorarbeit) dargestellt werden soll, bekommt die Verdeutlichung bestimmter methodischer Kompetenzen eine größere Bedeutung, als wenn aufgrund der Ergebnisse in der allgemeinen Öffentlichkeit für ein soziales Problem eine höhere Aufmerksamkeit erreicht werden soll. Wenn Forschung und ihre Ergebnisse in politischen Entscheidungsprozessen einen Einfluss gewinnen sollen, muss ihre Darstellung vor allem knapp und überschaubar auf die wesentlichen Erkenntnisse fokussiert sein (vgl. Kapitel 9).

Kasten 7.10: **Entscheidung Quant-10: Darstellung**
Die Entscheidung des Forschers richtet sich auf die Auswahl der für die jeweilige Zielgruppe wesentlichen Informationen und den ihr angemessenen Darstellungsstil.

Zusammenfassung

In der standardisierten Forschung werden über den skizzierten Entscheidungsprozess die Alternativen im Vorgehen ausgewählt und – mehr oder minder – stimmig in sich und in Bezug auf den Gegenstand angewendet. Jede dieser Entscheidungen grenzt die Perspektive auf das Untersuchte auf besondere Weise ein und bestimmt, was und was nicht zum Thema in den Daten und Analysen werden kann.

Entscheidungen innerhalb der qualitativen Forschung

Auswahl des Forschungsproblems

Die Auswahl des Forschungsproblems in der qualitativen Forschung ist häufig darin begründet, dass es dazu bislang zu wenig Literatur, Theorien und/oder empirische Studien gibt. Andere Gründe für die Entscheidung, ein bestimmtes Problem zu untersuchen, können die schwierige Erreichbarkeit der Untersuchungsteilnehmer (mit quantitativen Methoden), die geringe Zahl an potenziellen Untersuchungseinheiten sein (z.B. eine begrenzte Anzahl an Menschen mit einer bestimmten Diagnose) oder das Interesse, ein Feld zu erkunden, bzw. generell, Neues zu entdecken. Grundsätzlich sind hier auch Fragen der ethischen Vertretbarkeit der Untersuchung zu klären und ob eine wenn auch begrenzte Zahl an potenziellen Untersuchungsteilnehmern zugänglich sein wird.

Kasten 7.11: **Entscheidung Qual-1: Forschungsproblem**
Die Entscheidungen des Forschers richten sich darauf, was am Problem neu ist und welche Aspekte davon empirisch zu entdecken sind. Sie sollten daran orientiert sein, inwieweit das Vorwissen über das Problem begrenzt ist und ob genügend viele Untersuchungsteilnehmer erreichbar bzw. Untersuchungssituationen zugänglich sind. Entscheidungen an dieser Stelle beeinflussen die weiteren methodischen Schritte und die Auswahl der geeigneten Alternativen.

Zielsetzung der Studie

Auf der Ebene der Zielsetzungen unterscheidet Maxwell (2005, S. 16) zwischen Studien, mit denen primär persönliche Ziele (z. B. eine Bachelorarbeit zum Abschluss eines Studiums, eine Dissertation), praktische Ziele (herauszufinden, ob und wie ein bestimmtes Programm oder Angebot funktioniert) oder Forschungsziele (die sich eher auf eine allgemeine Erkenntnis über einen bestimmten Gegenstand richten) verfolgt werden. Mit einer qualitativen Studie ist häufig das Ziel verbunden, entsprechend dem Ansatz von Glaser und Strauss (1967/2005) eine gegenstandsbegründete Theorie zu entwickeln. Dabei ist zu bedenken, dass der Anspruch der Theorieentwicklung auch eine Überforderung für qualitative Studien darstellen kann: Bachelorarbeiten mit diesem Ziel sind ebenso wenig realistisch (hier v. a. aufgrund der zu knappen Zeit und Erfahrungen), wie es im Rahmen begrenzter Ausschreibungen zu verfolgen ist. Detaillierte Beschreibungen oder Evaluationen von laufender Praxis sind hier häufig eher gefragt. Diese Beispiele sollen zeigen, dass es unterschiedliche Typen von Zielsetzungen für qualitative Studien gibt: Beschreibung, Evaluation und Theoriebildung.

Kasten 7.12: Entscheidung Qual-2: Zielsetzung
Die Entscheidung des Forschers bezieht sich darauf, welches Ziel er realistischerweise mit seiner Studie verfolgen kann. Sie hat Implikationen für die folgenden Entscheidungen im Forschungsprozess.

Theoretischer Rahmen

In der qualitativen Forschung wird in der Regel nicht von einem theoretischen Modell des Gegenstandes ausgegangen, das die konkreten Fragen, die gestellt werden, determiniert. Dennoch sollten sich Studien auch hier am Stand der theoretischen und empirischen Auseinandersetzung mit ihrem Gegenstand orientieren. Was daraus der Forscher jeweils als relevant für seinen eigenen Zugang zum Untersuchungsthema aufgreift, sollte sein weiteres methodisches und empirisches Vorgehen beeinflussen: Steht eher das Alltagswissen über eine bestimmte Erkrankung oder die konkrete Aushandlung von diesbezüglichen Diagnosen und Behandlungen im Vordergrund? Auch in der qualitativen Forschung gibt es eine Reihe von Rahmenperspektiven, mit denen ein Thema erforscht werden kann: Die Analyse subjektiver Sichtweisen oder die Interaktionen, die sich damit beschäftigen, können alternativ als Fokus der Studie mit den entsprechenden methodischen Konsequenzen gewählt werden.

Kasten 7.13: Entscheidung Qual-3: Theoretischer Rahmen
Mit der Entscheidung für eine Forschungsperspektive und für inhaltliche Orientierungspunkte legt sich der Forscher und sein Vorgehen in gewisser Weise fest. Dabei sollte er sich an seinem Gegenstand, den verfügbaren Vorkenntnissen und den Gegebenheiten im untersuchten Feld orientieren.

Formulierung der Fragestellung

Fragestellungen lassen sich auch danach unterscheiden, inwieweit ihre Beantwortung bestehende Annahmen (etwa im Sinne von Hypothesen) bestätigen oder Neues entdecken soll. Strauss (1994, S. 50) bezeichnet Letzteres als «generative Fragen» und versteht darunter: «Fragen, die bei der Forschungsarbeit sinnvolle Richtungen aufweisen; sie führen zu Hypothesen, nützlichen Vergleichen, zur Erhebung bestimmter Datentypen und sogar dazu, dass der Forscher auf möglicherweise wichtige Probleme aufmerksam wird.»

Es gibt eine Reihe von Versuchen, Typen von Forschungsfragen zu benennen. In der qualitativen Forschung unterscheidet Maxwell (2005) generalisierende und partikularisierende Fragen sowie Fragestellungen, die auf Unterschiede abzielen, von solchen, die Prozessbeschreibungen fokussieren. Generalisierende Fragestellungen stellen einen zu untersuchenden Gegenstand in einen größeren Zusammenhang – wie etwa die Biographie einer Person oder Gruppe vor dem Hintergrund eines politischen Umbruchs zu verstehen ist. Partikularisierende Fragestellungen greifen einen Aspekt heraus und stellen ihn in den Vordergrund – wie ein bestimmtes Ereignis, etwa eine Erkrankung, der individuellen Biographie eine neue Wendung gegeben hat (vgl. Kapitel 2).

Kasten 7.14: **Entscheidung Qual-4: Fragestellung**

Mit der Entscheidung für eine Fragestellung legt sich der Forscher fest, was er genau untersuchen möchte und was nicht in den Bereich der anstehenden Untersuchung fällt. Bedeutsam ist entsprechend die klare Ausformulierung der Fragestellung in diesem Sinn, sodass sie weitere Entscheidungen (etwa für bestimmte Methoden der Erhebung oder Analyse von Daten) treffen kann.

Ressourcen

Bei der Ausarbeitung eines Forschungsdesigns werden häufig die zur Verfügung stehenden Ressourcen (Zeit, Personen, Technik, Kompetenzen, Erfahrungen etc.) unterschätzt. Bei Forschungsanträgen wird oft ein unrealistisches Verhältnis zwischen geplanten Arbeitspaketen und den beantragten (und realistischerweise zu beantragenden) personellen Ressourcen zugrunde gelegt. Für eine realistische Projektplanung empfiehlt es sich, eine *Kalkulation* der anfallenden Tätigkeiten zu erstellen, die beispielsweise für ein ca. 90-minütiges Interview noch einmal ebenso viel Zeit für die Gewinnung von Interviewpartnern, die Organisation des Termins, Fahrtzeiten etc. berechnet. Hinsichtlich der Kalkulation von Transkriptionszeiten für Interviews gehen die Einschätzungen auseinander – abhängig von der Genauigkeit des verwendeten Transkriptionssystems. Morse (1998, S. 81 f.) schlägt vor, für schnell schreibende Transkribenden die Länge des zu transkribierenden Tonbandes mit der Interviewaufzeichnung mit dem Faktor 4 zu multiplizieren. Wenn man die Kontrolle des fertigen Transkripts am Tonband mitrechnet, ist die Länge des Bandes insgesamt mal 6 zu nehmen. Für die Gesamtkalkulation des Projekts empfiehlt sie, die dabei berechnete Zeit zu verdoppeln, um Spielräume für nicht vorhergesehene Schwierigkeiten und «Katastrophen» zu haben. Bei der Planung eines mit transkribierten Interviews arbeitenden Projekts sollten auf jeden Fall ein gutes Bandgerät zur Aufzeichnung und ein spezielles Gerät mit Fußschalter zum Abspielen der Bänder bei der Transkription eingesetzt werden. Beispielpläne für die Kalkulation von Zeitplänen von empirischen Projekten finden sich bei Marshall und Rossmann (2006, S. 177 ff.) sowie Flick (2008b).

Kasten 7.15: **Entscheidung Qual-5: Ressourcen**

Entscheidungen in diesem Kontext sollten vor allem das Verhältnis von verfügbaren Ressourcen und den Zielen bzw. dem geplanten Aufwand der Studie berücksichtigen, um zu vermeiden, dass zu umfangreiche und vielschichtige Daten erhoben werden, die dann aus Zeitgründen nur in Ansätzen analysiert werden können.

Sampling und Vergleichsgruppenbildung

Auswahlentscheidungen bei qualitativer Forschung beziehen sich bei der Datenerhebung auf Personen oder Situationen und auf die Ausschnitte des erhobenen Materials, an denen weiterführende Interpretationen durchgeführt bzw. Ergebnisse exemplarisch dargestellt werden (vgl. Flick 2007a, S. 154 ff.). Samplingentscheidungen werden in der Regel nicht nach abstrakten Kriterien (wie bei einer Zufallsauswahl), sondern nach inhaltlichen Kriterien in Bezug auf die konkreten Fälle oder Fallgruppen getroffen. Wesentlicher Bestandteil der Auswahlentscheidung ist die Bildung von Vergleichsgruppen bei komparativen Untersuchungen. Hier ist zu klären, auf welcher Ebene Vergleiche durchgeführt werden sollen: Geht es um Unterschiede und Gemeinsamkeiten zwischen verschiedenen Personen oder zwischen unterschiedlichen Situationen? Oder zwischen Institutionen oder zwischen Phänomenen? Entsprechend ist die Auswahl so zu treffen, dass jeweils mehrere Fälle in einer Vergleichsgruppe enthalten sind (vgl. Kapitel 4).

Kasten 7.16: **Entscheidung Qual-6: Sampling und Vergleich**
Entscheidungen des Forschers richten sich auf die Angemessenheit der Auswahl von Personen, Gruppen oder Situationen nach ihrer Relevanz für die Untersuchung und nach der Unterschiedlichkeit der untersuchten Phänomene, die in dieser Auswahl erfasst wird.

Methoden

Die Alternativen, zwischen denen sich der Forscher hier entscheiden kann, sind im Wesentlichen der Bericht über ein Geschehen und die Analyse des Geschehens selbst. Im ersten Fall wird man mit Interviews oder Erzählungen der Beteiligten arbeiten, im anderen Fall mit (teilnehmenden) Beobachtungen oder Interaktionsanalysen. Dabei können jeweils unterschiedliche Grade an Vorgaben bzw. Offenheit gegenüber dem Feld bzw. Untersuchungsteilnehmer gewählt werden: Entweder arbeitet die Datenerhebung mit vorab formulierten Fragen oder mit Erzählungen; entweder ist die Beobachtung vorstrukturiert oder offen und teilnehmend. Die Analyse der Daten kann entweder an (gegebenenfalls vorab formulierten) Kategorien oder an der Entwicklung des Textes (der Erzählung oder der Interaktion) orientiert sein (vgl. Kapitel 5 und 6).

Kasten 7.17: **Entscheidung Qual-7: Methoden**
Entscheidungen des Forschers beziehen sich auf der Ebene der Daten (Bericht oder Beobachtung) und auf die Offenheit bzw. Vorstrukturierung der Datenerhebung und -analyse. Neben der Fragestellung und den Besonderheiten des Feldes sollten dabei die Zielsetzung der Studie und die zur Verfügung stehenden Ressourcen (v. a. die Zeit und die eigene Erfahrung mit den Methoden) die Bezugspunkte für die konkreten Entscheidungen darstellen.

Grad an Standardisierung und Kontrolle

Qualitative Forschung misst in der Regel der Standardisierung von Vorgehensweisen wenig Bedeutung bei. Dennoch unterscheiden Miles und Huberman (1994, S. 16 ff.) hier zwischen straffen und lockeren Forschungsdesigns. Letztere sind durch eher weit gefasste Begriffe und zunächst wenig festgelegte methodische Vorgehensweisen gekennzeichnet. Dies ist nach Miles und Huberman sinnvoll, wenn die theoretischen Konstrukte und Begriffe noch relativ wenig entwickelt sind, wenn neue Felder erforscht werden und wenn der Forscher genügend Erfahrung mit (qualitativer) Forschung in unterschiedlichen Feldern hat. Straffe Forschungsdesigns kennzeichnen dagegen eng begrenzte Fragestellungen und stark festgelegte Auswahlverfahren. Die Offenheit gegenüber dem untersuchten Feld und dem empirischen Material bleibt eher begrenzt. Dieses Vorgehen ist zu empfehlen, wenn die Forschung von eng umgrenzten Konstrukten ausgeht und wenn sie sich auf die Untersuchung bestimmter Zusammenhänge in vertrauten Kontexten beschränkt.

Kasten 7.18: **Entscheidung Qual-8: Standardisierung und Kontrolle**
Entscheidungen des Forschers in Bezug auf die Standardisierung in der qualitativen Forschung richten sich darauf, inwieweit Kontextbedingungen, unter denen die zu vergleichenden Unterschiede zwischen zwei Vergleichsgruppen auftreten, konstant gehalten werden sollen. Wie viel Kontrolle bzw. Vergleichbarkeit der Bedingungen, unter denen beispielsweise die verschiedenen Interviews in einer Studie durchgeführt werden, sollte realisiert werden?

Generalisierung

Qualitative Forschung kann als Ziel eine detaillierte Analyse eines Falls in möglichst vielen Facetten, den Vergleich oder die Entwicklung einer Typologie verschiedener Fälle, Situationen, Personen etc. verfolgen. In der qualitativen Forschung ist zwischen *numerischer* und *theoretischer* Generalisierung zu unterscheiden. Hier wird nur in wenigen Studien der Anspruch erhoben, im Sinne der numerischen Generalisierung von den untersuchten Fällen auf eine bestimmte Population zu schließen. Interessanter ist die Frage, welche theoretische Generalisierbarkeit die gefundenen Ergebnisse ermöglichen. Dabei spielt weniger die Zahl der untersuchten Personen oder Situationen als die Unterschiedlichkeit der einbezogenen Fälle (maximale Variation) oder die theoretische Reichweite der durchgeführten Fallinterpretationen eine Rolle. Für die Entwicklung einer qualitativen Typologie (vgl. Kapitel 6) sind nicht nur eine gezielte Fallauswahl, sondern auch die Einbeziehung von Gegenbeispielen und die Verwendung von Fallkontrastierungen zusätzlich zu Fallvergleichen notwendig. Theoriebildung als Form der Generalisierung kann sich auf den untersuchten Gegenstandsbereich beziehen (eine Theorie des Vertrauens in Beratungsbeziehungen) oder allgemeiner konzipiert werden (eine Theorie des Vertrauens in unterschiedlichen Kontexten).

Kasten 7.19: Entscheidung Qual-9: Generalisierung
Die Entscheidung für ein Generalisierungsziel (etwa eine Typologie oder eine Theorie zu entwickeln) hat Folgen für die Planung der Untersuchung und insbesondere für die Auswahl von Fällen. Diese Entscheidung sollte neben den Zielen der Untersuchung insgesamt vor allem von den Möglichkeiten im untersuchten Feld bestimmt sein und der Situation der potenziellen Teilnehmer Rechnung tragen. Generell stellt sich hier die Frage, ob die angestrebte Generalisierung zum Thema, zur Studie und zum Untersuchungsfeld passt.

Darstellung

Schließlich ist zu berücksichtigen, welche Ziele der Darstellung mit einer empirischen Studie verbunden sind: Ist das empirische Material die Grundlage für das Schreiben eines Essays oder einer eher erzählenden Darstellung und erhält dabei eher illustrative Funktionen? Oder geht es darum, eine systematisierende Aufbereitung der Variation in den untersuchten Fällen zu liefern? Bei Bachelorarbeiten ist zu berücksichtigen, welche Standards und Kriterien bei ihrer Bewertung zugrunde liegen. Generell stellt sich hier die Frage, wie das Verhältnis von konkreten Aussagen und Belegen einerseits und allgemeinen, weiter- oder zusammenführenden Interpretationen andererseits gestaltet werden soll, sodass die Schlüsse überzeugend belegt sind und sich die Darstellung nicht in Details verliert (vgl. Kapitel 9).

Kasten 7.20: Entscheidung Qual-10: Darstellung
Entscheidungen des Forschers bestimmen letztlich, wieweit seine Ergebnisse und der Weg, der ihn dahin geführt hat, nachvollziehbar und transparent werden und den jeweiligen Leser überzeugen können.

Zusammenfassung

In der qualitativen Forschung lässt sich das Vorgehen ebenfalls als eine Serie von Entscheidungen beschreiben, über die bestimmte Aspekte des Untersuchten in den Vordergrund gerückt, andere dagegen ausgeschlossen werden (vgl. Flick 1995b). Hier ist die Frage, wieweit die einzelnen Entscheidungen am untersuchten Gegenstand und Feld sowie an der Offenheit beiden gegenüber orientiert sind und welche Engführungen durch eine spezifische theoretische oder methodische Festlegung entstehen. Dass eine solche Festlegung erfolgen muss, ist für qualitative und für quantitative Forschung unumgänglich. Jedoch sollte der Forscher sich jeweils der Konsequenzen der getroffenen Entscheidungen bewusst sein.

Die auf die bislang in diesem Kapitel behandelten Punkte bezogenen Entscheidungen (vgl. Tabelle 7.1) bestimmen die konkrete Untersuchung in zweifacher Hinsicht: Darin realisiert der Forscher seine Auswahl aus vorhandenen methodischen Alternativen, und damit bestimmt er schließlich, was Gegenstand seiner Studie wird und wie. Diese Entscheidungen (vgl. Abbildung 7.1) fließen ein in die Gestaltung des Forschungsdesigns und in die schrittweise Realisierung des Forschungsprozesses.

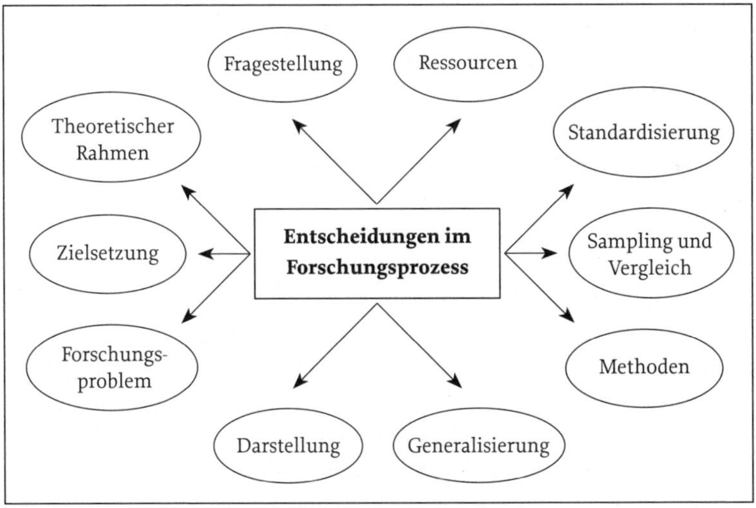

Abbildung 7.1: Entscheidungen im Forschungsprozess

Entscheidung zwischen qualitativer und standardisierter Forschung

Ob in der konkreten Studie eher ein qualitatives oder eher ein quantitatives Vorgehen geeigneter ist, macht sich im Wesentlichen an den Punkten fest, die für beide Ansätze gerade behandelt wurden. Die Diskussion über qualitative und quantitative Forschung (vgl. Kapitel 8) war lange Zeit von eher grundsätzlichen Festlegungen und Unvereinbarkeiten bestimmt und ist es gelegentlich noch immer. Wie im Verlauf des Kapitels deutlich geworden sein sollte, hat jede methodische Entscheidung in der quantitativen wie auch in der qualitativen Forschung Konsequenzen dafür, was konkret vom untersuchten Gegenstand Bestandteil der Daten und allgemeiner der Untersuchung werden kann.

Vor diesem Hintergrund sollten folgende Ansatzpunkte die Grundlage für eine Entscheidung zwischen qualitativer und quantitativer Forschung in der Realisierung eines empirischen Projekts bilden:

- Der untersuchte Gegenstand und seine Eigenschaften sind der zentrale Bezugspunkt für diese Entscheidung.
- Theoretische Annäherungen an diesen haben Implikationen für die Auswahl methodischer Herangehensweisen.
- Dabei wird die konkrete Fragestellung eine wesentliche Rolle spielen, aus der sich ergibt, wie der Gegenstand konzeptuell eingegrenzt und empirisch erfasst werden soll.
- Methodische Entscheidungen zwischen qualitativen und quantitativen Verfahren und Designs sollten sich aus den gerade genannten Bezugspunkten ableiten und nicht aus der Gewissheit, nur die eine oder die andere Variante der Sozialforschung sei wissenschaftlich vertretbar oder ernst zu nehmen.
- Ein zentraler Bezugspunkt sollten dabei die verfügbaren Ressourcen sein, wobei für die Entscheidung zwischen qualitativer und quantitativer Forschung die Zeit nicht unbedingt ein verlässliches Kriterium darstellt. Eine qualitative Analyse konsequent und sorgfältig durchzuführen dauert in der Regel ebenso lang wie eine quantitative Studie. Erfahrungsgemäß ist im ersten Fall die Auswertung der zeitraubende Teil, während die Vorbereitung der Datenerhebung im

zweiten Fall wesentlich zeitaufwendiger ist. Jedoch sollte in beiden Fällen berücksichtigt werden, dass methodische Vorkenntnisse und Kompetenzen jeweils eine zentrale Ressource darstellen.

Insgesamt betrachtet sollte die ntscheidung zwischen qualitativer und quantitativer Methodik von den erkenntnisleitenden Forschungsinteressen und den Eigenschaften des zu untersuchenden Gegenstands und Feldes bestimmt werden und weniger von unverrückbaren methodischen Präferenzen. Wo die Entscheidung nicht eindeutig getroffen werden kann, ist gegebenenfalls eine Kombination beider Strategien zu überlegen.

Entscheidung	**Quantitative Studie**	**Qualitative Studie**
Forschungsproblem	Ausreichendes Vorwissen? Genügend Teilnehmer erreichbar?	Was ist neu am Problem? Genügend Teilnehmer erreichbar?
Zielsetzung	Untersuchungstyp? Forschungsinteresse? Forschungsstand?	Erkenntnisinteressen und praktische Ziele?
Theoretischer Rahmen	Modell als Grundlage der Operationalisierung?	Eingenommene Forschungsperspektive?
Fragestellung	Erkenntnisförderlich für die Bearbeitung des Forschungsproblems?	Eingrenzung der Fragestellung?
Ressourcen	Methodische Ansprüche im Verhältnis zu Geld, Zeit etc.?	Können die erhobenen Daten im Zeitrahmen auch analysiert werden?
Sampling und Vergleich	Angemessenheit der Stichprobenziehung: Werden Zielgruppen ausreichend berücksichtigt?	Unterschiedlichkeit der Phänomene in der Auswahl?
Methoden	Eigene oder vorhandene Methoden? Neue oder existierende Daten?	Offenheit und Vorstrukturierung der Daten durch die Methoden?

Entscheidung	Quantitative Studie	Qualitative Studie
Standardisierung und Kontrolle	Grenzen der Standardisierung im Feld?	Vergleichbarkeit der Unterschiede in Gruppen bzw. Feldern?
Generalisierung	Wie weitreichend soll generalisiert werden?	Wie weitreichend kann generalisiert werden?
Darstellung	Verdichtung auf wesentliche Aspekte?	Nachvollziehbarkeit und Transparenz des Vorgehens?

Tabelle 7.1: Entscheidungen bei quantitativer und qualitativer Forschung

Entscheidung für bestimmte Forschungsansätze

Lehrbücher über empirische Forschung bieten generell viel zu selten eine Hilfestellung für die Entscheidung, wann eine bestimmte Methode für eine Untersuchung ausgewählt werden sollte. Die meisten Bücher behandeln die einzelnen Methoden oder Forschungsdesigns separat, wenn sie ihre Eigenschaften und Probleme beschreiben. Häufig gelangen sie nicht zu einer vergleichenden Darstellung verschiedener methodischer Alternativen oder zur Formulierung von Ansatzpunkten dafür, wie eine spezielle (und nicht eine andere) Methode für einen Forschungsgegenstand ausgewählt werden sollte. Entsprechend erscheint es für qualitative wie auch für quantitative Forschung notwendig, die Frage der Indikation weiter zu klären (vgl. hierzu ausführlicher für den Bereich der qualitativen Forschung Flick 2007a, Kapitel 29).

In Medizin oder Psychotherapie wird die Angemessenheit einer spezifischen Behandlung für bestimmte Probleme und Patientengruppen – die Indikation (der Behandlung) – geprüft. Die Antwort auf diese Frage lautet, ob eine spezifische Behandlung angemessen (indiziert) für ein bestimmtes Problem im konkreten Fall ist oder nicht. Überträgt man diese Prüfung auf empirische Forschung, lauten die relevanten Fragen: Wann sind welche qualitativen Methoden angemessen – für welchen

Gegenstand? Für welche Fragestellung? Für welche Untersuchungsgruppe (Population) oder welches Untersuchungsfeld etc.? Wann sind quantitative Methoden oder eine Kombination von quantitativen und qualitativen Methoden indiziert (vgl. Tabelle 7.2)?

Psychotherapie und Medizin		**Empirische Forschung**	
Welche Krankheit	welche	Welcher Gegenstand	welche
Welche Symptomatik	Behand-	Welche Population	Methode
Welche Diagnose indizieren	lung	Welche Fragestellung indizieren	bzw.
Welche Personengruppe	bzw.	Welcher Kenntnisstand	welche
	Therapie?	über Gegenstand und	Methoden?
		Population	
1. Wann ist welche Methode geeignet und verwendbar? 2. Wann ist welche Kombination von Methoden geeignet und verwendbar? 3. Gibt es Anhaltspunkte für eine begründete Entscheidung für oder gegen bestimmte Methoden?			

Tabelle 7.2: Indikation von Forschungsmethoden

Die Beantwortung solcher Fragen kann einen Anhaltspunkt geben, welche Methode(n) für eine bestimmte Fragestellung angesichts des vorliegenden Kenntnisstands und der zu untersuchenden Zielgruppe bzw. -kontexte geeignet bzw. geeigneter und zu wählen sind.

Leitfaden für die Auswahl eines konkreten Vorgehens

Bei der Auswahl konkreter Vorgehensweisen lassen sich folgende Orientierungspunkte angeben:

Kasten 7.21: **Leitfaden für die Auswahl eines konkreten Vorgehens**

1. Inwieweit passt das methodische Vorgehen zu den Zielen und zu den theoretischen Ausgangspunkten der Studie?
2. Passen die Methoden der Datenerhebung mit denen der Auswertung zusammen?
3. Entsprechen die Daten und ihr Skalenniveau den damit durchgeführten Berechnungen?
4. Sind die Auswertungsmethoden bei qualitativen Daten dem Niveau der Datenerhebung angepasst? Oder werden komplexe und detaillierte Erzählungen auf wenige vorab definierte Kategorien reduziert?
5. Welche Konsequenzen haben die gewählten methodischen Vorgehensweisen (von der Auswahl bis zur Erhebung und Analyse) auf den Gegenstand der Untersuchung bzw. was davon erfassbar wird?
6. Ist die Entscheidung für bestimmte Vorgehensweisen im untersuchten Gegenstand und Feld begründet oder in methodischen Präferenzen des Forschers?
7. Wurde die Indikation des Vorgehens entsprechend geprüft?

Solche Fragen sind für die Planung eigener Studien ebenso relevant wie für die Einschätzung vorliegender Studien anderer Forscher.

Kernpunkte

– Bei der Durchführung von Sozialforschung steht der Forscher bei jedem der in Kapitel 4 schon kurz behandelten Schritte vor Entscheidungen über das konkrete Vorgehen und die Alternativen, die sich jeweils bieten.
– Dies gilt für quantitative und qualitative Forschung gleichermaßen, auch wenn die Alternativen jeweils andere sind.
– Die Entscheidungen bedingen sich jeweils – die Art der Datenerhebung sollte bei der Entscheidung für die Art der Datenauswahl berücksichtigt werden.
– Ziele der Forschung – wen will man mit den Ergebnissen erreichen und gegebenenfalls überzeugen – und Rahmenbedingungen wie Ressourcen und Eigenschaften der untersuchten Personengruppen bzw. Felder spielen dabei ebenfalls eine Rolle.

- Die Entscheidungen innerhalb eines Ansatzes wie auch zwischen qualitativer und quantitativer Forschung sollten vom Gegenstand der Studie und von den Ressourcen des Forschers bestimmt werden.
- Die Indikation von Forschungsmethoden zu klären ist dabei ein Ansatzpunkt für die hier beschriebenen Entscheidungen.

Weiterführende Literatur

Diekmann, A. (2007). Empirische Sozialforschung (17. Auflage). Reinbek bei Hamburg: Rowohlt.

Flick, U. (2007a). Qualitative Sozialforschung – Eine Einführung. Reinbek bei Hamburg: Rowohlt (Kap. 9).

Miles, M.B. & Huberman, A.M. (1994). Qualitative Data Analysis – An Expanded Sourcebook (2. Auflage). Thousand Oaks, London, New Dehli: Sage.

Neuman, W.L. (2000). Social Research Methods – Qualitative and Quantitative Approaches (4. Auflage). Boston: Alley and Bacon.

8 Integrierte Sozialforschung – Grenzen und Kombination verschiedener Vorgehensweisen

Ziele: Nachdem Sie dieses Kapitel gelesen haben, sollten Sie

- einige Grenzen der Sozialforschung und einzelner methodischer Ansätze kennen,
- einschätzen können, welches Potenzial in der Verbindung verschiedener Vorgehensweisen im Forschungsprozess steckt,
- verstanden haben, was Triangulation und Mixed-Methods-Ansätze kennzeichnet und unterscheidet,
- wissen, dass ein integriertes Vorgehen in der Sozialforschung am Gegenstand und an den Bedingungen der konkreten Untersuchung ausgerichtet sein sollte und
- sehen, dass sich eine Kombination von Verfahren vor allem dann lohnt, wenn sie Daten auf unterschiedlichen Ebenen erhebt oder analysiert.

Auch wenn die Bedeutung von Sozialforschung, der Daten und Ergebnisse, die sie liefert, zunimmt, sollte nicht aus den Augen verloren werden, dass sie auch an Grenzen stößt. Nicht alles ist erforschbar – aus ethischen (vgl. Kapitel 11), aus methodischen und manchmal auch aus praktischen Gründen. Solche Grenzen werden in Bezug auf Sozialforschung insgesamt relevant, konkreter werden sie jedoch, wenn man sie mit Blick auf einzelne Ansätze darin betrachtet. Im Folgenden soll deutlich werden, was Forschung und insbesondere deren einzelne Richtungen nicht leisten können, aber auch, wie man diese Grenzen überschreiten kann und welche Möglichkeiten Sozialforschung trotzdem bietet.

Grenzen quantitativer Forschung

Für einige der wichtigsten standardisierten Methoden werden im Folgenden verschiedene Probleme und Grenzen kurz behandelt.

Grenzen der Repräsentativität

Die Repräsentativität von Untersuchungen soll über die Ziehung von Stichproben realisiert werden, am konsequentesten mit einer Zufallsstichprobe. In vielen Fällen kommt es jedoch zu Verzerrungen der geplanten Auswahl, da potenzielle Teilnehmer nicht erreichbar sind, etwa weil sie mittlerweile verzogen oder verstorben sind oder weil sie sich weigern, an der Untersuchung teilzunehmen. Gerade die Zunahme der telefonischen Umfragen im Rahmen der Marktforschung kann zu einer wachsenden Forschungsmüdigkeit und -resistenz beitragen. Und Konjunkturen bestimmter Themen und Felder in der Forschung(-sförderung) können zu einer zeitweiligen Überforschung relevanter Institutionen oder Zielgruppen führen. Diese Ausfälle können eine Einschränkung der Repräsentativität, zumindest einen deutlichen Mehraufwand bei deren Realisierung zur Folge haben.

Grenzen standardisierter Befragungen

Standardisierte Befragungen sollen eigentlich – im Gegensatz zu offenen Interviews – eine von der Situation der Befragung und der Person des Interviewers unabhängige Sicht auf die behandelten Themen erfassen. Darauf zielen sowohl die Erhebung mit Fragebogen ab, die der Untersuchungsteilnehmer selbst ausfüllt, als auch die standardisierte

Befragung mittels eines Fragenkatalogs durch Interviewer. Gerade bei Letzterem wird jedoch immer wieder (etwa bei Bryman 2004, S. 126 f.) diskutiert, welche Effekte die Eigenschaften des Interviewers (Geschlecht, Alter, Status, Auftreten ...) auf die Beantwortung der Fragen haben. Weiterhin können Antworttendenzen einzelner Befragter einen Einfluss haben wie die soziale Erwünschtheit (Welche Antwort wird von mir erwartet? Welche Meinung äußert man besser nicht?) oder konsequent ablehnende oder durchgehend zustimmende Antworten zu allen Fragen in einem Themenbereich. Schließlich stellt sich die Frage der Bedeutungen, die der einzelne Befragte mit bestimmten Begriffen, Fragen, bzw. Antworten verbindet – kann man davon ausgehen, dass jeder, der bei einer Frage «stimme vollständig zu» ankreuzt, diese genauso verstanden hat wie alle anderen, die so geantwortet haben, und dass diese Antwort für dasselbe steht? Oder dass Befragter und Interviewer mit den Worten in der Frage dieselbe Bedeutung verbinden? Beides ist eigentlich die Voraussetzung für die Zusammenfassung aller gleichlautenden Antworten in einer Kategorie.

Grenzen strukturierter Beobachtung

Bei strukturierter Beobachtung (mit einem Beobachtungsleitfaden oder einem Beobachtungsschema mit vorgegebenen Kategorien) werden als Grenzen diskutiert, ob das Instrument dem beobachteten Setting einen unangemessenen oder irrelevanten Rahmen überstülpt. Ein weiteres Problem ist, dass nur Verhalten, aber nicht die zugrunde liegende Absicht und generell nur eine Vielzahl von Aspekten erfasst wird, wobei deren Kontext zu kurz kommt (Bryman 2004, S. 177).

Grenzen quantitativer Inhaltsanalysen

Inhaltsanalysen sind immer nur so gut wie die Dokumente, die damit bearbeitet werden. Es ist kaum möglich, ein Kategoriensystem zu entwickeln, das bei der Anwendung ohne Interpretationsspielräume des einzelnen Kodierers funktioniert. Zugrunde liegende (latente) Inhalte und Bedeutungen werden dabei kaum erfasst, die Analyse bleibt in der

Regel auf der Ebene der manifesten Inhalte. Ebenso ist die Herausarbeitung von Gründen für bestimmte Aussagen mit dieser Methode schwierig. Schließlich wird der fehlende theoretische Bezug quantitativer Inhaltsanalysen kritisiert (vgl. hierzu Bryman 2004, S. 197).

Grenzen der Analyse von Sekundärdaten

Die Analyse von Sekundärdaten (statistischen oder diagnostischen Routinedaten) hat Grenzen. Forscher sind häufig nur teilweise vertraut mit den Daten. Sie können auch von der Komplexität der Daten (ihrem Umfang, der internen Struktur etc.) überfordert sein. Außerdem haben sie wenig Kontrolle über die Qualität der Daten (Wie genau wurde die Statistik geführt, wer hat eine Fehlerkontrolle bzw. Datenbereinigung durchgeführt und wie?). Bisweilen fehlen für die eigene Fragestellung entscheidende Angaben bzw. Werte (vgl. Bryman 2004, S. 204). Zudem ist ein Rückgriff auf die Rohdaten häufig nicht möglich, sondern die Daten sind nur in schon aggregierter Form (Zusammenfassung, Berechnungen, Verteilungen) zugänglich. Bei der Verwendung offizieller Statistiken bleibt weiterhin zu klären, ob die bei der Erstellung verwendeten Kategorien nicht nur genauso heißen wie die des Forschers in seiner Analyse, sondern auch in gleicher Weise definiert bzw. verwendet wurden. Hier stellt sich die Frage, welche Fehler in den verwendeten Daten enthalten sind, wie genau und wie kompatibel die verwendeten Datensätze und die Auswertung des Forschers in ihrer Passung sind.

Grenzen standardisierter Forschung

Standardisierte Forschung hat zwar den Vorteil, große Fallzahlen mit einer überschaubar strukturierten Datenbasis zu erfassen und in der Regel auch repräsentative Ergebnisse zu liefern. Der Preis dafür ist, dass die Datenerhebung und -analyse vorab stark strukturiert und fokussiert werden muss. Die Spielräume für neue Aspekte, für spezifische Erfahrungsweisen der Teilnehmer und für die Berücksichtigung konkreter Kontexte bleiben in der Datenerhebung dadurch sehr begrenzt. Die Daten, die dann für die Analyse zur Verfügung stehen, sind durch die Art, wie sie erhoben wurden, schon weitgehend reduziert (z. B. auf fünf Antwortmöglichkeiten) und formatiert. Dies vereinfacht die Handhabung der Analyse bei großen Datensätzen und vielen Teilnehmern, schränkt jedoch die Reichhaltigkeit der (Kontext-)Informationen weitgehend ein. Subjektive Sichtweisen, die quer zu den Erwartungen der Forscher liegen, sind dabei ebenso wenig zu berücksichtigen wie die spezifische Situation besonderer (auch sehr kleiner) Rand- oder Teilgruppen. Je nach Fragestellung und Zielsetzung der konkreten Studie stellt dies eine Begrenzung des (mit standardisierten Methoden) Erforschbaren dar. Häufig ist qualitative, nicht standardisierte Forschung ein Weg, diese Grenzen zu überwinden.

Grenzen qualitativer Forschung

Aber auch qualitative Forschung hat ihre Grenzen. Für einige nicht standardisierte Methoden werden verschiedene Probleme im Folgenden kurz behandelt.

Grenzen des theoretischen Sampling

Bei dieser Strategie wird die Auswahl des Materials maximal an die bestehenden Erkenntnislücken angepasst; denn weitere Fälle werden danach ausgewählt, was die Analyse bislang noch nicht an Forschungsfragen beantwortet. Das Problem dabei ist, dass der Einstieg in die und das Ende der Auswahl nicht vorab festzulegen und zu planen sind. Wenn diese Strategie nicht mit großer Sensibilität, Erfahrung und Flexibilität angewendet werden kann, werden die Reichweite des analysierten Materials und die Verallgemeinerbarkeit der Ergebnisse eher begrenzt bleiben.

Grenzen des Interviewens

Wenn vorbereitete Fragen im Zentrum des Interviews stehen, ist auch hier die Gefahr, dass sie an den für den Interviewpartner wesentlichen Punkten vorbeizielen, was hier allerdings eher zum Thema und damit behoben werden kann. Interviews können trotz des in der Regel eingesetzten Leitfadens relativ wenig vorhersehbar und vergleichbar durchgeführt werden. Die Flexibilität der Interviewgestaltung erlaubt zwar ein stärkeres Eingehen auf den Untersuchungsteilnehmer, reduziert aber die Vergleichbarkeit der erhaltenen Daten. Erzählungen sind (noch) stärker am Einzelfall in der Datenerhebung orientiert, weshalb der Weg vom einzelnen Interviewpartner zu (im theoretischen Sinn) verallgemeinerten Aussagen ein weiter ist. Die Qualität der erhaltenen Daten hängt stark vom ‹Erfolg› des Interviewers in der Befragungssituation ab – ob es ihm gelingt, zwischen den Darstellungen des Teilnehmers und den Fragen zu vermitteln bzw. Erzählungen anzustoßen, die für das Thema der Studie relevante Aspekte enthalten. In jedem Fall werden sich die Daten auf Berichte *über* ein Geschehen oder eine Handlung beschränken und keinen *direkten* Zugang dazu ermöglichen.

Grenzen teilnehmender Beobachtung

Die Stärke teilnehmender Beobachtung ist, dass der Beobachter tatsächlich im Geschehen ist und aus seiner Teilnahme Einblicke in die Innenperspektive des Settings, der Szene gewinnt. Wie anderen Formen der Beobachtung auch wird ihr allerdings nur das zugänglich, was im Zeitraum der Teilnahme bzw. der Beobachtung passiert. Was davor oder außerhalb abläuft oder über konkrete Situationen hinausgeht, bleibt verschlossen oder kann nur in mehr oder minder formalen Gesprächen erfasst werden. Die Nähe zum Untersuchten ist gleichzeitig Stärke und Problem der Methode: In vielen Berichten wird deutlich (vgl. z. B. Sprenger 1989), wie die Situation den Forscher überrollt, überfordert und die Distanz des Beobachters dabei verlorenzugehen droht. Gleichzeitig stellt sich die Frage der Auswahl von relevanten Situationen und des Zugangs zu ihnen: Inwieweit geben die beobachteten Ausschnitte einen relevanten und möglichst erschöpfenden Einblick in das untersuchte Feld bzw. in den Forschungsgegenstand und seine Rolle darin?

Grenzen qualitativer Inhaltsanalyse

Qualitative Inhaltsanalyse will zwei Ziele realisieren: eine (im Vergleich zu ihrem quantitativen Pendant) stärkere Berücksichtigung von Kontext und Bedeutung von zu analysierendem Text und eine (gegenüber hermeneutischen Verfahren) deutlicher regelgeleitete und pragmatische Analyse von Material zu ermöglichen. Häufig erweist sich jedoch die Umsetzung der dabei formulierten Regeln als mindestens ähnlich aufwendig wie andere Methoden. Die notwendige Interpretation bei der Klassifikation von Material relativiert die versprochene Eindeutigkeit des Verfahrens wieder. Die schnelle Kategorisierung mit von außen herangetragenen, theoretisch begründeten Kategorien lenkt möglicherweise den Blick eher auf den Inhalt des Textes, als dass sie seine Bedeutung und (Un-)Tiefen auslotet. Interpretation des Textes im Sinne der meisten anderen Auswertungsverfahren wird eher schematisch durch die explikative Inhaltsanalyse realisiert. Ein weiteres Problem liegt in der Verwendung von Paraphrasen, die nicht zur Erklärung des Ursprungstextes eingesetzt werden, sondern – vor allem bei der zusammenfassenden Inhaltsanalyse – an dessen Stelle treten.

Grenzen qualitativer Dokumentenanalyse

Dokumente haben den Vorteil, dass sie in der Regel schon vorliegen, weil sie zu anderen als Forschungszwecken erstellt wurden. Institutionen produzieren Akten, Vermerke, Verlautbarungen, die für Forschungszwecke genutzt werden können. Ähnlich wie bei Sekundäranalysen stellt sich hier jedoch das Problem, dass der Forscher die Qualität der Daten(-erstellung) nicht beeinflussen kann, dass die Dokumente andere Schwerpunkte und Inhalte haben (können), als er für seine Fragestellungen benötigt, und dass sie gegebenenfalls zu wenig systematisch erstellt werden, um einen Vergleich über verschiedene Institutionen hinweg zu ermöglichen. Nicht zuletzt ergeben sich Fragen der Zugänglichkeit von (bestimmten) Dokumenten.

Grenzen nicht standardisierter Forschung

Auch qualitative Forschung hat ihre Grenzen im Zugang zu untersuchten Phänomenen. Zwar kann sie dem Geschehen im Feld, den subjektiven Sichtweisen und den Zusammenhängen in den Daten besser gerecht werden, weil sie ihnen mehr Spielraum lässt, Strukturierungen weniger und später vornimmt und sich insgesamt offener dem zu Untersuchenden nähert als standardisierte Forschung. Die Vorteile dabei sind ein Gewinn an Genauigkeit und mehr Details, allerdings nicht selten auf Kosten der Vergleichbarkeit. Umfassendere Beschreibungen von Ausschnitten verstellen bisweilen den Überblick über das Große und Ganze, und mehr Flexibilität kann die Einheitlichkeit der Datensätze reduzieren. Schließlich dringt sie in vielen Fällen stärker als standardisierte Forschung in die Lebenswelt und die Privatsphäre der Teilnehmer ein – wenn eine Krankheit eine belastende Situation im eigenen Leben geschaffen hat, ist es manchmal leichter, ein paar Fragen in einem Fragebogen zu beantworten, als den gesamten Prozess der Erkrankung in einem narrativen Interview zu erzählen und zu reflektieren.

Insgesamt betrachtet sollten die hier exemplarisch behandelten Probleme einzelner Methoden zeigen, dass qualitative wie auch standardisierte Forschung ihre Grenzen hat.

Kombinationen verschiedener Vorgehensweisen

Am Ende des vorangegangenen Kapitels stand die Entscheidung zwischen qualitativer und quantitativer Forschung bzw. für bestimmte Vorgehensweisen im Vordergrund. Dabei sollte deutlich geworden sein, dass für diese Entscheidung das Forschungsproblem und die konkreten Umstände seiner Untersuchung der Bezugspunkt sind. Bei vielen Forschungsproblemen wird man jedoch feststellen, dass mit der genannten Entscheidung in jedem Fall eine Reduzierung der Perspektive auf den untersuchten Gegenstand verbunden ist. Bei entsprechender Fragestellung ist das auch sinnvoll. Die Zahl der Forschungsprobleme, bei denen eine Kombination qualitativer und quantitativer Zugänge und damit von verschiedenen Perspektiven auf das Untersuchte notwendig ist, nimmt jedoch zu. Aus diesem Grund sollen in diesem Kapitel Ansätze der Verbindung beider Zugänge, aber auch der Verbindung von Methoden innerhalb der beiden Richtungen vorgestellt werden. Bryman (1988, Kapitel 6, und 1992, S. 59–61) identifiziert elf Varianten der Kombination quantitativer und qualitativer Forschung.

(1) Die Logik der Triangulation in der Überprüfung etwa qualitativer durch quantitative Ergebnisse
(2) Qualitative kann quantitative Forschung unterstützen
(3) Quantitative kann qualitative Forschung unterstützen
(4) Herstellung eines allgemeiner gehaltenen Bildes des untersuchten Gegenstandes
(5) Erfassung struktureller Aspekte durch quantitative und von Prozessaspekten durch qualitative Zugänge
(6) Die Perspektive des Forschers ist die treibende Kraft in quantitativen Zugängen, während qualitative Forschung die Sicht der Subjektive in den Vordergrund stellt
(7) Generalisierung qualitativer Forschung durch die Hinzuziehung von quantitativen Erkenntnissen
(8) Qualitative Erkenntnisse können die Interpretation von Zusammenhängen zwischen Variablen quantitativer Datensätze erleichtern
(9) Klärung der Beziehung zwischen Mikro- und Makroebene in einem Gegenstandsbereich durch die Kombination qualitativer und quantitativer Forschung
(10) Einsatz qualitativer und quantitativer Forschung in verschiedenen Phasen des Forschungsprozesses
(11) Hybridformen – etwa die Verwendung qualitativer Forschung in quasiexperimentellen Designs

Insgesamt enthält diese Übersicht ein breites Spektrum von Alternativen. Dabei sind die Varianten 5, 6 und 7 davon bestimmt, dass qualitative Forschung andere Aspekte als quantitative Forschung erfasst und deren Kombination sich in dieser Unterschiedlichkeit begründet. Kaum eine Rolle in den genannten Varianten spielen theoretische Überlegungen, der gesamte Ansatz von Bryman ist stark der Forschungspragmatik verpflichtet, und die Triangulation wird nach heutigem Stand zu sehr an die Überprüfung der Ergebnisse gekoppelt.

Triangulation

Seit den 1970er Jahren wird die Kombination von verschiedenen Zugängen zu einem Forschungsthema mit dem Begriff Triangulation diskutiert (vgl. Flick 2008a, c für Überblicke über Geschichte und Anwendungen des Konzepts).

Konzeptionen der Triangulation

Triangulation bezeichnet in den Sozialwissenschaften vereinfacht ausgedrückt, dass ein Forschungsgegenstand von (mindestens) zwei Punkten aus betrachtet wird. In der Regel wird die Analyse von zwei und mehr Punkten durch die Verwendung verschiedener methodischer Zugänge realisiert. Als Strategie der Geltungsbegründung bei Vorgehensweisen und Ergebnissen empirischer Sozialforschung (vgl. Kapitel 10) findet Triangulation in jüngeren Publikationen zu qualitativen Methoden besondere Beachtung. Breitere Aufmerksamkeit findet die Konzeption von Denzin (1970/1989), der Triangulation ursprünglich als eine Strategie der Validierung versteht, dies aber später erweitert. Denzin unterscheidet vier Formen:

- Die Kombination verschiedener Datenquellen («Data Triangulation»), die zu verschiedenen Zeitpunkten, an unterschiedlichen Orten und an verschiedenen Personen erhoben werden.
- «Investigator Triangulation» kennzeichnet den Einsatz verschiedener Beobachter bzw. Interviewer, um die subjektive Verzerrung durch den Einzelnen auszugleichen.
- «Theorien-Triangulation» meint die Annäherung an den Forschungsgegenstand, «ausgehend von verschiedenen Perspektiven und Hypothesen» (1970, S. 297).
- Zentrales Konzept ist die «methodologische Triangulation» innerhalb einer Methode («within-method») und von verschiedenen Methoden («between-methods»): «Zusammengefasst beinhaltet methodologische Triangulation einen komplexen Prozess des Gegeneinanderausspielens jeder Methode gegen die andere, um die Validität von Feldforschungen zu maximieren» (1970, S. 304).

Aus diesen Formen lässt sich die in Kasten 8.1 wiedergegebene Definition der Triangulation ableiten (vgl. Flick 2008a, S. 12).

Kasten 8.1: **Definition der Triangulation**
Triangulation beinhaltet die Einnahme unterschiedlicher Perspektiven auf einen untersuchten Gegenstand oder allgemeiner: bei der Beantwortung von Forschungsfragen. Diese Perspektiven können in unterschiedlichen Methoden, die angewendet werden, und/oder unterschiedlichen gewählten theoretischen Zugängen konkretisiert werden, wobei beides wiederum miteinander in Zusammenhang steht bzw. verknüpft werden sollte. Weiterhin bezieht sie sich auf die Kombination unterschiedlicher Datensorten jeweils vor dem Hintergrund der auf die Daten jeweils eingenommenen theoretischen Perspektiven. Diese sollten so weit wie möglich gleichberechtigt und gleichermaßen konsequent behandelt und umgesetzt werden. Ebenso sollte durch die Triangulation (etwa verschiedener Methoden oder verschiedener Datensorten) ein prinzipieller Erkenntniszuwachs möglich sein, dass also beispielsweise Erkenntnisse auf unterschiedlichen Ebenen gewonnen werden, die damit weiter reichen, als es mit einem Zugang möglich wäre.

Triangulation innerhalb der qualitativen Forschung

Triangulation kann sich auf die Verbindung verschiedener qualitativer Zugänge beziehen. In der schon in Kapitel 2 erwähnten Studie zur Situation obdachloser Jugendlicher mit chronischen Erkrankungen wurden drei methodische Zugänge kombiniert: teilnehmende Beobachtung im Alltag der Jugendlichen, episodische Interviews mit ihnen zu ihren Gesundheitsvorstellungen, Krankheiten und Erfahrungen mit dem Gesundheitssystem sowie Experteninterviews mit Sozialarbeitern und Ärzten zur Versorgungssituation von Jugendlichen in dieser Situation. Damit wird die «between-methods»-Triangulation mit mehreren qualitativen Methoden realisiert, es entstehen verschiedene Datensorten – Antworten und Beobachtungsdaten. Gleichzeitig wird die Triangulation innerhalb einer Methode («within-method») angewendet, da das episodische Interview die beiden Zugänge «Fragen» und «Erzählaufforderung» kombiniert, die zu den verschiedenen Datensorten «Antworten» bzw. «Erzählungen» führen (vgl. Kapitel 5). In beiden Fällen werden gleichzeitig unterschiedliche theoretische Zugänge miteinander verknüpft – ein eher auf Interaktionen und Handlungen in der Gruppe orientierter Zugang in der Beobachtung, ein eher auf erzähltheoretischen Ansätzen basierender in den Interviews mit den Jugendlichen sowie ein auf Expertenwissen als spezifischer Form des Wissens fokussierter in den Experteninterviews.

Triangulation innerhalb der quantitativen Forschung

Triangulation wird analog auch für die Kombination verschiedener quantitativer Zugänge zu einem Thema verwendet – etwa der Einsatz verschiedener Subskalen in einem Fragebogen, die Kombination mehrerer unterschiedlicher Fragebogen oder die Ergänzung von Fragebogen durch standardisierte Beobachtungen.

Triangulation qualitativer und quantitativer Forschung

Schließlich wird damit auch die Verknüpfung qualitativer und quantitativer Forschung bezeichnet. Die Triangulation qualitativer und quantitativer Forschung wird häufig an den erzielten Ergebnissen konkretisiert. Entsprechend widmen sich Kelle und Erzberger (2008) in ihren allgemeinen Ausführungen zur Verbindung qualitativer und quantitativer Forschung vor allem der Verknüpfung beider Forschungsansätze auf der Ebene der gefundenen Ergebnisse. Dabei diskutieren sie drei Möglichkeiten:

1. Ergebnisse können *konvergieren*, d. h. vollständig, generell, tendenziell oder partiell übereinstimmen. Beispielsweise decken sich die Aussagen aus einer repräsentativen Untersuchung mit standardisierten Fragebogen mit den Statements aus Leitfadeninterviews mit einem Teil der Stichprobe der Fragebogen-Untersuchung in einer der genannten Varianten.
2. Ergebnisse können *komplementär* zueinander sein. Dabei liefern die Interviews ergänzende (vertiefende, detaillierende, erklärende, erweiternde etc.) Ergebnisse zusätzlich zu dem, was die Analyse der Fragebogen zeigt.

3. Schließlich können Ergebnisse *divergieren*, das heißt, in den Interviews zeigen sich (vollständig, generell, tendenziell oder partiell) andere Sichtweisen als in den Fragebogen. Dies wäre Anlass für eine weitere theoretische und/oder empirische Klärung der Divergenz und ihrer Gründe.

Bei allen drei Möglichkeiten stellen sich prinzipiell die gleichen Fragen bzw. Probleme: Inwieweit wird jeweils der spezifische theoretische Hintergrund der beiden verwendeten empirischen Zugänge (bei der Erhebung und Auswertung) berücksichtigt? Ergeben sich Divergenzen nicht möglicherweise schon aufgrund des jeweils unterschiedlichen Wirklichkeits- und Gegenstandsverständnisses der beiden qualitativen bzw. quantitativen Zugänge (vgl. Kapitel 3)? Sollten dann zu weitgehende Konvergenzen nicht eher Anlass zur Skepsis als simple Bestätigung des einen durch das andere Ergebnis sein? Schließlich: Inwieweit werden die beiden Zugänge und die damit erzielten Ergebnisse auch jeweils als gleichermaßen relevante und eigenständige Erkenntnisse betrachtet, sodass die Verwendung des Begriffs der Triangulation hier gerechtfertigt ist? Inwieweit wird der eine (oder der andere) Zugang auf eine untergeordnete Rolle ausschließlich zur Plausibilisierung der Ergebnisse des jeweils anderen Zugangs reduziert?

Mixed Methods als aktueller Trend

Der Brückenschlag aus der anderen Richtung – also ausgehend von quantitativer Forschung – erfolgt eher unter dem Stichwort der «Mixed Methods». Dabei geht es vor allem darum, eine pragmatische Verknüpfung von qualitativer und quantitativer Forschung zu ermöglichen, um die erbitterten Auseinandersetzungen und Abgrenzungen (die in den USA unter dem Schlagwort *paradigm wars* geführt wurden – vgl. Lincoln & Guba 1985) zwischen beiden Richtungen zu beenden. Dieser Ansatz wird als eine «dritte methodologische Bewegung» (Tashakkori & Teddlie 2003b, S. ix) verstanden, wobei die quantitativen Methoden als erste, die qualitativen Methoden als zweite Bewegung aufgefasst werden. Die Zielsetzung einer methodologischen Auseinandersetzung mit diesem Ansatz ist die Klärung von Begrifflichkeiten («Nomenklatur»), von Design-

und Anwendungsfragen der Mixed-Methodology-Forschung sowie der Probleme des Schlussfolgerns darin. Unter methodologischem Gesichtspunkt geht es um die «paradigmatische Begründung» für Mixed-Methodology-Forschung. Durch die Verwendung des Paradigma-Begriffs (vgl. Kapitel 3) wird jedoch von zwei geschlossenen Ansätzen ausgegangen, die wiederum differenziert, kombiniert oder jeweils abgelehnt werden können, ohne dass eine Auseinandersetzung mit den konkreten methodologischen Problemen der Verknüpfung realisiert werden muss.

Ansprüche der Mixed Methods

Die Ansprüche an Mixed-Methodology-Forschung sind:

> «Wir haben vorgeschlagen, dass eine Methodologie, die wirklich auf einem Mix von Ansätzen beruht, (a) verschiedene Ansätze in allen Stadien der Untersuchung (d. h. Identifikation des Problems, Datensammlung und -analyse und die Schlussfolgerungen am Ende) einschließt und (b) eine Transformation der Daten und ihrer Analyse durch einen anderen Ansatz beinhaltet» (Tashakkori & Teddlie 2003b, S. xi).

Diese Ansprüche gehen sehr weit, vor allem wenn man die Überführung (Transformation) von Daten und Analysen (qualitative in quantitative und umgekehrt) berücksichtigt.

Mixed-Methods-Designs

Creswell (2003) diskutiert Mixed-Methods-Designs und unterscheidet dabei drei Formen:

Phasen-Designs, in denen qualitative und quantitative Methoden separat nacheinander angewendet werden, in welcher Reihenfolge auch immer. Solche Designs können aus zwei oder mehr Phasen bestehen.

1. Die zweite Form wird als «Dominant/weniger dominant»-Design bezeichnet, die im Wesentlichen einem der Ansätze verpflichtet ist und nur eher marginal den anderen hinzuzieht.
2. Mixed-Methodology-Designs verknüpfen beide Ansätze in allen Phasen des Forschungsprozesses.

Im Kontext des Mixed-Methodologys-Ansatzes von Tashakkori und Teddlie (2003a) schlagen Creswell, Plano Clark, Gutman und Hanson (2003) eine elaborierte Version von Designs der Verbindung qualitativer und Forschung vor. Sie gehen davon aus, dass Mixed-Methods-Designs mittlerweile ein eigenes Design in den Sozialwissenschaften darstellen, wofür sie die folgende Definition verwenden:

«Eine Mixed-Methods Studie umfasst die Datensammlung oder -analyse sowohl qualitativer als auch quantitativer Daten in einer einzelnen Studie, in der die Daten gleichzeitig oder nacheinander erhoben werden, die eine oder andere Priorität bekommen und schließt die Integration der Daten in einer oder mehrerer Phasen im Forschungsprozess ein» (Creswell et al. 2003, S. 212).

Insgesamt betrachtet wird «Mixed Methods» als Schlagwort seit Ende der 1990er Jahre verstärkt aufgegriffen, um die Gegensätzlichkeit qualitativer und quantitativer Forschung zu überwinden. Dabei wird allerdings ein stark pragmatisch-methodischer Zugang gewählt, der einerseits wenig berücksichtigt, dass qualitative Forschung (manchmal stärker als quantitative Ansätze) in ein spezifisches theoretisch-methodologisches Konzept eingebunden ist. Andererseits wird insbesondere durch die Verwendung des Paradigma-Begriffs eine relativ schematische Gegenübersetzung von qualitativer und quantitativer Forschung vorgenommen, die vernachlässigt, dass es sowohl Überschneidungen und Anknüpfungspunkte zwischen beiden Richtungen gibt als auch mehr oder minder ausgeprägte Unterschiede zwischen verschiedenen Ansätzen innerhalb der jeweiligen Richtung: Die Durchführung eines Leitfadeninterviews hat oft mehr mit der Anwendung von Fragebogen gemeinsam als mit der Anwendung einer teilnehmenden Beobachtung oder Ethnographie.

Integrierte Sozialforschung

Einen Schritt weiter als die bislang vorgestellten Konzepte – aber durchaus im Rückgriff auf diese – geht das Konzept einer integrierten Sozialforschung, in die das Spektrum an methodischen Alternativen und Ansätzen in unterschiedlicher Weise einfließt. Damit ist einerseits gemeint, in der Ausbildung die notwendigen Voraussetzungen zu schaffen, um die Verknüpfung verschiedener Ansätze auch realisieren zu können. Dazu sollen die in diesem Buch behandelten Themen eine erste Grundlage schaffen, die dann durch vertiefende Kenntnisse sowohl in qualitativer als auch in quantitativer Forschung zu erweitern sind. Andererseits geht es um die Verknüpfung qualitativer und quantitativer Methoden, wo dies die Fragestellung und der Gegenstand der Untersuchung nahelegen oder verlangen.

Relevanz integrierter Sozialforschung

Für die Erweiterung der Forschungspraxis in diesem Sinn argumentieren schon Barton und Lazarsfeld (1955/1993, S. 63):

> «Dennoch kann Forschung, die sich weder wegen ihrer statistischen Methodik auszeichnet noch eine Versuchsanordnung aufweisen kann, Forschung, die ausschließlich auf qualitativen Beschreibungen einer kleinen Fallzahl beruht, die gewiss wichtige Funktion erfüllen, mögliche Beziehungen, Ursachen, Wirkungen und sogar die Dynamik von sozialen Prozessen erkennbar zu machen. Es gibt sogar Gründe zu behaupten, dass nur Forschung, die eine Vielzahl höchst verschiedener, ungeplanter Eindrücke und Beobachtungen liefert, diese Funktion zu erfüllen vermag. Jemand, der sich darauf beschränkt, seine Tabellierungen der wenigen Variablen, die er von vornherein in die Untersuchung eingebracht hat, zu betrachten, um Hinweise auf mögliche Faktoren zu erhalten, die ein statistisches Ergebnis erklären könnten, wird sicherlich keinen Fortschritt machen.»

Folgt man ihrer Argumentation, werden qualitative und quantitative Forschung in unterschiedlichen Phasen des Forschungsprozesses lokalisiert, wobei qualitative Forschung vor allem am Anfang der Auseinandersetzung stehen sollte, jedoch auch zur Interpretation und Klärung von Zusammenhängen aus statistischen Analysen herangezogen werden kann. Die ursprünglich vor allem an erkenntnistheoretischen und philosophischen Standpunkten orientierte Debatte über qualitative *oder* quantitative Forschung (vgl. Becker 1996 oder Bryman 1988 als Überblicke) hat sich mehr in Richtung forschungspraktischer Fragen der Angemessenheit des jeweiligen Ansatzes verlagert. Wilson (1982, S. 501) hält zum Verhältnis dieser beiden methodischen Traditionen fest:

«Somit ergänzen sich qualitative und quantitative Ansätze gegenseitig und konkurrieren nicht miteinander. Jeder liefert eine Art von Information, die sich nicht nur von der anderen unterscheidet, sondern auch für deren Verständnis wichtig ist. (...) Die Anwendung einer bestimmten Methode kann man also nicht mit seinem ‹Paradigma› oder seinen Neigungen begründen, sondern sie muss von der Eigenart des jeweiligen Forschungsproblems ausgehen.»

Vorgehen integrierter Sozialforschung

- Im ersten Schritt ist zu prüfen, wie entwickelt der Kenntnisstand über den untersuchten Gegenstand ist und welche empirischen Zugänge dabei sinnvoll, notwendig und gegebenenfalls zu verknüpfen sind.
- Integrierte Sozialforschung berücksichtigt die jeweiligen theoretischen Positionen und Differenzen der verknüpften Ansätze bei der Konzipierung des konkreten methodischen Vorgehens. An dieser Stelle wird das Konzept der Theorien-Triangulation von Denzin (s. o.) relevant.
- Ein integrierter Ansatz der Sozialforschung kann sich dann in der Planung einer Untersuchung an der Übersicht verschiedener Kombinationen, die Miles und Huberman (1994, S. 41) vorgestellt haben, orientieren (vgl. Abbildung 8.1).

Im ersten Design werden qualitative und quantitative Forschung parallel verfolgt. Im zweiten Design liefert die kontinuierliche Feldbeobachtung eine Basis für verschiedene Befragungswellen in einer Umfrage. Das dritte Design beginnt mit einer qualitativen Erhebung (z. B. ein Leitfadeninterview). Es folgt eine Fragebogenstudie als Zwischenschritt, bevor abschließend die aus beiden Schritten vorliegenden Ergebnisse in einer zweiten qualitativen Phase vertieft und überprüft werden. Im vierten Design ergänzt und vertieft eine Feldstudie die Umfrageergebnisse aus dem ersten Schritt, an die sich eine experimentelle Intervention in das Feld zur Überprüfung der Ergebnisse der ersten beiden Schritte anschließt.

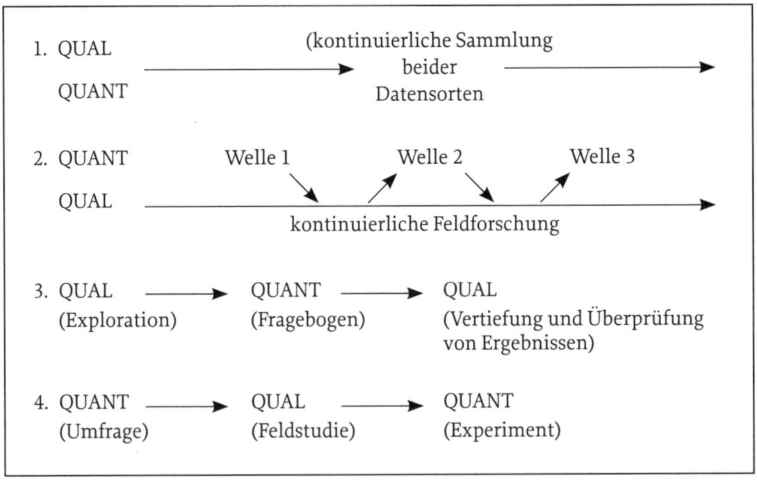

Abbildung 8.1: Basisdesigns zur Verbindung qualitativer und quantitativer Forschung (aus Miles & Huberman 1994, S. 41)

- Es folgt die Realisierung der gewählten methodischen Zugänge der Datenerhebung bzw. -analyse. An dieser Stelle werden die beiden Konzepte der methodologischen und der Datentriangulation nach Denzin relevant.
- Schließlich berücksichtigt die Darstellung der Ergebnisse (vgl. Kapitel 9) die jeweilige Eigenart der verknüpften Ansätze – indem sie etwa Fallanalysen oder Fallgeschichten mit eher überblicksartigen Darstellungen in Tabellen oder Graphiken kombiniert.

Dabei ist zu bedenken, dass diese Vorschläge prinzipiell auch für Kombinationen verschiedener qualitativer Methoden gelten, ebenso wie für die von unterschiedlichen quantitativen Methoden.

Integrierte Sozialforschung – ein Beispiel

In einer laufenden Studie zur Problematik von Schlaf und Schlafstörungen im institutionellen Alltag im Pflegeheim (Garms-Homolovà & Flick 2009) werden verschiedene Perspektiven auf dieses Problem eingenommen, um dessen Relevanz im Versorgungsalltag und in Bezug auf das Krankheitsgeschehen zu analysieren. Einerseits werden von einer Reihe von Pflegeeinrichtungen Routinedaten ausgewertet, und zwar in einer längsschnittlichen Perspektive. Dabei werden wiederholte Assessments von ca. 2000 Pflegeheimbewohnern im jährlichen Abstand analysiert auf Zusammenhänge zwischen festgehaltenen Schlafstörungen und der Anzahl und Stärke von Erkrankungen im Verlauf. Parallel zu solchen Sekundäranalysen werden Interviews mit Pflegekräften und Ärzten in denselben Heimen durchgeführt und um Befragungen von Angehörigen der Bewohner in diesem Kontext ergänzt. Diese Interviews richten sich auf die Wahrnehmung des Problems im Versorgungsalltag und den Umgang damit. Das Design orientiert sich dabei am zweiten Vorschlag von Miles und Huberman (1994 – s. o. Abbildung 8.1). Aus beiden Zugängen sollen Vorschläge für eine adäquatere Versorgung und Betreuung der Bewohner und für organisatorische Veränderungen des institutionellen Alltags mit Blick auf dieses Problem abgeleitet werden. Die Untersuchung erlaubt die Analyse auf zwei Ebenen – der Versorgungsrealität und der professionellen Wahrnehmung. Dazu kombiniert sie zwei methodische Perspektiven – eine quantitative Sekundäranalyse von Routinedaten und eine qualitative Primärdatenerhebung und -analyse von Interviews. Auf der methodischen Ebene wird dabei eine Triangulation unterschiedlicher Zugänge realisiert. Um einen Ansatz integrierter Sozialforschung handelt es sich, da nicht nur die Ergebnisse qualitativer und quantitativer Analysen aufeinander bezogen werden, sondern beide Zugänge von vornherein in ein umfassendes Design eingebunden werden.

Insgesamt betrachtet weist der Ansatz einer integrierten Sozialforschung über die Grenzen einer einseitig ausgerichteten Forschung hinaus; er verwendet dabei die theoretische und methodische Triangulation unterschiedlicher Zugänge in einem komplexen Design, um ein umfassenderes Verständnis des untersuchten Gegenstandes zu ermöglichen.

Pragmatik und Gegenstandsbezug bei der Kombination unterschiedlicher Methoden

Wie die vorangegangenen Ausführungen zeigen, kommt die starre Abgrenzungslogik einzelner Forschungsansätze dort an ihre Grenzen, wo der untersuchte Gegenstand die Kombination unterschiedlicher Zugänge verlangt. Der Bezugspunkt für die Auswahl und Kombination von Forschungsansätzen sollten der untersuchte Gegenstand und weniger einseitige methodische Gewissheiten und Ansprüche sein. Kombinationen können dabei in Verbindungen qualitativer und quantitativer Forschung ebenso wie von unterschiedlichen qualitativen oder verschiedenen quantitativen Ansätzen realisiert werden. Gleichzeitig sollte die Kombination von Forschungsansätzen unter pragmatischen Gesichtspunkten betrachtet werden: Was ist notwendig für ein ausreichend umfassendes Verständnis des untersuchten Gegenstandes, was ist aber auch möglich unter den gegebenen Bedingungen der eigenen Ressourcen und im untersuchten Feld? Wann lohnt es sich, den zusätzlichen Aufwand einer Methodenkombination zu betreiben? Anhaltspunkt kann sein, ob die verschiedenen Methoden tatsächlich unterschiedliche Aspekte oder Ebenen fokussieren oder ob sie im Wesentlichen dasselbe auf ähnliche Weise erfassen. Der Zugang zu verschiedenen Ebenen bzw. Dimensionen kann sich in Studien realisieren, die Unterschiedliches erfassen wie in den folgenden Beispielen:

- Subjektive Bedeutung und soziale Struktur: Die subjektive Bedeutung eines Phänomens – etwa einer Erkrankung – wird durch Interviews mit Patienten erhoben und um eine Analyse der Häufigkeit dieser Erkrankung in der Bevölkerung oder in bestimmten Teilpopulationen in unterschiedlicher sozialer Lage ergänzt (vgl. Flick 1998).
- Zustand und Prozess: Die Situation und das aktuelle Handeln von Jugendlichen auf der Straße werden in Bezug auf Gesundheit und Krankheit über teilnehmende Beobachtung analysiert. Diese Zustandsbeschreibung wird mit Interviews kombiniert, die verdeutlichen, welche Prozesse in der Biographie des einzelnen Jugendlichen ihn in die aktuelle Situation geführt haben (vgl. Flick & Röhnsch 2008).

- Wissen und Handeln: Die subjektive Theorie von Beratern über Vertrauen in Beziehungen zu Klienten über Interviews wird rekonstruiert und Gesprächsanalysen von Beratungsgesprächen der Berater mit Klienten gegenübergestellt, um zu untersuchen, wie Vertrauen hergestellt oder erschwert wird (vgl. Flick 1989).
- Wissen und Routinen: Das Wissen von Pflegekräften über die Relevanz von Schlafstörungen im Heimalltag für den Gesundheitszustand der Bewohner wird über Interviews erhoben. Zusätzlich werden Analysen von Routinedaten auf der Basis von Diagnosen zu Zusammenhängen zwischen Schlafstörungen und bestimmten Erkrankungen durchgeführt (vgl. Garms-Homolovà & Flick 2009).

Integrierte Sozialforschung und ihre Grenzen – ein Fazit

Am Anfang dieses Kapitels wurden Grenzen der Sozialforschung aufgezeigt. Dabei waren die Beschränkungen einzelner Methoden der Ansatzpunkt. Dies sollte verdeutlichen, dass keine einzelne Methode, für sich genommen, einen umfassenden oder immer den passenden Zugang zu einem zu untersuchenden Phänomen liefern kann. Es sollte dabei ebenfalls gezeigt werden, dass auch quantitative Forschung insgesamt nur bestimmte Aspekte eines Phänomens erfassen kann und nicht in jedem Fall der geeignete Ansatz ist und dass beides auch für qualitative Forschung zutrifft. Ein Schritt zur Überwindung der spezifischen Grenzen einer Methode (oder einer Richtung) stellt die Kombination oder integrierte Verwendung verschiedener Vorgehensweisen dar. Das löst das Problem allerdings nicht grundsätzlich, da auch zwei oder mehr Methoden immer selektiv in der Wahrnehmung und Erfassung eines untersuchten Problems bleiben, obwohl sie dabei weniger eingeschränkt als eine allein stehende Methode sein werden.

Darüber hinaus bestehen grundsätzliche Grenzen der Sozialforschung. Neben den in Kapitel 11 behandelten ethischen Fragen in diesem Zusammenhang gibt es Probleme, die sich nicht in empirische Begrifflichkeiten oder Zugänge ‹übersetzen› lassen (vgl. hierzu auch Bortz & Döring 2006, S. 40ff.). So ist es wenig realistisch, den Sinn des Lebens empirisch erforschen zu wollen, obwohl man Untersuchungsteilnehmer danach befragen könnte, was für sie persönlich der Sinn ihres Lebens ist. Aber das Phänomen «Sinn des Lebens» umfassend betrachtet entzieht sich einer empirischen Untersuchung.

Weiterhin stößt Sozialforschung dort an eine Grenze, wo von ihr unmittelbare Lösungen gefordert werden. Dass es sich dabei weniger um ein methodisches als ein grundsätzliches Problem handelt, sollte in Kapitel 1 deutlich geworden sein.

Eine weitere Grenze der Sozialforschung sollte zumindest sein, dass damit nicht Themen erforscht werden, die schon vollständig oder in gleicher Form mehrfach zuvor untersucht wurden. Wo Sozialforschung keine neuen Ergebnisse liefern kann, sollte man von weiteren Untersuchungen absehen.

Leitfaden für die Gestaltung von Methodenkombinationen

Bei der Entscheidung für die Verwendung und Kombination mehrerer Methoden sollten folgende Überlegungen eine Rolle spielen:

Kasten 8.2: **Leitfaden für die Gestaltung von Methodenkombinationen**

1. Was sind die Grenzen der einzelnen Methode, die durch die Kombination überschritten werden sollen?
2. Was ist der zusätzliche Erkenntnisgewinn, der durch die Methodenkombination erwartbar ist?
3. Richten sich die Methoden tatsächlich auf unterschiedliche Ebenen (oder Qualitäten) in den Daten, die ihre Kombination rechtfertigen?
4. Ist der zusätzliche Aufwand durch die Methodenkombination im Rahmen der Möglichkeiten des Forschers (Ressourcen, Zeit etc.) leistbar?
5. Steht der Aufwand in einem vernünftigen Verhältnis zum durch die Kombination zusätzlich erzielten Erkenntnisgewinn?
6. Sind die kombinierten Methoden miteinander kompatibel?
7. Welche zeitliche Reihenfolge hat welche Auswirkungen der einen Methode auf die jeweils andere und auf die Gesamtstudie?

8. Wie konsequent werden die einzelnen Methoden entsprechend ihren Eigenschaften und ihrer Konzeption in der Kombination angewendet?

Diese Fragen können die Planung eigener Studien mit Methodenkombinationen ebenso unterstützen, wie sie bei der Einschätzung vorliegender Studien anderer Forscher aufschlussreich sein können.

Kernpunkte

- Jede Methode hat ihre Grenzen in dem, was sie erfassen kann und wie.
- Solche Grenzen lassen sich auch für quantitative Forschung an sich und ebenso für qualitative Forschung ausmachen.
- Kombinationen von Forschungsstrategien können solche Grenzen überschreiten.
- Triangulation, Mixed Methods und integrierte Sozialforschung sind Ansätze der Umsetzung solcher Kombinationen.
- Solche Kombinationen sollten im untersuchten Gegenstand und in dem tatsächlich darüber erzielbaren Erkenntnisgewinn begründet sein.

Weiterführende Literatur

Denzin, N. K. (1970/1989). The Research Act: A Theoretical Introduction to Sociological Methods (3. Auflage). Englewood Cliffs, N. J.: Prentice Hall.

Flick, U. (2008a). Triangulation – Eine Einführung (2. Auflage). Wiesbaden: VS-Verlag für Sozialwissenschaft.

Kelle, U. & Erzberger, C. (2008). Quantitative und Qualitative Methoden – kein Gegensatz. In: U. Flick, E. v. Kardorff & I. Steinke (Hrsg.). Qualitative Forschung – ein Handbuch (6. durchgesehene und aktualisierte Auflage). Reinbek bei Hamburg: Rowohlt, S. 299–309.

Tashakkori, A. & Teddlie, Ch. (Hrsg.) (2003a). Handbook of Mixed Methods in Social & Behavioral Research. Thousand Oaks, Calif.: Sage.

9 Empirie, Ergebnisse, Evidenz – Darstellung und Verwendung von Forschung und Ergebnissen

Ziele: Nachdem Sie dieses Kapitel gelesen haben, sollten Sie

- verstanden haben, dass ein wesentlicher Bestandteil von Sozialforschung die Darstellung der Ergebnisse und des Weges, der zu ihnen geführt hat, ist,
- wissen, welche Formen und Probleme dabei für quantitative und qualitative Forschung relevant sind, und
- einen Eindruck von den zu berücksichtigenden Aspekten bei der Rückmeldung von Ergebnissen an die Beteiligten oder an interessierte Institutionen der Praxis oder der Politik gewonnen haben.

Sozialforschung besteht im Wesentlichen aus drei Schritten: der Planung einer Studie, der Durchführung der Erhebung und Analyse der Daten sowie der Kommunikation der Ergebnisse:

«Sozialwissenschaft machen heißt überwiegend, Texte zu produzieren. (…) Forschungserfahrungen müssen in Texte transformiert und an Texten nachvollzogen werden. Ein Forschungsprozess hat nur dann ‹Ergebnisse›, wenn und insoweit sich diese in einem Bericht finden, ganz unabhängig davon, ob und welche Erfahrungen die Beteiligten konkret gemacht haben. Die Beobachtbarkeit und praktische Objektivität sozialwissenschaftlicher Phänomene wird in Texten und nirgends sonst konstituiert» (Wolff 1987, S. 333).

Die Kommunikation der Ergebnisse soll einerseits diese zugänglich machen und veröffentlichen. Andererseits soll die Empirie, also der Prozess, der zu ihnen geführt hat, transparent und gezeigt werden, dass der gefundene Zusammenhang nicht zufällig, einmalig oder fraglich, sondern evident ist. Deshalb werden im Folgenden die Relevanz von Forschung, die Nutzung ihrer Ergebnisse und die dafür notwendige Aufbereitung und Darstellung kurz behandelt.

Ziele der Darstellung von Sozialforschung

Mit dem Bericht über die Forschung können verschiedene Ziele verbunden sein:

1. Zunächst sollen damit die Ergebnisse dokumentiert werden.
2. Weiterhin soll deutlich werden, wie der Forscher vorgegangen und wie er zu diesen Ergebnissen gekommen ist.
3. Die Ergebnisse sollen so dargestellt werden, dass bestimmte Ziele erreicht werden können – eine Prüfung zu bestehen (etwa bei einer Bachelorarbeit), einen Prozess zu beeinflussen (etwa bei einer politischen Entscheidung, die auf der Untersuchung basieren soll) oder etwas grundsätzlich Neues zu zeigen (etwa im Rahmen eines Grundlagenforschungsprojekts).
4. Schließlich soll der Bericht die Forschung in gewisser Weise legitimieren – also zeigen, dass die Ergebnisse nicht beliebig sind, sondern auf Daten und ihrer Analyse beruhen, die vor dem Hintergrund des allgemeinen Forschungsstands durchgeführt wurde.

Darstellung quantitativer Forschung

Bei quantitativer Forschung umfasst der Bericht über eine Studie in der Regel folgende Bestandteile:

- das Ausgangsproblem,
- den konzeptuellen Rahmen,
- die Fragestellung,

- die Erhebungsmethode,
- die Analyse der Daten,
- die Schlussfolgerungen und
- die Diskussion der Ergebnisse.

Zu diesen Punkten sollte die Darstellung Aussagen enthalten, die einzuschätzen erlauben, wie die Ergebnisse zustande gekommen sind, wie belastbar sie sind und wie sie sich im Licht der vorhandenen Literatur bzw. Forschung darstellen.

Das empirische Vorgehen

In der Darstellung des empirischen Vorgehens sollten für den potenziellen Leser folgende Fragen beantwortet werden:

- Welche Art von Studie (z.B. Experiment, Umfrage) wurde durchgeführt?
- Wie wurden die Daten genau gesammelt (z.B. Studiendesign, Art der Umfrage, Zeit und Ort der Datensammlung, verwendetes experimentelles Design)?
- Wie wurden die Variablen gemessen? Sind die Messungen reliabel und valide?
- Wie ist die Stichprobe zusammengesetzt? Wie viele Subjekte oder Teilnehmer sind in die Studie einbezogen? Wie wurden sie ausgewählt?
- Wie wurde mit ethischen Fragen und spezifischen Implikationen des Designs umgegangen? (Neuman 2000, S. 472)

Insgesamt betrachtet geht es hier darum, eine Bewertung der Studie durch den Leser zu ermöglichen, die es erlaubt, ihre Ergebnisse in ihrer Bedeutung, aber auch in ihrer Verlässlichkeit einzuschätzen und gegebenenfalls weitreichende Entscheidungen mit ihnen zu begründen.

Ergebnisse aufbereiten

In der Regel stellt sich hier jedoch das Problem, dass Studien nicht ein Ergebnis oder wenige Ergebnisse, sondern zunächst eine Vielzahl von Detailbefunden und -zusammenhängen liefern. Aus diesen lassen sich am Ende die Hauptergebnisse der Studie herausdestillieren oder zusammensetzen. Bisweilen ist der Forscher am Anfang seiner Studie von der Vielzahl der möglichen bzw. möglicherweise relevanten Zusammenhänge überfordert und muss für seine weitere Auswertung eine Struktur schaffen und eine Auswahl treffen. Insbesondere wenn Ergebnisse an andere kommuniziert werden sollen, stellt sich dieses Problem:

«Forscher treffen eine Auswahl darin, wie sie Daten präsentieren. Bei der Analyse der Daten betrachten sie dutzende univariate, bivariate und multivariate Tabellen und Statistiken, um ein Gefühl für die Daten zu gewinnen. Das bedeutet nicht, dass jede Statistik oder Tabelle in einem Endbericht enthalten ist. Vielmehr wählt der Forscher die kleinstmögliche Zahl an Grafiken oder Tabellen aus, die den Leser vollständig informieren kann, und präsentiert nur selten die Rohdaten selbst. Datenanalyse-Techniken sollten die Daten zusammenfassen und Hypothesen testen (z. B. Häufigkeitsverteilungen, Tabellen mit Mittelwerten und Standardabweichungen, Korrelationen und anderen statistischen Maßen)» (Neuman 2000, S. 472).

Ergebnisse darstellen

Häufigkeiten und Zahlenwerte lassen sich in Balkendiagrammen übersichtlich darstellen (wie in Abbildung 9.1), in der die Stichprobenumfänge aus einer Längsschnittstudie zu drei Messzeitpunkten (2006, 2007, 2008) verdeutlicht sind.

Eine Alternative stellen Kreisdiagramme dar (wie in Abbildung 9.2), in der die Altersverteilung bei obdachlosen Menschen in Deutschland in Altersklassen (z. B. 30–39 Jahre) zusammengefasst dargestellt wird.

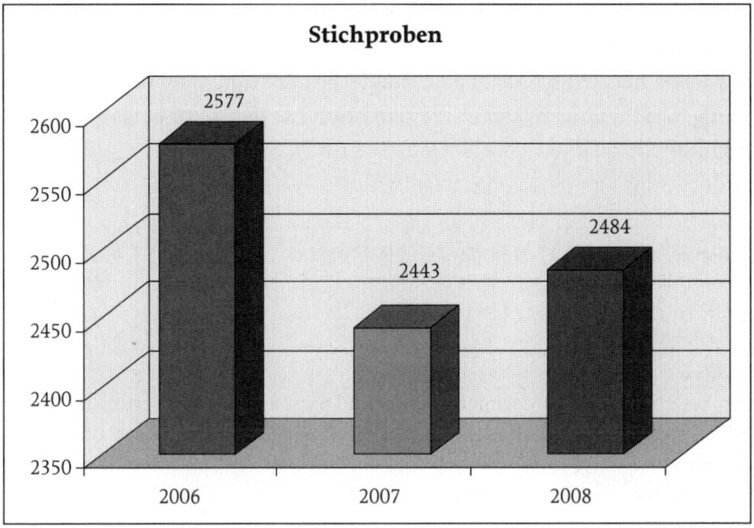

Abbildung 9.1: Balkendiagramm

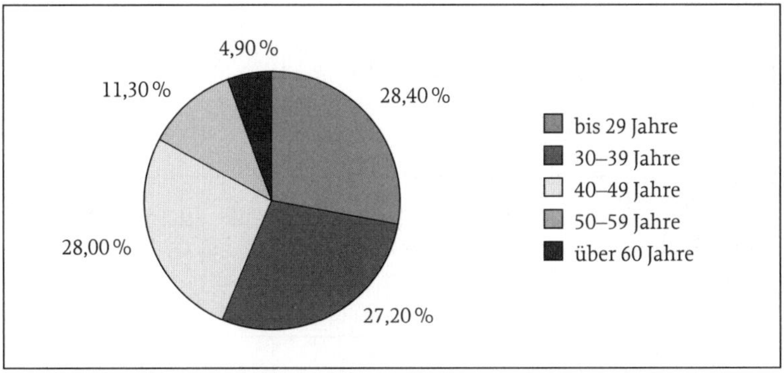

Abbildung 9.2: Kreisdiagramm

Eine dritte Möglichkeit bieten Tabellen (wie im folgenden Beispiel), in dem die Häufigkeit von Nennungen auf die Frage, wie man Krankheiten vorbeugt, nach Altersgruppen befragter Kinder und Jugendlicher zusammengefasst wurde, wobei mehrere Antworten gegeben werden konnten (vgl. Tabelle 9.1).

Inhaltskategorien	5-Jährige	8-Jährige	12-Jährige	16-Jährige
gesundes Essen/ Obst/ Gemüse/ Tee/ Saft	28	56	83	88
Vitamine/ Mineralien	–	8	29	16
Bekleidung beachten/warm anziehen	24	24	33	8
Bewegung/Sport	20	32	38	76
draußen/ frische Luft	12	20	17	16
nicht rauchen	–	–	25	32
kein Alkohol	–	–	13	12
wenig/kein Stress	–	–	–	4
ausruhen/schlafen	–	4	4	8
sich nicht anstecken/ Kontakt zu Kranken meiden	–	4	4	12

Tabelle 9.1: Prävention im Hinblick auf Gesundheit (Ergebnisauszug). Angaben in Prozent; Mehrfachnennungen sind möglich (aus Schmidt & Fröhling 1998, S. 39)

Verläufe, gegebenenfalls mit besonders hervorgehobenen Zeitpunkten, lassen sich am besten mit Kurven wie in Abbildung 9.3 visualisieren, die den Rückgang der Todesraten aufgrund von Tuberkulose im zeitlichen Verlauf demonstriert.

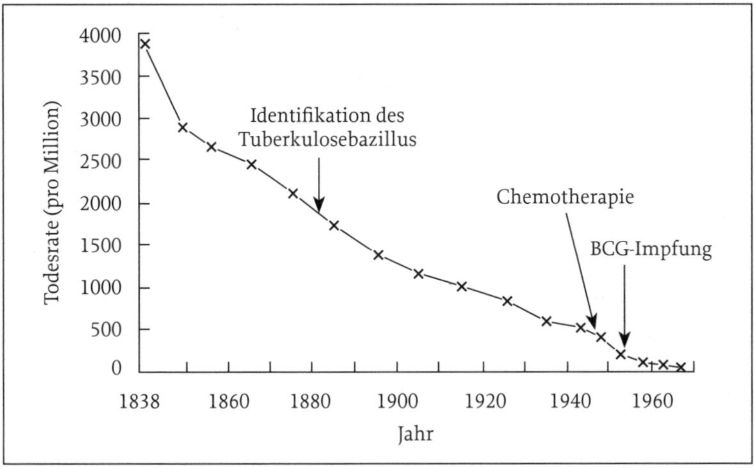

Abbildung 9.3: Verlaufskurve (Tuberkulose der Atmungsorgane: mittlere jährliche Todesraten – standardisiert auf die Bevölkerung von 1901: England und Wales – nach McKeown 1982, entnommen Rosenbrock 2002, S. 21)

Dabei können (wie in Abbildung 9.4) auch Verläufe in verschiedenen Gruppen parallel dargestellt werden. In diesem Beispiel wird bei Befragungen von Frauen zu ihrem subjektiven Gesundheitszustand deutlich: «Über 75-jährige Frauen fühlten sich im Jahre 1992 im Durchschnitt so gesund bzw. krank wie 70- bis 75-jährige Frauen im Jahre 1986 und 65- bis 70-jährige Frauen im Jahre 1983» (Rosenbrock 2002, S. 23).

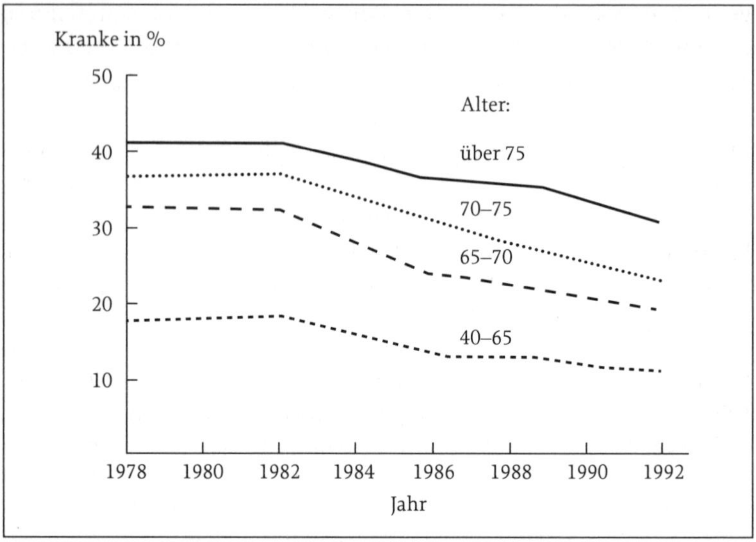

Abbildung 9.4: Parallele Darstellung von Verläufen (subjektive Krankheitsprävalenz bei Frauen im zeitlichen Verlauf, jeweils im April/Mai erfragt; alte Bundesländer – Quelle: Braun, Kühn & Reiners 1998, S. 54, entnommen Rosenbrock 2002, S. 24)

Diese Beispiele sollen Wege verdeutlichen, Zusammenhänge in Häufigkeiten, Verteilungen und Verläufen so zu verdichten, dass sie ‹auf den ersten Blick› für den Leser nachvollziehbar werden. Dabei lassen sich auch andere Wege der Visualisierung verwenden, aber es ging hier eher um das Prinzip der Darstellung.

Evidenz

In vielen Bereichen hat der Begriff der «Evidenzbasierung» Einzug gehalten, um verlässliche von weniger verlässlichen wissenschaftlichen Ergebnissen zu trennen. So wird in der evidenzbasierten Medizin ein Medikament vor seiner Einführung über einen bestimmten Typ von Forschung geprüft. Dabei werden «Doppelblind-Versuche» (vgl. Kapitel 4) durchgeführt, die auch als randomisierte klinische Studien (RCT – randomized control trial) bezeichnet werden. Darin werden die Teilnehmer an einer Medikamentenstudie nach dem Zufallsprinzip der Behandlungsgruppe (mit Medikament) und der Kontrollgruppe (mit Placebo) zugewiesen, um über den Vergleich der Gruppen die Wirkung des Medikaments prüfen zu können. Für das Vorhandensein von Evidenz im Bereich der Epidemiologie von Krankheiten insbesondere zum Zusammenhang von bestimmten Risikofaktoren (z. B. Rauchen) und Erkrankungen (z. B. Lungenkrebs) halten Stark und Guggenmoos-Holzmann (2003, S. 417) fest:

«Sind bestimmte Kriterien der wissenschaftlichen Evidenz erfüllt, so wird eine kausale Beziehung zwischen Einflussgröße (Risikofaktor) und Zielgröße (Krankheit) allgemein akzeptiert. Als wichtigste Kriterien sind zu nennen:
- Es besteht ein starker Zusammenhang zwischen Einfluss- und Zielgröße.
- Die Ergebnisse wurden in mehreren Studien bestätigt (Reproduzierbarkeit).
- Es besteht eine Dosis-Wirkungs-Beziehung zwischen Einfluss- und Zielgröße.
- Der zeitliche Ablauf von Ursache und Wirkung ist folgerichtig.
- Die Ergebnisse sind biologisch plausibel.
- Wird der Risikofaktor ausgeschaltet, so reduziert sich das Krankheitsrisiko.»

Im Kontext dieses Kapitels ist die gerade genannte Entwicklung interessant, da mit ihr zwei Tendenzen einhergehen: Erstens droht dieses Verständnis von Evidenz – und damit verbunden dieses Verständnis von Forschung – andere Ansätze in den Hintergrund zu drängen bzw. in ihrer Relevanz in Frage zu stellen. So finden sich verschiedene Vorschläge sogenannter Evidenzklassen in der Diskussion, mit denen die Relevanz von Studien eingeschätzt wird. Diese Klassen reichen von Metaanalysen, die auf randomisierten Studien basieren, als am höchsten bewertete Form bis zu Fallberichten und Expertenmeinungen als am niedrigsten angesehener Form. Zweitens sind andere Disziplinen – etwa die Sozialarbeit, Erziehungs- oder Pflegewissenschaft – damit beschäftigt, die Evidenzbasierung ihrer Praxis weiterzuentwickeln und dieses Verständnis von Evidenz aufzugreifen. Der Trend zur Evidenzbasierung droht andere Formen von Forschung in Frage zu stellen – was bei der Bewertung von Medikamenten Sinn macht, aber nicht für Sozialforschung insgesamt gerechtfertigt ist.

Darstellung qualitativer Forschung

Bei qualitativer Forschung wird häufig bezweifelt, dass sich das Vorgehen in der eingangs beschriebenen Weise gegliedert darstellen lässt. Alternativ finden sich bei Lofland (1976) bzw. Neuman (2000, S. 474) Orientierungen für die Struktur eines Berichts über eine qualitative Forschung:

1. Einleitung
   a) sehr allgemeine Aspekte der Situation
   b) die wichtigsten Umrisse der Situation
   c) wie das Material erhoben wurde
   d) Details über das Setting
   e) wie der Bericht aufgebaut ist
2. Die Situation
   a) analytische Kategorien
   b) Gegenüberstellung der untersuchten und anderer Situationen
   c) Entwicklung der Situation im zeitlichen Verlauf
3. Strategien der Interaktion
4. Zusammenfassung und Implikationen

Das empirische Vorgehen

Für qualitative Projekte erfolgt die Darstellung des Vorgehens häufig in Form eines chronologischen Berichts, der Einblick in das untersuchte Feld bzw. die Situation geben soll. Van Maanen (1988) unterscheidet hier mehrere Formen der Präsentation:

In *realistischen Geschichten* werden Beobachtungen als Fakten berichtet oder anhand von Zitaten aus Aussagen bzw. Interviews dokumentiert, wobei der Schwerpunkt auf den typischen Formen des Untersuchten liegt, wozu die Darstellung und Analyse einer Fülle von Details dient. Sichtweisen der beteiligten Mitglieder des Feldes, Interviewpartner etc.) erhalten in der Darstellung einen großen Spielraum: Wie wurde das eigene Leben in seinem Verlauf erfahren? Was bedeutet Gesundheit für den Interviewpartner? Die Interpretation bleibt jedoch nicht bei der subjektiven Sichtweise stehen, sondern geht durch vielfältige und weitreichende Schlussfolgerungen darüber hinaus.

Geständnisgeschichten kennzeichnet dagegen die personalisierte Autorschaft und Autorität des Forschers in der Darstellung. Er verdeutlicht den eigenen Anteil am Beobachteten und an der Weise seiner Interpretation auch in seinen Formulierungen. Sichtweisen des Autors sind ebenso Gegenstand der Darstellung wie Probleme, Pannen, Irrtümer (van Maanen 1988, S. 79) etc. im Feld. Trotzdem wird versucht, die eigenen Ergebnisse als begründet im untersuchten Gegenstand darzustellen. Resultat ist eine Mischung aus Beschreibung des untersuchten Gegenstandes und der dabei gewonnenen Erfahrungen.

Impressionistische Geschichten sind in Form dramatischer Erinnerungen formuliert. Hier geht es eher darum, den Leser in die Besonderheiten des Feldes und der Datenerhebung zu ‹versetzen›.

Ergebnisse

Qualitative Studien können unterschiedliche Formen von Resultaten liefern. Diese reichen in detaillierten Fallstudien oder in Typologien (z. B. verschiedene Typen subjektiver Gesundheitsvorstellungen) bis hin zu Häufigkeit und Verteilungen von Aussagen in einem Kategoriensystem. Auch bei qualitativer Forschung lassen sich Informationen in Tabellenform verdichten – etwa zur Zusammensetzung des Samples nach Geschlecht und Alter in Jahren (vgl. Tabelle 9.2) oder Altersgruppen und Geschlecht (vgl. Tabelle 9.3).

Alter (in Jahren)	Geschlecht		
	Männlich	Weiblich	Total
	N = 12	N = 12	N = 24
14	–	3	3
15	1	3	4
16	2	2	4
17	2	1	3

Alter (in Jahren)	Geschlecht		
	Männlich	Weiblich	Total
	N = 12	N = 12	N = 24
18	4	2	6
19	3	–	3
20	–	1	1
Ø	17,5	16,0	16,75

Tabelle 9.2: Sample nach Alter und Geschlecht (Sample I: Straßenjugendliche – aus Flick & Röhnsch 2008)

Alter (in Jahren)	Geschlecht		
	Männlich	Weiblich	Total
	N = 6	N = 6	N = 12
14–17	1	3	4
18–25	5	3	8
Ø	21,5	16,8	19,2

Tabelle 9.3: Sample nach Altersgruppen und Geschlecht (Sample II: Chronisch kranke Straßenjugendliche nach Alter und Geschlecht – aus Flick & Röhnsch 2008)

Ergebnisse lassen sich auch hier tabellarisch darstellen, was bei qualitativer Forschung vor allem dazu dient, die Einzelaussagen und ihre Interpretationen zu kontextualisieren (vgl. Tabelle 9.4, die die Gesundheitsdefinitionen, die von den Jugendlichen aus beiden Samples, Tabellen 9.2 und 9.3, geäußert wurden, nach Geschlecht und Teilgruppe zusammenfasst).

Gesundheitsverständnis	Straßenjugendliche				
	insgesamt	Männlich	Weiblich	Straßenjugendliche allgemein	chronisch krank
Gesundheit als körperliches und psychisches Wohlbefinden	14	9	5	9	5
Gesundheit als Abwesenheit von Krankheit und als Beschwerdefreiheit	11	4	7	4	7
Gesundheit als Ergebnis von Handlungsweisen	7	2	5	7	–
Gesundheit als Funktionalität	4	3	1	4	–
N =	36	18	18	24	12

Tabelle 9.4: Gesundheitsverständnis der Befragten

Eine besondere Form der Ergebnisse stellen aus den Daten und ihrer Analyse entwickelte Theorien dar. Die Darstellung solcher Theorien verlangt nach Strauss und Corbin (1990/1996, S. 197):

«1. Eine klare, analytische Geschichte
2. Schreiben auf einer konzeptuellen Ebene, bei dem das Beschreiben sekundär bleibt.
3. Eine klare Darstellung der Beziehungen zwischen Kategorien, wobei (...) die der Konzeptualisierungsebenen ebenfalls deutlich gemacht werden müssen.
4. Das Darstellen der Variationen und ihrer relevanten Bedingungen, Konsequenzen usw. einschließlich des breiteren Kontextes.»

Dabei wird der Hauptakzent in der Darstellung darauf gelegt, die zentralen Konzepte und Linien der entwickelten Theorie zu verdeutlichen. Die Visualisierung etwa in Form von Begriffsnetzen, Verlaufskurven etc. ist dabei ein Mittel, um der Darstellung größere Prägnanz zu verleihen. In eine ähnliche Richtung gehen die Vorschläge von Lofland (1974, S. 102) für die Darstellung von Ergebnissen in Theorieform. Als Kriterien für das Verfassen wie für die Beurteilung solcher Berichte nennt er:

> «(1) Der Bericht ist mittels eines allgemeinen konzeptuellen Rahmens organisiert; (2) der verwendete allgemeine Rahmen ist neuartig; (3) der Rahmen wird ausgearbeitet oder entwickelt im und durch den Bericht; (4) der Bericht ist ereignisreich im Sinne von reichlich dokumentiert in qualitativen Daten; (5) der Rahmen ist mit empirischem Material verwoben.»

Auch bei qualitativer Forschung stellt sich das Problem der Auswahl des Wesentlichen aus der Vielzahl der erzielten Ergebnisse und gefundenen Zusammenhänge. Hier muss der Forscher in seinem Bericht die Balance finden zwischen dem Einblick in das Geschehen und die Verhältnisse im Feld sowie in den Daten und den allgemeinen Zusammenhängen, die sich daraus ableiten lassen und für den Leser noch überschaubar und nachvollziehbar sind. Eine Variante ist der Wechsel zwischen themenspezifischen Zusammenfassungen und Strukturierungen in Typologien und solche themenüberschreitenden Fallanalysen, die Zusammenhänge und Gemeinsamkeiten zwischen den Themen aufzeigen können (vgl. Flick & Röhnsch 2008 als Beispiel einer solchen Darstellungsform).

Evidenz bei qualitativer Forschung

Das weiter oben skizzierte Verständnis von Evidenz lässt sich nicht problemlos auf qualitative Forschung übertragen. Dennoch ist die Frage zu stellen, wie sich Evidenz bei der Anwendung qualitativer Methoden bestimmen lässt und welche Rolle qualitative Forschung in dieser Entwicklung spielen kann (vgl. hierzu Denzin & Lincoln 2005 und Morse et al. 2001). Diskutiert wird in diesem Zusammenhang die Zusammenführung unterschiedlicher Studien – auch im Sinne von Metaanalysen –, die

Erweiterung und Übertragung von Ergebnissen auf andere Kontexte und die Implementation von Ergebnissen in praktischen Zusammenhängen als ‹Test› (Morse 2001).

Aspekte des Schreibens

Unabhängig davon, welche Art von Sozialforschung durchgeführt wurde und welche Ergebnisse dabei erzielt wurden, lassen sich einige zentrale Punkte des Schreibens benennen. Die stärkere Berücksichtigung der Rolle der Darstellung in jeder Form wissenschaftlicher Erkenntnis sollte (u.a. nach Becker 1993) dazu führen, dass der potenzielle Leser bzw. die Zielgruppe des Textes als ein zentrales Moment bei dessen Gestaltung im Auge behalten wird:

> «Einen Text klarer und verständlicher zu machen heißt, Erwägungen über seine potentiellen Leser anzustellen. Wer ist es, der ihn besser verstehen soll? Wer liest ihn überhaupt? Was müssen Leser wissen, um das Gesagte nicht misszuverstehen oder dunkel und missverständlich zu finden? Man wird anders schreiben für Personen, mit denen man in einem gemeinsamen Projekt eng zusammenarbeitet, als für fremde Fachkollegen, die das gleiche Spezialgebiet haben; wieder anders für wissenschaftliche Kollegen, die in anderen Bereichen und Disziplinen tätig sind, und noch einmal anders für den ‹intelligenten Laien›» (Becker 1993, S. 82).

Die Berücksichtigung der Zielgruppe bzw. des Lesers sollte sich im Stil der Darstellung (Was kann ich an Vorwissen und Begrifflichkeiten voraussetzen?) niederschlagen. Gleichzeitig sollte sie bei der Strukturierung der Darstellung (Wie komplex und detailliert kann ich etwas beschreiben, welche Formen der Vereinfachung sind hier notwendig?) in Rechnung gestellt werden.

Rückmeldung von Ergebnissen an die Untersuchten

Gerade in Praxisforschungskontexten ist die Rückmeldung von (Zwischen- oder End-)Ergebnissen an die Teilnehmer häufig eine Erwartung an die Forscher, insbesondere, wenn mit den Forschungsergebnissen eine Bewertung oder Entscheidung verknüpft ist wie im Fall von Evaluationen. Dabei ist jeweils zu beachten, wie die Ergebnisse aufbereitet werden, damit sie für die Teilnehmer nachvollziehbar sind, also konkret: was und wie viel aus den Ergebnissen ausgewählt wird, um die Teilnehmer in ihrer Aufnahmekapazität nicht zu überfordern. Weiterhin sollte die Dynamik im untersuchten Feld beachtet werden – und was die Ergebnisse hier auslösen bzw. verändern. Mensching (2006) spricht bei der Rückmeldung von Ergebnissen und Bewertungen bei ihren Studien im Kontext der Polizei von «Vermittlungsarbeit», die sehr sensibel im Spagat zwischen Überforderung und Banalisierung geleistet werden muss. Zu bedenken ist dabei, wie die einzelnen Beteiligten davor zu schützen sind, dass sie in den Ergebnissen als Personen (auch von ihren Kollegen) identifiziert werden können.

In einer Studie zu Vorstellungen von Professionellen im Gesundheitswesen über Gesundheit und Alter (Flick et al. 2004; Walter et al. 2006) wurde die Rückmeldung erster Ergebnisse an die Teilnehmer auf folgende Weise realisiert. Nachdem sie in episodischen Interviews einzeln zu ihren Gesundheitsvorstellungen und ihren Ideen und Erfahrungen zu Prävention und Gesundheitsförderung befragt wurden und nach der Analyse der Daten wurden Focus Groups mit Hausärzten und Pflegekräften mit drei Zielsetzungen durchgeführt. Die Ergebnisse der Untersuchung wurden an die Teilnehmer rückgemeldet, um Kommentare von ihrer Seite zu den Resultaten zusammenzutragen. Danach wurden mit den Teilnehmern praktische Implikationen der Ergebnisse für die Verbesserung der Alltagspraxis in der ambulanten pflegerischen und medizinischen Versorgung diskutiert. Diese Optimierung sollte in Richtung einer stärkeren Orientierung der Praxis an Gesundheit, Gesundheitsförderung und Prävention ausgerichtet sein. Um zu vermeiden, dass die Diskussion in den Gruppen zu allgemein und heterogen verläuft, wurde für den Einstieg ein konkreter Ausschnitt der Daten ausgewählt, der das umfassendere Thema eröffnen sollte. Dafür wurden die Ergebnisse aus der Studie zu Barrieren gegenüber einer stärkeren Orientierung an Prävention in der eigenen Praxis genommen, die sich aus den Aussagen der Interviewpartner zu diesem Thema ableiten ließen. Die Ergebnisse speziell zu Bereitschaft und Widerstand aufseiten der Professionellen und der Patienten wurden präsentiert. Zunächst wurde ein Überblick über die genannten Barrieren gegeben, die dann nach ihrer Wichtigkeit von den Teilnehmern einem Ranking unterzogen wurden. Danach wurden diese gebeten, die vorgestellten Ergebnisse hinsichtlich ihrer Relevanz für die eigene Praxis und die Rolle der Gesundheit darin zu diskutieren. Als diese Diskussion abflaute, wurden die Teilnehmer aufgefordert, Vorschläge zu machen, wie die zuvor diskutierten Barrieren überwunden werden können, und diese wiederum zu diskutieren. Am Ende lagen nicht nur Einschätzungen der Ergebnisse der ursprünglichen Befragung, sondern auch eine Liste mit Kommentaren und Vorschlägen aus jeder Gruppe vor, die wiederum einer Analyse unterzogen und in die Endergebnisse der Studie aufgenommen wurden.

Mit Daten argumentieren

Die besondere Problematik der Argumentation mit Daten in politischen Kontexten verdeutlicht Lüders (2006). Dabei geht es um Verlässlichkeit und Vertrauen auf die Daten und die daraus abgeleiteten Schlüsse:

> «Aus der Sicht der politischen Administration stellt sich (…) die Frage ganz einfach: Kann man sich im klassischen Sinne von Zuverlässigkeit und mindestens interner Gültigkeit auf die Daten und Ergebnisse verlassen? (…) Die Frage der Glaubwürdigkeit bzw. des Vertrauens bezieht sich also nicht nur auf das Problem, ob denn die Daten in Bezug auf die Untersuchungseinheit reliabel und valide sind, sondern vornehmlich auf das Problem der Übertragbarkeit auf ähnliche Kontexte» (Lüders 2006, S. 456).

Dies spitzt sich noch zusätzlich zu, wenn die Datenbasis aus einer qualitativen Studie mit wenigen Fällen stammt und die Frage der politischen Konsequenzen diskutiert wird. Dann geht es – was allerdings auch auf andere Formen von Daten und Studien zutreffen dürfte – um die Frage der Belastbarkeit der Ergebnisse im Rahmen des anschließenden Prozesses der Argumentation und Implikation:

«Wenn in einer kleinen qualitativen Studie mit sieben Fällen in zwei Regionen herauskommt, dass in einem Bundesland jugendliche Intensivtäter – und in diesen sieben Fällen ist der Begriff berechtigt – die zuständigen Instanzen (Polizei, Justiz, Kinder- und Jugendhilfe, Kinder- und Jugendpsychiatrie, Schulen etc.) derart beschäftigen, dass niemand mehr den Überblick behält, dann ist dieses Ergebnis zunächst unstrittig gültig in Bezug auf die sieben Fälle. Die *politisch* wichtige Frage lautet aber: Sind die Ergebnisse so belastbar, dass man darauf aufbauend beginnt, für derartige Konstellationen – und wie werden diese dann definiert? – die institutionellen Zuständigkeiten in einem Bundesland umzubauen mit all dem damit verbundenen Aufwand, u. U. bis hin zur Gesetzgebung und den damit einhergehenden Risiken, z. B. in Form von Konflikten zwischen den jeweiligen betroffenen Interessengruppen und den möglichen Steilvorlagen für die Opposition?» (Lüders 2006, S. 458 f.).

Lillis (2002. S. 36) verdeutlicht für einen anderen Kontext – die Marktforschung –, dass der Weg von den Daten zu praktischen Empfehlungen oder Umsetzungen aus drei Stufen besteht:

– Die erste Stufe fokussiert, was die Teilnehmer (bei qualitativen Studien) denken und meinen. Analog lässt sich hier sehen, was die Zahlen in einer quantitativen Studie aussagen (was womit korreliert beispielsweise). Dies bezieht sich auf den *Bericht* über die Forschung und ihre unmittelbaren Resultate.
– Die zweite Stufe bezieht sich in beiden Fällen darauf, welche Muster darin zum Vorschein kommen und was sie bedeuten. Dies basiert im Wesentlichen auf der *Interpretation* der Daten und Ergebnisse durch die Forscher.
– Die dritte Stufe fragt nach den *Implikationen* für den Auftraggeber der Studie und damit nach der Umsetzbarkeit der Erkenntnisse für diesen.

Wie dabei weiter verdeutlicht wird, ist bei der Beratung zu unterscheiden zwischen Empfehlungen, die (1) auf der durchgeführten Forschung allein basieren, die (2) neben deren Ergebnissen das Wissen über den relevanten Markt einbeziehen und (3) zusätzlich das spezifische Angebot des Auftraggebers berücksichtigen (S. 38). Auch dies lässt sich auf andere praktische Kontexte übertragen. Dabei werden nur selten Empfehlungen auf empirischen Ergebnissen allein basieren können, sondern in der Regel die aktuelle politische Situation und den spezifischen Auftrag der zu beratenden Institution berücksichtigen müssen, wenn sie Effekte haben sollen.

Verwendung von Ergebnissen

Es ist zu berücksichtigen, dass die vorliegenden Ergebnisse in den unterschiedlichen Kontexten, in denen sie gelesen werden, nicht bruchlos oder eins zu eins aufgegriffen werden, sondern einer weiteren Interpretation unterliegen. Die Analyse der Verwendung sozialwissenschaftlicher Forschungsergebnisse (vgl. Beck & Bonß 1989) hat einerseits verdeutlicht, dass dabei unterschiedliche Prozesse der Nutzung, Neuinterpretation, Bewertung und Selektion ablaufen:

> «Seit den Ergebnissen aus der sozialwissenschaftlichen Verwendungsforschung wissen wir, dass die Verwendung wissenschaftlichen Wissens weitgehend nach der Logik der jeweiligen Praxis – also in dem hier in Rede stehenden Fall: nach der Logik der politischen Administration – in meist für die Wissenschaftlerinnen und Wissenschaftler eher verwirrender Weise erfolgt» (Lüders 2006, S. 453).

Andererseits wird gerade die Bewertung nicht mehr nach wissenschaftsinternen Kriterien (vgl. Kapitel 10) allein vorgenommen. Vielmehr zeigt sich, dass «die Qualitätskriterien und -kontrollen der Forschung (...) nicht mehr ausschließlich aus den Disziplinen heraus festgelegt und über die ‹peer reviews› ausgeübt (werden), sondern aus den Anwendungskontexten zusätzliche oder gar konkurrierende soziale, politische und ökonomische Kriterien (erwachsen)» (Weingart 2001, S. 15).

Wenn Sozialforschung und ihre Ergebnisse praktische, politische oder andere Formen von Wirkung entfalten sollen, muss sie solchen Prozessen Rechnung tragen. Es sind dabei selten die Ergebnisse und die wissenschaftliche Qualität der Forschung allein, die den Ausschlag geben.

Vielmehr geht es dabei auch darum, die Resultate so aufzubereiten, dass sie für den interessierenden Diskussions- und Anwendungszusammenhang relevant und verständlich werden.

«Es wird zu Bewusstsein gebracht, dass wissenschaftliches Wissen stets dargestelltes wissenschaftliches Wissen ist. Und daraus folgt, dass in der wissenschaftlichen Handlungslogik neben der ‹Logik der Forschung› eine ‹Logik der Darstellung› zu berücksichtigen ist. Wie bei der Konstitution einer wissenschaftlichen Erkenntnis forscherische Erfahrungsbildung und darstellerische Erfahrungssicherung zusammenhängen, darüber hat man erst begonnen nachzudenken und nachzuforschen» (Bude 1989, S. 527).

Vom Exposé zum Bericht: Leitfaden für die Darstellung empirischer Vorgehensweisen

Die Darstellung eines empirischen Projekts in der Sozialforschung sollte folgende Aspekte berücksichtigen:

Kasten 9.1: **Vom Exposé zum Bericht: Leitfaden für die Darstellung empirischer Vorgehensweisen**

1. Ist die Zielsetzung der Studie deutlich geworden?
2. Wurde die Fragestellung explizit formuliert und begründet?
3. Wird deutlich, warum welche Personen bzw. Situationen in die Studie einbezogen wurden und was der methodische Ansatz des Sampling bzw. der Stichprobenziehung ist?
4. Wird deutlich, wie die Daten erhoben wurden, indem etwa Beispielfragen genannt werden?
5. Wird nachvollziehbar, wie die Datenerhebung ablief, welche Besonderheiten dabei eine Rolle (gegebenenfalls auch für die Qualität der Daten) spielten?
6. Wird verständlich, wie die Daten ausgewertet wurden?
7. Werden Fragen (Kriterien und Strategien) der Qualitätssicherung in der Forschung behandelt?
8. Werden die Ergebnisse verdichtet, sodass das Wesentliche für den Leser deutlich wird?

9. Werden Konsequenzen aus der Untersuchung und ihren Resultaten abgeleitet und diskutiert?
10. Ist der Bericht gut lesbar und verständlich geschrieben und durch Illustrationen ergänzt?
11. Wurden genügend Belege (z. B. Zitate oder Auszüge aus den Berechnungen) mitgeliefert, um die Ergebnisse einschätzen zu können?

Auch diese Fragen sind nicht nur für die Erstellung eines eigenen Berichts, sondern auch für die Bewertung der Darstellungen anderer Forscher relevant.

Kernpunkte

- Sozialforschung und ihre Ergebnisse werden erst über die gewählte Form der Darstellung zugänglich.
- Ziel ist dabei auch, das Vorgehen transparent werden zu lassen.
- Dabei muss immer eine Auswahl und Gewichtung des Gefundenen im Dargestellten vorgenommen werden, um die Aufmerksamkeit des Lesers auf das Wesentliche der Ergebnisse zu lenken.
- Quantitative und qualitative Forschung unterscheiden sich in der Art der Darstellung des Prozesses und der Erkenntnisse.
- Es lassen sich jedoch gemeinsame Zielsetzungen und Anforderungen bei beiden Ansätzen ausmachen.
- Besondere Notwendigkeiten der Aufbereitung von Daten und Ergebnissen ergeben sich bei der Beratung von Politik und Administration anhand der Ergebnisse und bei deren Rückmeldung an die Teilnehmer oder Auftraggeber einer Studie.
- Die Verwendung von Ergebnissen folgt in der Regel anderen Rationalitäten als denen der Forschung.

Weiterführende Literatur

Bryman, A. (2004). Social Research Methods (2. Auflage). Oxford: Oxford University Press.

Flick, U. (2007a). Qualitative Sozialforschung – Eine Einführung. Reinbek bei Hamburg: Rowohlt (Kap. 30).

Matt, E. (2008). Darstellung qualitativer Forschung. In: U. Flick, E. v. Kardorff & I. Steinke (Hrsg.). Qualitative Forschung – ein Handbuch (6. durchgesehene und aktualisierte Auflage). Reinbek bei Hamburg: Rowohlt, S. 578–588.

Neuman, W. L. (2000). Social Research Methods – Qualitative and Quantitative Approaches (4. Auflage). Boston: Alley and Bacon.

10 Was ist gute Forschung? – Bewertung empirischer Studien

Ziele: Nachdem Sie dieses Kapitel gelesen haben, sollten Sie
- die wichtigsten Kriterien zur Bewertung empirischer Forschung kennen,
- verstanden haben, dass diese Kriterien ursprünglich für standardisierte Forschung entwickelt wurden,
- sehen, dass für qualitative Forschung andere Kriterien und Bewertungsansätze angewendet werden,
- erkannt haben, dass ein wesentlicher Bestandteil der Bewertung von Sozialforschung die Verallgemeinerbarkeit der Ergebnisse ist, und
- wissen, welche Formen und Probleme dabei für quantitative und qualitative Forschung relevant sind.

Bewertung empirischer Forschung

Neben der Frage der Nützlichkeit empirischer Forschung und ihrer Ergebnisse ist auch die nach deren Güte zu stellen. Hier wird geprüft, ob die eingesetzten Methoden verlässlich sind und inwieweit die erzielten Ergebnisse den Anspruch auf Gültigkeit und Objektivität erheben können. Letzteres meint, inwieweit die Ergebnisse unabhängig vom einzelnen Forscher auch durch andere Forscher hätten erzielt werden können. Zur Bestimmung der Qualität empirischer Forschung werden Gütekriterien formuliert, mit denen vor allem die methodischen Vorgehensweisen überprüft werden, die zu ihnen geführt haben. Dabei ist zu fragen, ob ein einheitlicher Satz von Gütekriterien für jede Form der empirischen Forschung geeignet ist oder ob hier zwischen den für quantitative und qualitative Forschung angemessenen Kriterien differenziert werden sollte. Entsprechend behandelt dieses Kapitel zunächst die in der quantitativen Forschung allgemein anerkannten Gütekriterien Reliabilität, Validität und Objektivität, bevor es auf spezielle Ansätze in der qualitativen Forschung eingeht.

Mit der Qualität empirischer Forschung ist ferner die Frage verbunden, inwieweit die Ergebnisse verallgemeinert, d.h. auf andere Situationen als die konkrete Untersuchungssituation übertragen werden können. Auch hier ist wieder zu prüfen, ob Vorgehensweisen und Ansprüche an die Generalisierung bzw. Verallgemeinerung für alle Arten empirischer Forschung einheitlich oder differenziert zu formulieren sind.

Qualität und Bewertung quantitativer Forschung

Reliabilität

Das erste allgemein anerkannte Kriterium zur Geltungsprüfung von Untersuchungen stammt ursprünglich aus der Testtheorie: «Die Reliabilität (Zuverlässigkeit) gibt den Grad der Messgenauigkeit (Präzision) eines Instrumentes an. Die Reliabilität ist umso höher, je kleiner der zu einem Messwert X gehörende Fehleranteil E ist» (Bortz & Döring 2006, S. 196).

Die Reliabilität einer Messung wird auf verschiedenen Wegen bestimmt.

(1) Retest-Reliabilität

Zur Prüfung der Retest-Reliabilität wird eine Messung (ein Test, ein Fragebogen etc.) mehrfach auf dieselbe Stichprobe angewendet und die Korrelation zwischen den Ergebnissen beider Anwendungen berechnet. Im Idealfall ergeben sich identische Ergebnisse. Dies setzt allerdings voraus, dass das gemessene Merkmal selbst stabil ist und sich nicht zwischen den zwei Messzeitpunkten verändert hat. Bei der Wiederholung von Leistungstests können Unterschiede zwischen den Ergebnissen auch darin begründet sein, dass sich die Leistungsfähigkeit der Untersuchten (z. B. durch zusätzlich erworbenes Wissen) zwischenzeitlich verändert hat. Außerdem können Unterschiede daraus resultieren, dass Fragen wiedererkannt werden und Lerneffekte einsetzen.

(2) Paralleltest-Reliabilität
Bei der Bestimmung der Paralleltest-Reliabilität werden zwei verschiedene Instrumente (die das gleiche Konstrukt operationalisieren) parallel angewendet. «Je ähnlicher die Ergebnisse beider Tests ausfallen, umso weniger Fehlereffekte sind offensichtlich im Spiel» (Bortz & Döring 2006, S. 197).

(3) Testhalbierungs-Reliabilität (Split-half)
Bei einem Test (oder Fragebogen) werden jeweils für die Hälfte der Items (Fragen) Ergebniswerte berechnet und miteinander verglichen. Dabei hängen die Ergebnisse auch von der Art der Teilung des Tests in zwei Hälften (die erste und die zweite Hälfte der Fragen, gerade und ungerade Fragen, zufällige Zuordnung der Fragen zur einen oder der anderen Hälfte) ab. Um Einflüsse der Fragenanordnung auszuschließen, wird die *interne Konsistenz* berechnet. Dabei wird jede Frage als eigener Teiltest behandelt und die Korrelation zwischen den Ergebnissen ermittelt.

(4) Interkoder-Reliabilität
Bei der Inhaltsanalyse wird schließlich die Interkoder-Reliabilität bestimmt, um zu überprüfen, inwieweit verschiedene Auswerter gleiche Aussagen den gleichen Kategorien zuordnen und verlässlich das Kategoriensystem und der Umgang damit in einer Untersuchung sind.

(1) Validität von Untersuchungsanordnungen
Validität wird für Untersuchungsdesigns und für Messinstrumente geprüft. Bei Untersuchungsdesigns geht es um die Überprüfung der Gültigkeit von Ergebnissen. Einerseits wird die *interne* Validität eines Untersuchungsdesigns bestimmt. Interne Validität kennzeichnet, inwieweit Ergebnisse einer Untersuchung eindeutig interpretierbar sind. Sollen beispielsweise die Wirkungen einer Intervention untersucht werden, so ist für die Messung zu prüfen, ob sich Veränderungen abhängiger Variablen ursächlich auf Veränderungen unabhängiger Variablen zurückführen lassen. Zusammenhänge lassen sich dann eindeutig interpretieren (vgl. Abbildung 10.1).

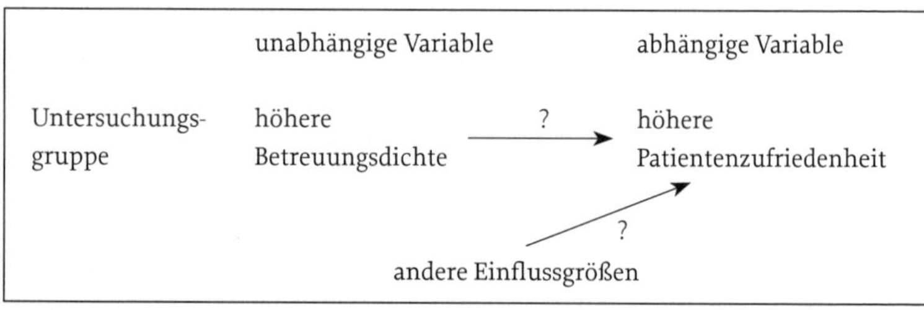

Abbildung 10.1: Interne Validität

Die Einführung einer höheren Betreuungsdichte wäre z. B. die unabhängige Variable, die Zufriedenheit der Patienten die abhängige Variable. Will man den Zusammenhang: «Höhere Betreuungsdichte führt zu höherer Zufriedenheit bei Patienten» untersuchen, so ist bei der empirischen Beantwortung der Frage zu klären, wie eindeutig dieser Zusammenhang gemessen werden kann. Zur Bestimmung dieser internen Validität wird versucht, andere Einflussgrößen auszuschließen – inwieweit sich also andere Bedingungen parallel zur Erhöhung der Betreuungsdichte verändert haben, auf die eine höhere Zufriedenheit der Patienten eigentlich zurückzuführen ist.

Zur Sicherung interner Validität werden entsprechend Bedingungen isoliert und kontrolliert. Ein Weg zur Überprüfung der Wirkung einer Intervention ist das *Kontrollgruppendesign* (vgl. Kapitel 4): In einer zweiten so weit wie möglich vergleichbaren Gruppe wird die Intervention nicht eingeführt – die Betreuungsdichte nicht erhöht – und geprüft, ob der in der Untersuchungsgruppe festgestellte Effekt höhere Zufriedenheit dann ausbleibt.

«Interne Validität liegt dann vor, wenn Veränderungen in den abhängigen Variablen eindeutig auf den Einfluss der unabhängigen Variablen zurückzuführen sind bzw. wenn es neben der Untersuchungshypothese keine besseren Alternativerklärungen gibt» (Bortz & Döring 2006, S. 53).

Interne Validität ist im Labor und in der experimentellen Forschung am ehesten sicherzustellen und zu prüfen. Dies geht jedoch auf Kosten der zweiten Form von Validität von Untersuchungsanordnungen, der *externen Validität.* Hier ist die generelle Frage, inwieweit Ergebnisse über Situationen und Personen, an denen sie erhoben wurden, auf Situationen und Personen außerhalb der Forschung übertragen werden können. Lässt sich ein gefundener Zusammenhang zwischen der Erhöhung der Betreuungsdichte und der Patientenzufriedenheit auf andere Stationen, Kliniken oder auf Versorgungssituationen generell übertragen, oder gilt er nur unter den konkreten Bedingungen, unter denen er festgestellt wurde (vgl. Abbildung 10.2)?

Während im Labor und unter weitgehend kontrollierten Bedingungen die interne Validität hoch ist, ist die externe Validität eher gering. Bei Untersuchungen im Feld und unter natürlichen Bedingungen ist dagegen die externe Validität höher und die interne Validität geringer, da dort die Kontrolle der Bedingungen nur eingeschränkt möglich ist.

«Externe Validität liegt vor, wenn das in einer Stichprobenuntersuchung gefundene Ergebnis auf andere Personen, Situationen oder Zeitpunkte generalisiert werden kann» (Bortz & Döring 2006, S. 53).

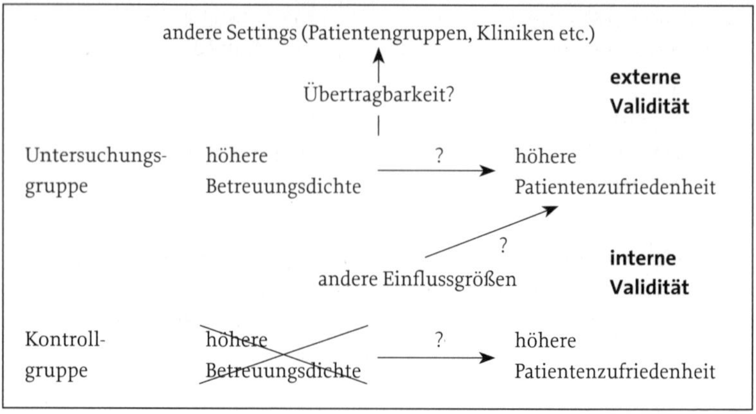

Abbildung 10.2: Externe Validität

Beide Kriterien in einem Untersuchungsdesign gleichzeitig und gleichermaßen einzulösen gilt als schwierig. Hier liegt ein Dilemma empirischer Forschung vor, das in einem Untersuchungsdesign nur schwer aufgelöst werden kann. Externe und interne Validität werden für Untersuchungsdesigns geprüft, aber auch für Messinstrumente.

(2) Validität von Messinstrumenten

Die Validität einer Forschungsmethode lässt sich in der Frage bündeln: *Misst die Methode, was sie messen soll?* Zur Beantwortung dieser generellen Frage werden verschiedene Formen von Validitätsprüfungen vorgenommen: Inhaltsvalidität, Kriteriumsvalidität und Konstruktvalidität.

– *Inhaltsvalidität* ist dann gegeben, wenn das Messinstrument oder der Test den zu untersuchenden Gegenstand in seinen wesentlichsten Aspekten erschöpfend erfasst. Dies kann man entweder subjektiv selbst oder besser durch Einschätzungen des Messinstrumentes durch Experten oder Laien prüfen. Fehler sollten bei solchen Prüfungen ins Auge fallen, weshalb man dies auch *Augenscheinvalidität* nennt. Wird z. B. die Betreuungsdichte in den relevanten Situationen des Tagesablaufs in der Klinik erhoben oder nur zu einem bestimmten Zeitpunkt – etwa bei der Neuaufnahme eines Patienten?

- *Kriteriumsvalidität* ist dann gegeben, wenn das Ergebnis einer Messung mit einem Außenkriterium übereinstimmt: Dies ist erfüllt, wenn z. B. die Ergebnisse eines Berufseignungstests mit dem beruflichen Erfolg des Getesteten übereinstimmt (vgl. Abbildung 10.3). Solche Außenkriterien können entweder parallel bestimmt werden, wobei dann die *Übereinstimmungsvalidität* geprüft wird – etwa durch Verhaltensbeobachtung. Oder sie werden zeitlich später bestimmt, wobei dann *prognostische Validität* geprüft wird – erlauben beispielsweise die Ergebnisse eines Berufseignungstests die Vorhersage des beruflichen Erfolgs?

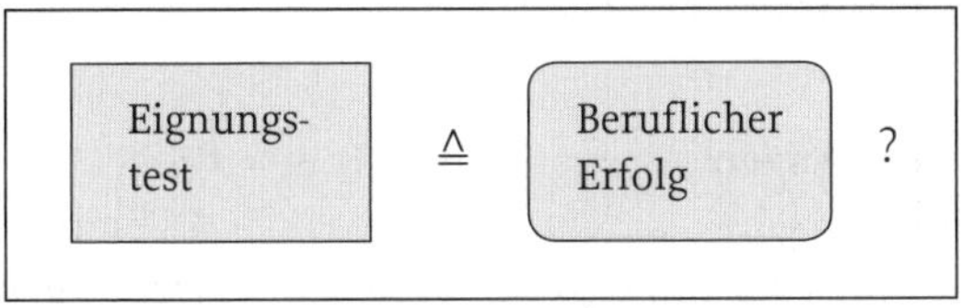

Abbildung 10.3: Kriteriumsvalidität

Ein Problem ist dabei, dass das Außenkriterium – zur Messung des tatsächlichen beruflichen Erfolgs – selbst valide sein muss, damit sich daraus ableiten lässt, dass die eigentliche Messung valide ist. Ferner ist noch die *differenzielle Validität* zu berücksichtigen – Übereinstimmungen zwischen dem Testwert und dem Außenkriterium können in unterschiedlichen Populationen unterschiedlich ausfallen. Messinstrumente sollen in der Regel geeignet sein, Unterschiede bei verschiedenen Gruppen zu erfassen.

- Schließlich wird noch die *Konstruktvalidität* bestimmt. Dabei geht es darum zu prüfen, inwieweit das von einer Methode erfasste Konstrukt mit möglichst vielen anderen Variablen in theoretisch begründbaren Zusammenhängen steht und hieraus Hypothesen ableitbar sind, die einer empirischen Prüfung standhalten. Dabei kommen verschiedene Messungen zum Einsatz. Dazu wird in der Regel eine *Multitrait-Multi-*

Method-Matrix (vgl. Campbell & Fiske 1959) eingesetzt: Konstrukte werden mit mehreren Methoden gemessen. *Konvergente Validität* ist dann gegeben, wenn mehrere Methoden dasselbe Konstrukt übereinstimmend messen – wenn beispielsweise Patientenzufriedenheit durch einen Fragebogen und ein Interview untersucht werden und beide Methoden übereinstimmende Ergebnisse liefern. *Diskriminante Validität* bezieht sich darauf, ob die Messungen geeignet sind, das Konstrukt von anderen Konstrukten zu unterscheiden – inwieweit tatsächlich Zufriedenheit des Patienten mit der Betreuung und nicht ein allgemeines Wohlbefinden bestimmt wird.

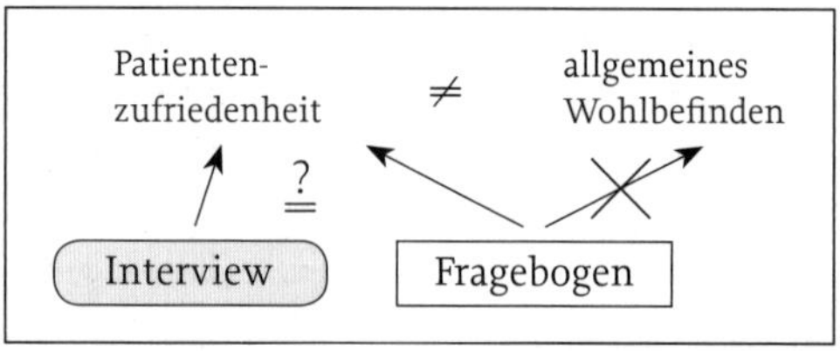

Abbildung 10.4: Konstruktvalidität

(3) Validität bei Indices

Ein Index wird gebildet, wenn eine Größe nicht direkt beobachtbar ist, vor allem wenn darin verschiedene Aspekte eines theoretischen Konstrukts zusammenfließen – z. B. Patientenzufriedenheit (vgl. Kapitel 5). Die Messung dieses Konstrukts erfordert dann die Auswahl eines oder mehrerer geeigneter Indikatoren. Um die auftretenden Fehler bei der Messung komplexer Konstrukte bzw. Größen gering zu halten, wird man mehrere Indikatoren verwenden, um die Messqualität zu erhöhen. Die Gesamtbenotung von Schulaufsätzen etwa setzt sich aus den Bewertungen der Rechtschreibung, des Stils, des Inhalts und der Form zusammen – entweder zu gleichen Teilen oder mit unterschiedlichem Gewicht, wenn z. B. der Stil stärker berücksichtigt wird als die Fehlerzahl.

So wird man auch die Patientenzufriedenheit aus verschiedenen Indikatoren zu bestimmen suchen und etwa ein Instrument zur Lebensqualitätsbestimmung verwenden sowie einen Fragebogen zur Messung der Zufriedenheit mit den Leistungen des Klinikpersonals oder mit der Infrastruktur des Krankenhauses einsetzen. Dabei stellt sich dann die Frage, wie diese einzelnen Variablen bei der Bildung des Index *gewichtet* werden – welchen Anteil die Fragebogenresultate zur Zufriedenheit mit den Leistungen des Personals im Verhältnis zur Lebensqualitätsbestimmung bei der Bildung des Patientenzufriedenheitsindex haben. Weiterhin ergibt sich das Problem bei der Bestimmung der Validität des Index, dass die eingeflossenen Variablen – Lebensqualität, Zufriedenheit mit dem Personal – selbst valide bestimmt werden müssen, damit der Index insgesamt valide sein kann. Damit stellen sich die genannten Validitätsbestimmungen auf zwei Ebenen – auf der Ebene des einzelnen Indikators und auf der Ebene des aus den Indikatoren gebildeten Index. «Die Qualität eines Indexes hängt wesentlich davon ab, ob alle relevanten Dimensionen ausgewählt und angemessen gewichtet wurden» (Bortz & Döring 2006, S. 144). Bei Indices setzt sich die Validität entsprechend aus der Validität die einzelnen Items bzw. Fragen, der Validität der aus ihnen gebildeten Skalen und aus der angemessenen Gewichtung der Bestandteile zusammen.

Zur Validität bei Indices kann Folgendes festgehalten werden: Da die Indexbildung auf der Verwendung mehrerer Indikatoren zur Messung einer nicht direkt beobachtbaren Größe beruht, ergeben sich hier spezifische Probleme der Validität. So sollte geprüft werden, ob

- die relevanten Dimensionen ausgewählt und angemessen gewichtet wurden,
- die Instrumente zur Messung der gewählten Indikatoren valide sind und
- die Items, die in die Indikatoren einfließen, valide sind.

Validität bezeichnet also unterschiedliche Anhaltspunkte zur Prüfung der Geltung von Untersuchungsergebnissen, wobei auch Fragen ihrer Übertragbarkeit und Verallgemeinerbarkeit angesprochen sind.

Objektivität

Objektivität bei Tests oder Fragebogen gibt an, inwieweit die Anwendung des Instruments unabhängig ist von der Person, die ihn einsetzt.

Wenn verschiedene Forscher denselben Test auf dieselben Personen anwenden, müssen die Ergebnisse identisch sein. Dabei werden *drei Formen* unterschieden:

- *Durchführungsobjektivität* bezieht sich darauf, dass Antworten oder Testergebnisse des Untersuchungsteilnehmers vom Anwender des Tests (Untersuchungsleiter) unabhängig sein sollten. Vor allem wird dies durch die Standardisierung der Durchführung (standardisierte Instruktionen zur Bearbeitung des Instruments, standardisierte Bedingungen in der Anwendungssituation) erreicht.
- *Auswertungsobjektivität* bezeichnet, dass Antworten in Tests oder Fragebogen unabhängig von der Person des Auswerters klassifiziert (etwa einem bestimmten Punktwert zugeordnet) werden müssen.
- *Interpretationsobjektivität* meint, dass die Interpretation von Antworten oder Testwerten unabhängig von der Person des Auswerters bzw. Interpreten und seinen subjektiven Deutungen oder Bewertungen vorgenommen werden soll. Deshalb werden für viele Tests Normwerte (Alters-, Geschlechts- oder Bildungsnormen) anhand repräsentativer Stichproben ermittelt, die dann zur Bewertung der Leistungen bzw. Werte des Untersuchungsteilnehmers herangezogen werden.

Objektivität wird vor allem durch die Standardisierung der Durchführung einer Untersuchung und der Auswertung und Interpretation ihrer Ergebnisse angestrebt, um subjektive oder individuelle Einflüsse des Untersuchungsleiters oder Beeinflussungen in der konkreten Situation auszuschließen.

Qualität und Bewertung qualitativer Forschung

Anwendung der klassischen Kriterien

Die bislang behandelten Kriterien sind vor allem in der quantitativen Forschung anerkannt und finden dort ihre Anwendung. Sie basieren alle mehr oder minder auf der Standardisierung der Untersuchungssituation.

Teilweise wird ihre Anwendung und Einhaltung auch für qualitative Untersuchungen diskutiert (vgl. Kirk & Miller 1986). Hier wird jedoch die

Frage aufgeworfen, inwieweit sie gerade aufgrund der starken Betonung der Standardisierung des Vorgehens und der Ausschaltung der kommunikativen Einflüsse des Forschers dem besonders auf Kommunikation, Interaktion und subjektiver Deutung und Interpretation durch den Forscher basierenden Vorgehen qualitativer Forschung gerecht werden können. Wobei hier Kommunikation, Interpretation und Deutung nicht als Störvariablen, sondern als Stärken und Voraussetzung der Forschung gesehen werden. Entsprechend fragen schon Glaser und Strauss (1993, S. 92), «ob der Kanon quantitativer Sozialforschung als Kriterium (...) auf qualitative Forschung (...) anwendbar ist. Die Beurteilungskriterien sollten vielmehr auf einer Einschätzung der allgemeinen Merkmale qualitativer Sozialforschung beruhen – der Art der Datensammlung (...) der Analyse und Darstellung und der (...) Weise, in der qualitative Analysen gelesen werden.»

Aus dieser Skepsis resultieren im Laufe der Zeit eine Reihe von Versuchen, eine *eigenständige* Diskussion über Kriterien qualitativer Forschung zu initiieren (vgl. Flick 2007a, S. 487–510), und Versuche, methodenangemessene Kriterien (Flick 2008c) zu entwickeln und diese an die Stelle von Kriterien wie Validität und Reliabilität zu setzen.

Reformulierung klassischer Kriterien

Vorschläge zur Reformulierung von Reliabilität im Sinne einer stärker prozeduralen Konzeption zielen darauf ab, das Zustandekommen der Daten dahin gehend zu explizieren, dass überprüfbar wird, was noch Aussage des jeweiligen Subjekts ist und wo die Interpretation des Forschers bereits begonnen hat. Schließlich soll sich die Reliabilität im gesamten Prozess durch dessen reflexive Dokumentation erhöhen.

Auch Validität wird reformuliert. So wird eine spezifische Analyse der Interviewsituation, ausgehend von den verschiedenen Geltungsansprüchen, die in Habermas' «Theorie des kommunikativen Handelns» (1981) unterschieden werden, vorgeschlagen (vgl. dazu Legewie 1987). Eine weitere Möglichkeit der Bestimmung von Validität zielt auf die Einbeziehung der untersuchten Subjekte oder Gruppen in den Forschungsprozess. Einen Weg hierzu bietet die Einführung kommunikativer Validierung in einem zweiten Termin nach Abschluss des Interviews und der Transkription (für konkrete Vorschläge vgl. Scheele & Groeben 1988). Eine Zeit lang wurde kommunikative Validierung auch in Bezug auf Interpretationen von Texten diskutiert. Nicht zuletzt aufgrund der bei der Konfrontation mit Interpretationen auftretenden ethischen Probleme hat dieses Verständnis an Bedeutung verloren. Für eine allgemeine Anwendung solcher Strategien sind zwei Fragen noch nicht befriedigend beantwortet:

- Wie ist das methodische Vorgehen bei der kommunikativen Validierung zu gestalten, damit es den untersuchten Sachverhalten und der Sicht der Subjekte tatsächlich gerecht wird?
- Wie lässt sich jenseits der Zustimmung der Subjekte die Frage der Geltungsbegründung weiter gehend beantworten?

Mishler (1990) geht einen Schritt weiter in der Reformulierung des Konzepts der Validität. Er setzt am Prozess der Validierung an (statt am Zustand der Validität) und definiert «Validierung als soziale Konstruktion von Wissen» (S. 417), durch die wir «Behauptungen über die ‹Vertrauenswürdigkeit› berichteter Beobachtungen, Interpretationen und Verallgemeinerungen aufstellen und diese bewerten» (S. 419). Schließlich umgeht «Validierung, verstanden als der soziale Diskurs, durch den Vertrauenswürdigkeit hergestellt wird, solche vertrauten Konventionen wie Reliabilität, Falsifikation und Objektivität». Als empirische Basis für diesen Diskurs und die Konstruktion von Vertrauenswürdigkeit erörtert Mishler die Verwendung von Beispielen aus narrativen Studien.

Methodenangemessene Kriterien

Schließlich wird der Gedanke der Gegenstandsangemessenheit dahin gehend ausgeweitet, dass methodenangemessene Gütekriterien für qualitative Methoden gefordert werden. Neben der bereits vorgestellten kommunikativen Validierung und der in Kapitel 8 behandelten *Triangulation* lässt sich gerade in der amerikanischen Diskussion eine Vielzahl von neuen Kriterien finden (vgl. Flick 2007a, S. 511–530; Flick 2008c). So propagieren Lincoln und Guba (1985) Vertrauenswürdigkeit, Glaubwürdigkeit, Übertragbarkeit, Zuverlässigkeit und Bestätigbarkeit als

Kriterien qualitativer Forschung, wobei «Vertrauenswürdigkeit» im Vordergrund steht. Um die Glaubwürdigkeit qualitativer Forschung, Daten und Ergebnisse zu erhöhen, skizzieren sie fünf Strategien:

- Aktivitäten zur Erhöhung der Wahrscheinlichkeit, dass glaubwürdige Erkenntnisse produziert werden durch ein «verlängertes Engagement» und «ausdauernde Beobachtungen» im Feld und die Triangulation verschiedener Methoden, Forscher und Datensorten.
- «Peer debriefing»: regelmäßige Besprechungen mit nicht an der Forschung beteiligten Personen, um die eigenen blinden Flecke aufzudecken sowie Arbeitshypothesen und Ergebnisse zu überprüfen.
- Die Analyse abweichender Fälle.
- Angemessenheit in den Bezugspunkten von Interpretationen und ihrer Überprüfung.
- «Member-Checks» – kommunikative Validierung von Daten und Interpretationen mit den Mitgliedern der untersuchten Felder.

Für die Überprüfung der Verlässlichkeit qualitativer Daten wird in diesem Zusammenhang ein Prozess des «Auditing» vorgeschlagen, der am Vorgang der Buchprüfung im Finanzwesen orientiert ist. Dafür wird ein *Überprüfungspfad* (Auditing Trail) skizziert:

Ein Auditing Trail erfasst

- die Rohdaten, ihre Erhebung und Aufzeichnung;
- Datenreduktion und Ergebnisse von Synthesen durch Zusammenfassung, theoretische Notizen, Memos, Zusammenfassungen, Kurzdarstellungen von Fällen etc.;
- Datenrekonstruktionen und Ergebnisse von Synthesen anhand der Struktur entwickelter und verwendeter Kategorien (Themen, Definitionen, Beziehungen), Erkenntnisse (Interpretationen und Schlüsse) sowie die erstellten Berichte mit ihren Integrationen von Konzepten und den Bezügen zu existierender Literatur;
- Prozessnotizen, d. h. methodologische Notizen und Entscheidungen auch hinsichtlich der Herstellung von Vertrauens- und Glaubwürdigkeit der Erkenntnisse;
- Materialien in Bezug auf Absichten und Anordnungen wie die Forschungskonzeption, persönliche Aufzeichnungen und Erwartungen der Beteiligten;

– Informationen über die Entwicklung der Instrumente einschließlich der Pilotversionen und vorläufigen Pläne.

Die Frage der Übertragbarkeit von Ergebnissen wurde bereits unter der Überschrift «externe Validität» diskutiert. Sie wird aber auch generell zu einem Aspekt der Bewertung empirischer Forschung, weshalb sie erneut für quantitative und qualitative Forschung behandelt werden soll.

Verallgemeinerung

Verallgemeinerung in der quantitativen Forschung

In der quantitativen Forschung wird die Verallgemeinerbarkeit der Ergebnisse einer Untersuchung im Wesentlichen in zwei Richtungen überprüft. Durch die bereits dargestellte Prüfung der externen Validität soll sichergestellt werden, dass die in der Stichprobe gefundenen Ergebnisse auch für die Grundgesamtheit gelten und geprüft wird, inwieweit sie auf ähnliche Grundgesamtheiten übertragbar sind. Bortz und Döring (2006, S. 335) halten fest, dass «Generalisierbarkeit in der quantitativen Forschung durch den wahrscheinlichkeitstheoretisch abgesicherten Schluss von Zufallsstichproben (bzw. Stichprobenkennwerten) auf Populationen (bzw. Populationsparameter) erreicht wird».

Die verschiedenen Stichprobenverfahren (vgl. Kapitel 4) sollen dies gewährleisten. Am konsequentesten wird dies mit der *Zufallsstichprobe* angestrebt, bei der jedes Mitglied der Population die gleiche Chance hat, in die Stichprobe aufgenommen zu werden. Durch dieses Zufallsverfahren können Verzerrungen, die sich durch die im Vergleich zur Grundgesamtheit unverhältnismäßig gewichtete Verteilung von Merkmalen in der Stichprobe ergeben, ausgeschlossen werden. Damit ist die Stichprobe für die Grundgesamtheit repräsentativ, und der Schluss von Stichprobe auf die Grundgesamtheit ist hinsichtlich der Gültigkeit der Ergebnisse zulässig. Andere Verfahren versuchen, die Verteilung in der Grundgesamtheit in der Stichprobe gezielter abzubilden, indem etwa eine *geschichtete Stichprobe* gezogen wird:

«Man zieht eine geschichtete Stichprobe, indem man die Zielpopulation auf der Basis einer oder mehrerer Merkmale in Teilpopulationen (Schichten) einteilt – pro Merkmalsausprägung bzw. Merkmalskombination entsteht eine Teilpopulation – und aus jeder dieser Schichten eine Zufallsstichprobe nimmt» (Bortz & Döring 2006, S. 425).

Verallgemeinerung über die Prüfung der externen Validität einer Untersuchung basiert auf der Frage nach der Ähnlichkeit zwischen den Untersuchungsteilnehmern und den Populationen, für die eine Untersuchung mit ihren Ergebnissen Gültigkeit aufweisen soll, das heißt, auf die sie verallgemeinert werden soll. Entsprechend spricht Campbell (1986) von «proximal similarity» statt von externer Validität: In den (für die Untersuchung und ihre Ergebnisse) relevanten Dimensionen muss größtmögliche Ähnlichkeit zwischen Stichprobe und der Gesamtheit (auf die Ergebnisse übertragbar sein sollen) herrschen – dann ist ihre Verallgemeinerung möglich.

Verallgemeinerung in der qualitativen Forschung

Während bei quantitativer Forschung die Verallgemeinerung vor allem ein *numerisches* Problem darstellt, das mit *statistischen* Mitteln gelöst werden soll, ist diese Vorgehensweise bei der qualitativen Forschung diffiziler. Zunächst stellt sich die Frage der Verallgemeinerbarkeit in ähnlicher Weise: Eine begrenzte, nach bestimmten Kriterien ausgewählte Zahl von Fällen (oder ein einzelner Fall) wurde untersucht, und die Ergebnisse beanspruchen über das Untersuchungsmaterial hinaus Gültigkeit. Der Fall oder die Fälle stehen für allgemeine Zusammenhänge. Die Frage der Verallgemeinerbarkeit stellt sich in der qualitativen Forschung aber auch in grundsätzlich anderer Hinsicht, als sie teilweise der Theorieentwicklung aus empirischem Material dient (im Sinne von Glaser & Strauss 1967/2005). Dann ist zu prüfen, auf welche weiteren Kontexte die entwickelte Theorie übertragen werden kann bzw. für welche weiteren Kontexte sie gültig ist.

Entsprechend ist ein Ansatzpunkt zur Beurteilung qualitativer Forschung, zu fragen, welche Überlegungen und Schritte unternommen wurden, um den Geltungsbereich empirischer Ergebnisse oder daraus entwickelter Theorien zu bestimmen bzw. zu erweitern. Dabei sind die Ausgangspunkte die Analyse von Fällen und die Wege, die von ihnen ausgehend zu allgemeinen Aussagen beschritten werden. Das Problem der Generalisierung liegt bei qualitativer Forschung unter anderem darin, dass ihr Ansatzpunkt häufig gerade die auf einen Kontext, auf einen konkreten Fall bezogene Analyse von Bedingungen, Zusammenhängen, Verläufen etc. ist. Durch diesen Kontextbezug gewinnt qualitative Forschung (oft) eine spezifische Aussagekraft. Im Schritt der Generalisierung wird dieser Kontextbezug aufgegeben, um zu untersuchen, inwieweit die gefundenen Zusammenhänge auch unabhängig und außerhalb von spezifischen Kontexten gelten. In der Zuspitzung dieses Dilemmas behandeln Lincoln und Guba (1985) das Problem unter der Überschrift «Die einzige Generalisierung ist: Es gibt keine Generalisierung». Jedoch skizzieren sie mit der *Übertragbarkeit* (transferability) von Erkenntnissen aus einem Kontext in einen anderen und der *Passung* (fittingness) als Grad der Vergleichbarkeit verschiedener Kontexte Kriterien und Wege für die Verallgemeinerung von Erkenntnissen über einen Kontext hinaus.

So werden verschiedene Möglichkeiten diskutiert, wie der Weg vom Fall zur Theorie so abgesteckt werden kann, dass sich zumindest eine gewisse Verallgemeinerung erreichen lässt. Ein erster Schritt ist die Klärung der Frage, welcher *Grad an Verallgemeinerung* mit der jeweiligen Studie überhaupt angestrebt wird und erreichbar ist, um angemessene Ansprüche an die Generalisierung abzuleiten. Ein zweiter Schritt ist die sorgfältige *Einbeziehung von unterschiedlichen Fällen und Kontexten*, in denen die untersuchten Zusammenhänge empirisch analysiert werden. Die Generalisierbarkeit der Ergebnisse hängt häufig eng mit der Realisierung der Auswahl zusammen, wobei das theoretische Sampling eine Strategie anbietet, die Variation der Bedingungen, unter denen ein Phänomen empirisch untersucht wird, möglichst breit zu gestalten. Der dritte Ansatzpunkt ist der *systematische Vergleich erhobenen Materials.*

(1) Methode des konstanten Vergleichs

Neben der Methode des «theoretischen Sampling» schlägt Glaser (1969) für den Prozess der Theorieentwicklung die «Methode des konstanten Vergleichs» als Verfahren bei der Auswertung von Texten vor. Es besteht im Wesentlichen aus *vier Stufen*: «(1) Vergleich von Ereignissen, die in die jeweilige Kategorie passen, (2) Integration von Kategorie und ihren Inhalten, (3) Eingrenzung der Theorie und (4) Formulierung der Theorie» (S. 220). Zentral ist dabei für Glaser die systematische Zirkularität dieses Prozesses: «Obwohl es sich bei dieser Methode um einen kontinuierlichen Wachstumsprozess handelt – jede Stufe transformiert sich nach einer Weile in die nächste –, bleiben vorherige Stufen während der gesamten Analyse wirksam und sorgen für eine kontinuierliche Entwicklung zur nächsten Stufe, bis die Analyse abgeschlossen ist» (S. 220).

Zur Methode des konstanten Vergleichs wird dieses Vorgehen, wenn Interpreten darauf achten, dass sie Kodierungen immer wieder mit bereits vollzogenen Kodierungen und Zuordnungen vergleichen, dass bereits kodiertes Material mit seiner Zuordnung nicht ‹erledigt› ist, sondern weiter im Prozess des Vergleichs einbezogen bleibt.

(2) Fallkontrastierung und Idealtypenbildung

Der konstante Vergleich wird in Strategien der Fallkontrastierung (vgl. auch Kelle & Kluge 1999) weiterentwickelt und systematisiert – am stärksten bei Gerhardt (1986) in der Idealtypenbildung. Sie umfasst folgende Schritte: Nach der Fallrekonstruktion und -kontrastierung lassen sich Typen bilden; anschließend werden «reine» Fälle ermittelt; im Vergleich zu diesen idealtypischen Verläufen lässt sich das Einzelfallverstehen systematisieren; durch weitere Typenbildungen (vgl. Kapitel 6) findet dieser Prozess über das Strukturverstehen, d. h. das Verstehen von Zusammenhängen, die über den einzelnen Fall hinausweisen, seinen Abschluss. Zentrale Instrumente sind der *minimale Vergleich* von möglichst ähnlichen Fällen und der *maximale Vergleich* von möglichst unterschiedlichen Fällen auf Unterschiede und Gemeinsamkeiten. Der Vergleich konkretisiert sich dabei zunehmend in Hinblick auf das im empirischen Material enthaltene Spektrum, dessen Endpunkte durch den maximalen

Vergleich und dessen Zentrum durch den minimalen Vergleich besondere Aufmerksamkeit erfahren. Ähnlich schlägt Schütze (1983) die *minimale und maximale Konstrastierung von Einzelfällen* für die vergleichende Auswertung narrativer Interviews vor.

Verallgemeinerung bei qualitativer Forschung liegt in der schrittweisen Übertragung von Erkenntnissen aus Fallstudien und ihrem Kontext auf allgemeine und abstraktere Zusammenhänge, z. B. eine Typologie. Die Aussagekraft solcher Muster lässt sich dann wieder danach bestimmen, inwieweit unterschiedliche theoretische und methodische Perspektiven auf den Gegenstand – nach Möglichkeit auch von verschiedenen Forschern – *trianguliert* wurden und wie mit abweichenden Fällen umgegangen wurde. Zu berücksichtigen ist dabei, welcher Grad an Verallgemeinerung überhaupt mit der konkreten Studie angestrebt wird. Dann wird die Frage, ob die angestrebte Ebene der Verallgemeinerung erreicht worden ist, zu einem weiteren Kriterium der Bewertung von Ergebnissen qualitativer Forschung und des Prozesses, der zu ihnen geführt hat.

Leitfragen für die Bewertung konkreter Projekte

Bei der Bewertung eines empirischen Projekts in der Sozialforschung können folgende Fragen eine Orientierung bieten:

Kasten 10.1: **Leitfragen für die Bewertung konkreter Projekte**

1. Wurden bei einer quantitativen Studie die Kriterien Reliabilität, Validität und Objektivität geprüft?
2. Welche Kriterien bzw. Ansätze zur Bestimmung der Qualität wurden bei einer qualitativen Studie angewendet?
3. Inwieweit sind die Studie, aber auch die Prüfung ihrer Qualität transparent und explizit gemacht – in der Darstellung des Vorgehens und der Ergebnisse?
4. Wie wurde mit abweichenden Ergebnissen umgegangen?
5. Wie wurde die Verallgemeinerbarkeit der Ergebnisse überprüft, welche Ziele wurden dabei gesetzt, und wie wurden sie eingelöst?

Diese Aspekte sind für die Einschätzung der eigenen Forschung ebenso relevant wie bei der Bewertung fremder Studien.

Kernpunkte

- Für die Bewertung von quantitativer Sozialforschung haben sich die Kriterien Reliabilität, Validität und Objektivität etabliert.
- In der qualitativen Sozialforschung lassen sich diese Kriterien nur in seltenen Fällen anwenden.
- Es liegt jedoch eine Reihe von Vorschlägen vor, wie diese Kriterien reformuliert werden können.
- Darüber hinaus wurden methodenangemessene Kriterien für die qualitative Forschung entwickelt.
- Verallgemeinerung basiert in der quantitativen Forschung in der Regel auf dem (statistischen) Schluss von der Stichprobe auf die Grundgesamtheit.
- In der qualitativen Forschung wird eher eine theoretische Verallgemeinerung angestrebt.
- Hierbei spielen Typenbildung und Fallkontrastierung eine zentrale Rolle.

Weiterführende Literatur

Bortz, J. & Döring, N. (2006). Forschungsmethoden und Evaluation für Sozialwissenschaftler (3. überarbeitete Auflage). Berlin u. a.: Springer.

Diekmann, A. (2007). Empirische Sozialforschung (17. Auflage). Reinbek bei Hamburg: Rowohlt.

Flick, U. (2008c). Managing Quality in Qualitative Research. London, Thousand Oaks, New Delhi: Sage.

Steinke, I. (1999). Kriterien qualitativer Forschung. Ansätze zur Bewertung qualitativ-empirischer Sozialforschung. Weinheim, München: Juventa.

11 Ethische Fragen der Sozialforschung

Ziele: Nach der Lektüre dieses Kapitels sollten Sie

- die ethischen Fragen, die mit Sozialforschung verknüpft sind, sehen,
- eine Sensibilität für ethische Fragen in der Sozialforschung entwickeln,
- erkennen, dass es keine einfache Antwort auf diese Fragen gibt, und
- Forschung in einem ethisch legitimen Rahmen planen und durchführen können.

In Kapitel 8 wurden Grenzen der Sozialforschung behandelt. Dabei ging es vor allem um methodische bzw. technische Beschränkungen – Was kann man mit einer Methode bzw. Richtung erfassen, was bleibt eher außen vor, wie lässt sich dies durch die Verwendung mehrerer Methoden verändern? – und um eher grundsätzliche Grenzen – Wann sollte Forschung eher nicht durchgeführt werden? In diesem Kapitel steht eine andere Begrenzung der Sozialforschung im Vordergrund: Welche ethischen Probleme sollten beachtet werden, an welche ethischen Grenzen stößt sie, und wie sind ethische Belange in der Forschung zu berücksichtigen?

Prinzipien ethisch vertretbarer Forschung

Definition von Forschungsethik

Obwohl sich ethische Fragen der Forschung in anderen Bereichen grundsätzlich ebenso stellen, werden diese insbesondere in der medizinischen und pflegerischen Forschung aufgeworfen. Folgende Definition von Forschungsethik liegt vor:

«Forschungsethik befasst sich mit der Frage, welche ethisch relevanten Einflüsse die Intervention eines Forschers den Menschen zumuten könnte, mit oder an denen der Forscher forscht. Sie befasst sich zudem mit den Maßnahmen, die zum Schutz der an einer Forschung teilnehmenden Personen unternommen werden sollen, sofern dieses als notwendig erscheint» (Schnell & Heinritz 2006, S. 17).

Ansätze einer ethischen Theorie

Im Bereich der Sozialwissenschaften setzen sich Murphy und Dingwall mit einer «ethischen Theorie» auseinander, die vier Themen umfasst:

«*Nicht-Schädigung* – Forscher sollten eine Beschädigung der Teilnehmer vermeiden.
Nutzen – Forschung an menschlichen Subjekten sollte einen positiven und identifizierbaren Nutzen haben, anstatt nur um ihrer selbst willen durchgeführt zu werden.
Autonomie bzw. Selbstbestimmung – die Werte und Entscheidungen der an Forschung Teilnehmenden sollten respektiert werden.
Gerechtigkeit – alle Menschen sollten gleich behandelt werden» (2001, S. 339).

Darin werden die wesentlichen Bereiche der Forschungsethik benannt, die im Folgenden weiter erläutert werden.

Forschungsethische Prinzipien

Es lassen sich verschiedene Prinzipien der Forschungsethik formulieren, wie dies Schnell und Heinritz (2006) für den Bereich der Gesundheitswissenschaften getan haben. Die Autoren stellen acht Prinzipien (vgl. Kasten 11.1) vor und begründen sie ausführlich (S. 21–24).

Kasten 11.1: **Forschungsethische Prinzipien**

1 Der Forscher muss begründen können, warum zu seinem Thema Forschung überhaupt notwendig ist.
2 Der Forscher muss erklären können, was das Ziel seiner Forschung ist und unter welchen Umständen die Probanden an ihm mitwirken.
3 Der Forscher muss das methodische Vorgehen seines Vorhabens explizieren können.
4 Der Forscher muss einschätzen können, ob seine Forschungstätigkeit ethisch relevante positive oder negative Folgen für den Probanden hat.
5 Der Forscher muss vor der Realisierung seines Vorhabens die durch eine Realisierung möglicherweise auftretenden Verletzungen und Schäden abschätzen.
6 Der Forscher muss aufgrund der gemäß Prinzip 5 eingeschätzten Risiken eine ethische Prävention initiieren.
7 Der Forscher darf keine falschen Aussagen über den Nutzen seiner Forschung abgeben.
8 Der Forscher muss die geltenden Datenschutzbestimmungen beachten (nach Schnell & Heinritz 2006, S. 21 f.).

Zusammenfassend beziehen sich diese Prinzipien darauf, dass der Forscher sein Vorgehen deutlich macht (Notwendigkeit, Ziele, Methoden), Schädigungen und Täuschungen der Beteiligten vermeidet bzw. ausschließt und den Datenschutz berücksichtigt.

Informierte Einwilligung

Informierte Einwilligung als allgemeines Prinzip

Dass Studien nur mit Personen durchgeführt werden, die darüber informiert sind und freiwillig daran teilnehmen, sollte eigentlich selbstverständlich sein – trotz oder gerade wegen der Beispiele, in denen das nicht der Fall war. Die Prinzipien der informierten Einwilligung und der Freiwilligkeit der Teilnahme werden für sozialwissenschaftliche Forschung im Ethik-Kodex der Deutschen Gesellschaft für Soziologie wie folgt angegeben:

> «Generell gilt für die Beteiligung an sozialwissenschaftlichen Untersuchungen, dass diese freiwillig ist und auf der Grundlage einer möglichst ausführlichen Information über Ziele und Methoden des entsprechenden Forschungsvorhabens erfolgt. Nicht immer kann das Prinzip der informierten Einwilligung in die Praxis umgesetzt werden, z. B. wenn durch eine umfassende Vorabinformation die Forschungsergebnisse in nicht vertretbarer Weise verzerrt werden. In solchen Fällen muss versucht werden, andere Möglichkeiten der informierten Einwilligung zu nutzen» (Ethik-Kodex 1993, I B 2).

Wie hier deutlich wird, kann die Vorabinformation dem Untersuchungsziel entgegenstehen oder eine umfassende Information die Studie erschweren. Auch gibt es Forschungssettings, in denen es nicht möglich ist, alle potenziell von der Forschung erfassten Personen umfassend zu informieren und ihre Einwilligung einzuholen. Beispielsweise können bei der Beobachtung auf offenen Plätzen (Marktplätzen, Bahnhöfen etc.) viele Personen als Passanten nur kurzfristig ‹ins Bild kommen›. Bei diesen Personen ist es dann schwierig, ihre Zustimmung einzuholen.

Wenn diese Einschränkung nicht gegeben ist und sich die Zustimmung auch praktisch realisieren lässt, sollte auf keinen Fall darauf verzichtet werden. Entsprechend wird generell davon ausgegangen, dass eine informierte Einwilligung die Voraussetzung für die Teilnahme an der Forschung ist. Für die konkrete Umsetzung lassen sich einige Kriterien in der Literatur (Allmark 2002, S. 13) finden:

- Die Einwilligung sollte von einer Person erteilt werden, die dafür kompetent ist.
- Die Person, die eine Einwilligung gibt, sollte angemessen informiert werden.
- Die Einwilligung wird freiwillig gegeben.

Informierte Einwilligung bei der Forschung mit vulnerablen Gruppen

Ein Problem sind Personen, die aufgrund ihrer besonderen Situation eine solche Einwilligung nicht erteilen können. Diese werden auch als vulnerable Gruppen bezeichnet: «Vulnerable (verletzte, verletzliche) Probanden sind Personen, die aufgrund ihres Alters oder ihrer eingeschränkten geistigen Fähigkeiten keine informierte Zustimmung geben können und/oder aufgrund ihrer besonderen Lebenssituation durch die Teilnahme an einem Forschungsvorhaben in besonderem Maße belastet oder gar gefährdet sein können» (Schnell & Heinritz 2006, S. 43).

Wie soll man verfahren, wenn man mit Personen forschen möchte, die nicht fähig sind (oder nicht als fähig angesehen werden), das konkrete Procedere zu verstehen bzw. zu beurteilen und selbständig zu entscheiden – z. B. kleine Kinder oder Menschen, die sehr alt sind oder an Demenz oder psychischen Störungen leiden (vgl. zu Forschung mit vulnerablen Personen Liamputtong 2007)? In solchen Fällen kann man andere Personen bitten, die Einwilligung ersatzweise zu geben – die Eltern der Kinder, Familienmitglieder oder verantwortliches medizinisches Personal im Falle der Alten oder Kranken. Aber ist dann noch das Kriterium der informierten Einwilligung erfüllt? Kann man in jedem Fall davon ausgehen, dass diese andere Person jeweils die gleiche Perspektive hat wie der eigentliche Untersuchungsteilnehmer, um den es geht? Legt man das Prinzip der informierten Einwilligung hier konsequent aus, verbietet sich Forschung mit diesen Personengruppen – und damit auch zu Themen aus der Sicht von Betroffenen. Wird dennoch Forschung durchgeführt, darf sie nicht zu einer Ignorierung des Prinzips führen. Diese Abwägungen können allerdings nur im konkreten Fall vorgenommen und nicht generell getroffen werden.

Anonymität und Datenschutz

Ein weiterer Kernpunkt ethischen Handelns in der Forschung ist die Wahrung des Datenschutzes und der Anonymität der Beteiligten.

Vertraulichkeit, Anonymität und informierte Einwilligung bei der Datenerhebung

Im Rahmen von Forschungsprojekten an der Technischen Universität Berlin wurde die in Kasten 11.2 wiedergegebene Vereinbarung entwickelt, die sich auf beide Punkte – die informierte Einwilligung und die Information über Anonymität und Datenschutz – bezieht und vom Untersuchungsteilnehmer und dem Interviewer gemeinsam ausgefüllt und unterschrieben werden soll. Darin ist z. B. geregelt, dass ersatzweise eine mündliche Vereinbarung getroffen werden kann, wenn der Teilnehmer die Vereinbarung nicht unterschreiben möchte, und dass er eine gewisse Frist hat, in der er eine gegebene Zustimmung zurückziehen kann. Weiterhin wird vereinbart, wer Zugang zu den Daten hat und ob die Daten in anonymisierter Form in Lehrveranstaltungen verwendet werden können.

Kasten 11.2: **Vereinbarung zum Datenschutz für wissenschaftliche Interviews**

Vereinbarung zum Datenschutz für wissenschaftliche Interviews

– Die Teilnahme am Interview ist *freiwillig*. Es dient folgendem Zweck:
[Thema der Untersuchung einsetzen]

– Für die Durchführung und wissenschaftliche Auswertung des Interviews sind verantwortlich:

Interviewer/in:
.... [Adresse der Hochschule einsetzen]

Projektleiter:
Prof. Dr. [Name einsetzen], [Name einsetzen], [Adresse der Hochschule einsetzen]

– Die Verantwortlichen tragen dafür Sorge, dass alle erhobenen Daten streng vertraulich behandelt und ausschließlich zum vereinbarten Zweck verwendet werden.
– Die/der Befragte erklärt sein *Einverständnis* mit der Bandaufnahme (Ton) und der wissenschaftlichen Auswertung des Interviews. Nach Ende der Bandaufnahme können auf ihren/seinen Wunsch einzelne Abschnitte des Gesprächs gelöscht werden.

– Zur Sicherung des *Datenschutzes* gelten folgende Vereinbarungen (nicht Gewünschtes bitte streichen):

☞ **Das Material wird entsprechend folgenden *Datenschutzvereinbarungen* behandelt:**

Bandaufnahme:

1. Die Bandaufnahme wird von Bearbeiterin bzw. Projektleiter verschlossen aufbewahrt und nach Abschluss der Untersuchung, spätestens jedoch nach zwei Jahren gelöscht.
2. Zugang zur Bandaufnahme haben die Interviewer, Projektmitglieder für die Auswertung.
3. Darüber hinaus kann die Bandaufnahme zu Lehrzwecken in Seminaren benutzt werden. (Alle Personen müssen dabei zur Einhaltung des Datenschutzes verpflichtet werden!)

Auswertung und Archivierung:

1. Zu Auswertungszwecken wird von der Bandaufnahme ein schriftliches Protokoll (Transkript) angefertigt. Namen und Ortsangaben der/des Befragten werden im Protokoll – soweit erforderlich – unkenntlich gemacht.
2. In Veröffentlichungen muss sichergestellt werden, dass eine Identifikation der/des Befragten nicht möglich ist.
   – Die Verwertungsrechte (Copyright) des Interviews liegen bei der Interviewerin bzw. dem Projektleiter.
   – Die/der Befragte kann ihre/seine Einverständniserklärung innerhalb von 14 Tagen ganz oder teilweise widerrufen.

[Ort einsetzen], den ______ Interviewer/in: ______ Befragte/r: ______

Bei *mündlicher Datenschutzvereinbarung*:
Ich bestätige hiermit, dass ich die/den Befragte/n über den Zweck der Erhebung aufgeklärt, die Einzelheiten der obigen Datenschutzvereinbarung sinngemäß erläutert und ihr/sein Einverständnis erhalten habe.

[Ort einsetzen], den ______________ Interviewer/in: ______________

Vertraulichkeit und Anonymität in der Darstellung der Forschung
Vertraulichkeit und Anonymität können ferner relevant werden, wenn die Forschung mehrere Beteiligte an einem spezifischen, aber sehr überschaubaren Setting einbezieht. Werden beispielsweise Mitarbeiter im selben Unternehmen oder Familienmitglieder unabhängig voneinander befragt, kann sich die Notwendigkeit ergeben, Vertraulichkeit nicht nur in Bezug auf die Öffentlichkeit jenseits dieses Settings zu gewährleisten, sondern auch innerhalb. Leser einer diesbezüglichen Publikation sollten nicht die Personen identifizieren können, die an der Forschung z. B. als Interviewpartner teilgenommen haben. Aus diesem Grund sollten persönliche Details (Namen, Hinweise auf Adressen, Arbeitsstellen etc.) verändert werden, um Rückschlüsse auszuschließen oder zumindest zu erschweren. Entsprechend muss der Forscher sicherstellen, dass die anderen Untersuchungsteilnehmer nicht ihre Kollegen in der Darstellung des gemeinsamen Arbeitsumfeldes oder aus dem, was der Forscher über seine Untersuchung mitteilt, erkennen. Zu diesem Zweck sind eine konsequente Anonymisierung der Daten und ein sparsamer Umgang mit Kontextinformationen notwendig. Bei Interviews mit Kindern wollen viele Eltern wissen, was ihre Kinder in den Interviews gesagt haben – was bei Themen heikel ist, die sich auf den Umgang der Eltern mit den Kindern oder auf Konflikte zwischen beiden beziehen. Um diesem Problem zu entgehen, kann es notwendig werden, die Eltern vorab zu informieren, wenn solche Informationen nicht gegeben werden können.

Schließlich wird es immer wichtiger, die Daten (Fragebogen, Tonbandaufnahmen, Transkripte, Feldnotizen, Auswertungen etc.) sicher und verschlossen (Datensafes, abschließbare Schränke) aufzubewahren, damit niemand Zugang zu ihnen hat, der ihn nicht haben sollte (vgl. Lüders 2008).

Vermeidung von Schädigungen für die Beteiligten

Potenzielle Schädigungen der Untersuchungsteilnehmer sind ein zentrales ethisches Problem. Wenn im Interview oder im Fragebogen etwa gefragt wird, wie Menschen mit einer chronischen Krankheit leben und diese bewältigen, werden die Interviewpartner mit der Schwere ihrer Krankheit bzw. mit ihrer begrenzten Lebenserwartung erneut oder zusätzlich konfrontiert. Dies könnte eine Krise auslösen oder Belastungen für die Interviewpartner mit sich bringen. Ist es ethisch korrekt, ein solches Risiko der Teilnehmer für die Forschung einzugehen?

Ein besonderes Problem ergibt sich bei der Überprüfung der Wirksamkeit von Medikamenten (oder anderen Interventionen) in randomisierten Kontrollstudien (vgl. Kapitel 4 und 9), bei der Menschen mit einer Diagnose per Zufall der Untersuchungsgruppe (die eine Behandlung mit dem Medikament erhält) und einer Kontrollgruppe (die stattdessen ein wirkungsloses Placebo, also keine Behandlung erhält) zugeteilt werden. Ist es ethisch vertretbar, dieser zweiten Gruppe die Behandlung vorzuenthalten oder erst nach Abschluss der Studie zukommen zu lassen? Sind in solchen Fällen randomisierte Studien durchzuführen – insbesondere wenn es sich um eine ernsthafte oder gar lebensbedrohliche Erkrankung handelt (vgl. Thomson et al. 2004 zu dieser Problematik)?

Jenseits solcher medizinischen Studien wird im Ethik-Kodex der Deutschen Gesellschaft für Soziologie und des Berufsverbandes Deutscher Soziologen zum Prinzip der Nicht-Schädigung ausgeführt: «Personen, die in Untersuchungen als Beobachtete oder Befragte oder in anderer Weise, z. B. im Zusammenhang mit der Auswertung persönlicher Dokumente, einbezogen werden, dürfen durch die Forschung keinen Nachteilen oder Gefahren ausgesetzt werden. Die Betroffenen sind über alle Risiken aufzuklären, die das Maß dessen überschreiten, was im Alltag üblich ist. Die Anonymität der befragten oder untersuchten Personen ist zu wahren» (Ethik-Kodex 1993, I B 5).

Zumutungen an die Teilnehmer durch Forschung

Forschung ist immer mit Zumutungen (vgl. Wolff 2008b) verbunden. Der Teilnehmer soll Zeit opfern, um einen Fragebogen auszufüllen oder die Fragen des Interviewers zu beantworten. Er soll sich auch mit unangenehmen Fragen und Themen auseinandersetzen und dem Forscher Zugang zu seiner Privatsphäre geben. Je nach Methode und Fragestellung fallen diese Zumutungen unterschiedlich aus. Unter ethischen Gesichtspunkten ist zu bedenken, ob das vom Teilnehmer Erwartete ihm in seiner konkreten Situation tatsächlich zuzumuten ist oder ob die Auseinandersetzung mit der eigenen Lebensgeschichte und Erkrankung in einem Interview oder Fragebogen Letztere noch verstärkt.

Sparsamkeitsregel der Zumutbarkeit und Belastung

Entsprechend ist zu überlegen, ob für die Beantwortung der eigenen Fragestellung tatsächlich die ganze Lebensgeschichte (z. B. in einem narrativen Interview) notwendig ist oder ob die Beantwortung gezielter und im Fokus knapper gehaltener Fragen ausreicht. Wie die Tendenz, bei standardisierter Befragung noch diesen Fragebogen mitlaufen zu lassen oder jene Fragen zusätzlich aufzunehmen, zeigt, ist Sparsamkeit nicht nur ein Problem der qualitativen Forschung. In diesem Zusammenhang ist zu prüfen, was eine gerechtfertigte Zumutung an die Teilnehmer ist, was schon in den Bereich der Belastung und nicht mehr gerechtfertigten Zumutung fällt und wo die Schädigung des Teilnehmers beginnt.

Ethikrichtlinien bzw. Ethikkodizes

Die in diesem Kapitel behandelten Punkte werden in Ethikkodizes festgehalten, die von wissenschaftlichen Fachgesellschaften beschlossen und publiziert werden. Ethikkodizes werden formuliert, um das Verhältnis von Forscher zu den Menschen und den Feldern, die sie untersuchen, zu regeln. Teilweise definieren sie auch den Umgang als Therapeuten oder Betreuer mit Klienten oder Patienten, etwa im Bereich der Psychologie oder Pflege. In manchen Fällen beziehen sie sich auch auf spezifische Fragen der jeweiligen Forschung – etwa mit Kindern in der Erziehungswissenschaft. Beispiele für solche Richtlinien wissenschaftlicher Gesellschaften oder Berufsverbände finden sich im Internet:

- Die Deutsche Gesellschaft für Soziologie (DGS) und der Berufsverband Deutscher Soziologen haben einen gemeinsamen Ethik-Kodex entwickelt, der sich nicht nur auf Forschung bezieht. Er findet sich auf der Homepage der DGS (http://www.soziologie.de/).

- Der Ethik-Kodex der Deutschen Gesellschaft für Erziehungswissenschaft ist zugänglich unter http://dgfe.pleurone.de/ueber/Ethikkodex_DGfE.pdf.
- Die Deutsche Gesellschaft für Psychologie hat Ethikrichtlinien zusammen mit dem Berufsverband Deutscher Psychologen (BDP) auch in Bezug auf Forschung erstellt: http://www.bdp-verband.org/bdp/verband/ethik.shtml.

Ergänzend dazu einige Ethikkodizes aus dem englischen Sprachraum:
- Die British Sociological Association (BSA) hat ihre Regeln veröffentlicht unter http://www.britsoc.co.uk.
- Der Ethikkodex der American Sociological Association (ASA) findet sich unter www.asanet.org/members/ecoderev.html.
- Die Social Research Association (SRA) hat Ethical Guidelines formuliert: www.the-sra.org.uk/Ethicals.htm.

Solche Ethikrichtlinien schreiben vor, dass Forschung unter der Voraussetzung einer auf Aufklärung basierenden Einwilligung («informed consent») durchgeführt wird, wobei die Teilnehmer einer Mitwirkung nach ausreichender Information seitens des Forschers zugestimmt haben. Sie verlangen weiterhin, dass die Forschung die Teilnehmer nicht schädigt, was einschließt, dass sie nicht ungerechtfertigterweise in deren Privatsphäre eindringt und dass die einbezogenen Personen nicht über die Forschungsziele getäuscht werden.

Ethikkommissionen

Ethikkommissionen werden von Berufsverbänden, aber auch von Kliniken und Hochschulen eingerichtet. Sie sollen gewährleisten, dass ethische Standards eingehalten werden.

«Ethikkommissionen haben die Aufgabe, zu prüfen, ob ein Forscher in ausreichendem Maße forschungsethische Überlegungen vor Beginn seiner geplanten Untersuchung angestellt hat. Zu diesem Zweck verfügt die Ethikkommission über zwei Instrumente: Sie kann erstens über Projekte entscheiden, indem sie sie akzeptiert oder ablehnt. Sie kann zweitens beratend tätig sein und mit Forschern

Vorschläge zur ethischen Ausrichtung eines Projektes diskutieren» (Schnell & Heinritz 2006, S. 18).

Zu diesem Zweck prüfen die Kommissionen Forschungsdesigns und Methoden vor ihrer Anwendung ‹am Menschen›. In solchen Prüfungen werden in der Regel drei Aspekte berücksichtigt (vgl. Allmark 2002, S. 9): die wissenschaftliche Qualität, das Wohlergehen der Untersuchungsteilnehmer und die Respektierung ihrer Würde und Rechte.

Wissenschaftliche Qualität

Eine Dimension der wissenschaftlichen Qualität von Forschung ist, dass sie neue Erkenntnisse zum Forschungsstand beiträgt. Tut sie dies nicht und wiederholt sie nur frühere Ergebnisse, kann sie als unethisch betrachtet werden (vgl. hierzu etwa Department of Health 2001). In der Qualitätsfrage sind jedoch Konflikte bereits angelegt: Um die Qualität einer Forschung bewerten zu können, sollten die Mitglieder einer Ethikkommission über das notwendige Wissen für die Beurteilung eines Antrags in methodischer Hinsicht verfügen. In den meisten Fällen heißt dies, dass die Mitglieder einer Ethikkommission – oder zumindest einige – selbst Forscher sind. Wer mit Forschern über ihre Erfahrungen mit Ethikkommissionen und mit den eingereichten Anträgen spricht, hört nicht selten Klagen darüber, dass Anträge abgelehnt wurden, weil die Mitglieder der Kommissionen die Prämissen und Grundlagen der jeweiligen Forschung nicht verstanden haben. Oder weil sie einen anderen methodischen Hintergrund haben als der Antragsteller oder weil ihnen die Forschung insgesamt nicht gefallen hat und sie das Projekt deshalb eher aus wissenschaftlichen Vorbehalten denn aus ethischen Gründen abgelehnt haben. All das zeigt ein Problem mit Ethikkommissionen: dass es eine Reihe von Gründen gibt, warum eine Kommission sich entscheidet, einen Antrag zurückzuweisen oder zu blockieren, und dass diese Gründe nicht immer auf ethischen Argumenten basieren. Solche Vorbehalte können dort, wo qualitative Forschung auf ausschließlich naturwissenschaftlich denkende Kommissionen bzw. Mitglieder trifft, besonders stark sein.

Wohlergehen der Untersuchungsteilnehmer

In Prüfungen durch Ethikkommissionen wird Wohlergehen häufig mit der Abwägung von Risiken (für die Teilnehmer) und Gewinnen (an neuen Erkenntnissen zu einem Thema oder an neuen Lösungen für ein gegebenes Problem) verknüpft. Auch hierin liegt ein potenzieller Konflikt begründet – solche Abwägungen sind eher relativ als klar definierbar.

Würde und Rechte der Untersuchungsteilnehmer

Diese hängen eng zusammen mit dem Einverständnis, das der Teilnehmer abgegeben hat, und mit der ausreichenden und angemessenen Information, die ihm als Basis für sein Einverständnis gegeben wurde, welches freiwillig zustande kam (Allmark 2002, S. 13). Darüber hinaus müssen Forscher den Teilnehmern Vertraulichkeit garantieren – dass die Informationen, die sich auf die Teilnehmer beziehen, ausschließlich so verwendet werden, dass es für andere unmöglich ist, sie als Person zu identifizieren. Das gilt auch für Institutionen (etwa Ämter), die die gewonnenen Erkenntnisse nicht gegen die Interessen des einzelnen Teilnehmers richten dürfen.

Ethikkommissionen prüfen und kanonisieren solche Prinzipien für Forschung allgemein (vgl. Hopf 2008 und Murphy & Dingwall 2001 für eine ausführlichere Diskussion).

Regeln guter wissenschaftlicher Praxis

Angesichts wiederholt bekannt gewordener Fälle, bei denen Ergebnisse gefälscht wurden, hat die Deutsche Forschungsgemeinschaft Regeln guter wissenschaftlicher Praxis entwickelt, die alle Hochschulen bzw. Institute, die Anträge stellen wollen, übernehmen und umsetzen müssen (vgl. Kasten 11.3 für Auszüge und http://www.dfg.de/antragstellung/gwp/index.html für das ganze Regelwerk und Erläuterungen).

Kasten 11.3: **Regeln guter wissenschaftlicher Praxis (Auszüge)**

Empfehlung 1

Regeln guter wissenschaftlicher Praxis sollen – allgemein und nach Bedarf spezifiziert für die einzelnen Disziplinen – Grundsätze insbesondere für die folgenden Themen umfassen:

- allgemeine Prinzipien wissenschaftlicher Arbeit, zum Beispiel
  - lege artis zu arbeiten,
  - Resultate zu dokumentieren,
  - alle Ergebnisse konsequent selbst anzuzweifeln,
  - strikte Ehrlichkeit im Hinblick auf die Beiträge von Partnern, Konkurrenten und Vorgängern zu wahren,
- Zusammenarbeit und Leitungsverantwortung in Arbeitsgruppen (…),
- die Betreuung des wissenschaftlichen Nachwuchses (…)
- die Sicherung und Aufbewahrung von Primärdaten (Empfehlung 7),
- wissenschaftliche Veröffentlichungen (Empfehlung 11).

Empfehlung 7

Primärdaten als Grundlagen für Veröffentlichungen sollen auf haltbaren und gesicherten Trägern in der Institution, wo sie entstanden sind, für zehn Jahre aufbewahrt werden.

Empfehlung 8

Hochschulen und Forschungseinrichtungen sollen Verfahren zum Umgang mit Vorwürfen wissenschaftlichen Fehlverhaltens vorsehen. Diese müssen von dem dafür legitimierten Organ beschlossen sein und unter Berücksichtigung einschlägiger rechtlicher Regelungen einschließlich des Disziplinarrechts Folgendes umfassen:

- eine Definition von Tatbeständen, die in Abgrenzung zu guter wissenschaftlicher Praxis (Empfehlung 1) als wissenschaftliches Fehlverhalten gelten, beispielsweise Erfindung und Fälschung von Daten, Plagiat, Vertrauensbruch als Gutachter oder Vorgesetzter,
- Zuständigkeit, Verfahren (einschließlich Beweislastregeln) und Fristen für Ermittlungen zur Feststellung des Sachverhalts,
- Regeln zur Anhörung Beteiligter oder Betroffener, zur Wahrung der Vertraulichkeit und zum Ausschluss von Befangenheit,
- Sanktionen in Abhängigkeit vom Schweregrad nachgewiesenen Fehlverhaltens,
- Zuständigkeit für die Festlegung von Sanktionen.

Empfehlung 11
Autorinnen und Autoren wissenschaftlicher Veröffentlichungen tragen die Verantwortung für deren Inhalt stets gemeinsam. Eine so genannte «Ehrenautorschaft» ist ausgeschlossen (Quelle: Deutsche Forschungsgemeinschaft 1998).

In diesen Regeln werden u.a. Standards hinsichtlich der Ehrlichkeit im Umgang mit Daten, des Umgangs mit Fehlverhalten und der Dokumentation von Originaldaten (ausgefüllte Fragebogen, Aufzeichnungen und Transkripte von Interviews etc.) formuliert.

Forschungsethik zwischen Fall und Masse

Die hier angeführten Beispiele und Themen aus der Diskussion um die Wahrung ethischer Prinzipien in der Sozialforschung betreffen sowohl qualitative als auch quantitative Sozialforschung, auch wenn die konkreten Fragen und Details jeweils unterschiedlich sein mögen. Datenschutz und Anonymisierung ist zwar bei einer Zufallsauswahl und einer statistischen Analyse für den einzelnen Beteiligten eher zu gewährleisten als bei einer gezielten Auswahl der Teilnehmer an einer qualitativen Befragung mit Experteninterviews. Wenn im ersten Fall jedoch eine Wiederholungsbefragung vorgesehen ist und deshalb die realen Kontaktdaten der Teilnehmer für spätere Erhebungen gespeichert werden müssen, ist die Verletzung von Anonymität und Datenschutz nicht ausgeschlossen, und es muss sichergestellt werden, dass die Kontaktdaten und die Antworten im Fragebogen strikt getrennt bleiben.

Zusammenfassung

Bei der Diskussion um die Wahrung forschungsethischer Prinzipien geht es einerseits um die Integrität und Objektivität beispielsweise von Soziologen in der Forschung, was sich auch auf andere Berufsgruppen übertragen lässt:

«Soziologinnen und Soziologen streben in Ausübung ihres Berufes nach wissenschaftlicher Integrität und Objektivität. Sie sind den bestmöglichen Standards in Forschung, Lehre und sonstiger beruflicher Praxis verpflichtet. Geben sie fachspezifische Urteile ab, sollen sie ihr Arbeitsgebiet, ihren Wissensstand, ihre Fachkenntnis, ihre Methoden und ihre Erfahrungen eindeutig und angemessen darlegen. Bei der Präsentation oder Publikation soziologischer Erkenntnisse werden die Resultate ohne verfälschende Auslassung von wichtigen Ergebnissen dargestellt. Einzelheiten der Theorien, Methoden und Forschungsdesigns, die für die Einschätzung der Forschungsergebnisse und der Grenzen ihrer Gültigkeit wichtig sind, werden nach bestem Wissen mitgeteilt. Soziologinnen und Soziologen sollen in ihren Publikationen sämtliche Finanzierungsquellen ihrer Forschungen benennen. Sie gewährleisten, dass ihre Befunde nicht durch spezifische Interessen der Geldgeber verzerrt sind» (Ethik-Kodex 1993, I A 1–3).

Andererseits stellen sich forschungsethische Fragen bei jeder Art von Sozialforschung und bei allen Methoden. Kein methodischer Ansatz ist frei von ethischen Problemen, auch wenn diese bei verschiedenen Methoden unterschiedlich ausfallen können: «Forschungsmethoden sind nicht ethisch neutral. Das gilt für qualitative, quantitative und triangulierte Methoden gleichermaßen. Kriterien zur Bemessung der Güte von Forschung fragen zumindest implizit auch nach ethischen Belangen» (Schnell & Heinritz 2006, S. 16).

Leitfaden für die Berücksichtigung ethischer Fragen in der Sozialforschung

Bei der Realisierung eines empirischen Projekts in der Sozialforschung sollten folgende ethische Fragen berücksichtigt und geklärt werden:

Kasten 11.4: **Leitfaden für die Berücksichtigung ethischer Fragen in der Sozialforschung**

1. Wie wird das Prinzip der informierten Einwilligung realisiert?
2. Wurden alle Beteiligten informiert, dass sie an einer Untersuchung teilnehmen bzw. in diese einbezogen wurden?
3. Wie wird sichergestellt, dass die Teilnehmer keinen Nachteil bzw. keinen Schaden aus der Untersuchung bzw. aus ihrer Teilnahme daran erleiden?
4. Wie wurde geprüft, dass z. B. die Teilnehmer in einer Kontrollgruppe durch die nicht erfolgte Intervention keinen Nachteil haben?
5. Wie wird die Freiwilligkeit der Teilnahme sichergestellt?
6. Wurde beispielsweise geklärt, dass Kinder oder kognitiv eingeschränkte Menschen damit einverstanden sind, befragt zu werden, und nicht nur die Einwilligung der Eltern oder Betreuer vorliegt?
7. Wie wurde die Anonymisierung der Daten und wie wurden Belange des Datenschutzes in der Untersuchung geregelt?
8. Wie wird diesen Fragen bei der Speicherung der Daten und vor allem bei der Darstellung der Ergebnisse Rechnung getragen?
9. Wurde das Vorgehen der Untersuchung mit einem der relevanten Ethikkodizes abgeglichen?
10. Welche Probleme werden dabei deutlich?
11. Ist bei der Untersuchung eine Stellungnahme einer Ethikkommission notwendig, und wurde sie eingeholt, wenn das der Fall ist?
12. Wie wurden Auflagen, die dabei gemacht wurden, in der Realisierung des Projekts umgesetzt?
13. Was ist das Neue in den erwarteten Ergebnissen, das die Durchführung der Untersuchung rechtfertigt?
14. Lassen sich erwartete Ergebnisse benennen?

Solche Fragen sind für die Planung eigener Studien ebenso relevant wie für die Einschätzung vorliegender Studien anderer Forscher.

Kernpunkte

- Jede Forschung sollte entsprechend ethischen Prinzipien geplant und geprüft werden.
- Dabei sind die Freiwilligkeit der Teilnahme, Anonymität und Datenschutz sowie die Vermeidung von Schäden für die Teilnehmer Voraussetzungen.
- Die informierte Einwilligung sollte in jedem Fall vorliegen. Ausnahmen müssen gut begründet werden.
- Ethikrichtlinien und -kodizes bieten eine Orientierung für die Berücksichtigung und Realisierung ethischer Prinzipien.
- Ethikkommissionen prüfen die Einhaltung ethischer Prinzipien.
- Bei qualitativer und quantitativer Forschung können sich ethische Fragen in unterschiedlicher Weise stellen.

Weiterführende Literatur

Bryman, A. (2004). Social Research Methods (2. Auflage). Oxford: Oxford University Press.

Flick, U. (2007a). Qualitative Sozialforschung – Eine Einführung. Reinbek bei Hamburg: Rowohlt (Kap. 4).

Hopf, C. (2008). Forschungsethik und Qualitative Forschung. In: U. Flick, E. v. Kardorff & I. Steinke (Hrsg.). Qualitative Forschung – ein Handbuch (6. durchgesehene und aktualisierte Auflage). Reinbek bei Hamburg: Rowohlt, S. 589–600.

Schnell, M.W. & Heinritz, C. (2006). Forschungsethik: Ein Grundlagen- und Arbeitsbuch mit Beispielen aus der Gesundheits- und Pflegewissenschaft. Bern: Huber.

12 Umsetzung von Sozialforschung – ein Leitfaden

Ziele: Nachdem Sie dieses Kapitel gelesen haben, sollten Sie
- die in den vorangegangenen Kapiteln behandelten Themen für die Einschätzung empirischer Studien anderer Autoren nutzen können,
- eine Orientierung für die Planung eigener Studien haben und
- wissen, was in einem Exposé für eine empirische Abschlussarbeit enthalten sein sollte, damit es eine Orientierung für die Umsetzung bieten kann.

Die Umsetzung von Sozialforschung wird im Rahmen eines (Bachelor-)Studiums in dreifacher Hinsicht relevant: (1) In vielen Fächern ist es auch unter inhaltlichen Gesichtspunkten notwendig, empirische Studien zu lesen, zu verstehen und bewerten zu können. (2) Im Rahmen von Abschlussarbeiten wird es bei der Anmeldung und Umsetzung hilfreich sein, die eigenen Gedanken und Vorstellungen in eine explizite Planung in Form eines Exposés umzusetzen. (3) Abschlussarbeiten und gegebenenfalls vorherige Studienprojekte basieren auf der Durchführung (wie auch immer begrenzter) empirischer Studien. (4) Schließlich kann sich an den Studienabschluss ein Masterstudiengang oder eine Tätigkeit als Wissenschaftler anschließen.

Lesen empirischer Studien

Bei der Auseinandersetzung mit vorliegenden Studien der quantitativen und qualitativen Sozialforschung können die in den vorangegangenen Kapiteln dieses Buchs behandelten Themen für eine kritische Prüfung des Vorgehens und der damit erzielten Ergebnisse genutzt werden. Dabei ist insbesondere zu überlegen, ob die Studie ihre Ziele erreicht hat, wie das Verhältnis von Anspruch und Umsetzung ist und ob die Untersuchung methodischen Standards in der Datenerhebung und -analyse entspricht. Orientierungspunkte für die kritische Einschätzung empirischer Studien können die folgenden Leitfragen bieten (vgl. Kasten 12.1):

Kasten 12.1: **Orientierungspunkte für die Einschätzung vorliegender empirischer Studien**

1. Wurde klar benannt, was Ziel und Zweck der Studie ist, warum sie durchgeführt wurde?
2. Wie lautet die Fragestellung der Studie?
3. Wurde die relevante Hintergrundliteratur recherchiert, einbezogen und zusammengefasst?
4. Welche theoretische Perspektive liegt der Studie zugrunde, und wurde diese explizit formuliert?
5. Welches Design wurde in der Studie angewendet? Passt es zu der formulierten Fragestellung?
6. Welche Form der Stichprobenziehung bzw. des Sampling wurde angewendet? War dies dem Ziel und der Fragestellung angemessen?
7. Welche Methoden der Datenerhebung wurden eingesetzt?
8. Wurden dabei ethische Belange berücksichtigt (informierte Einwilligung, Datenschutz etc.)?
9. Wird deutlich, wie die Methoden eingesetzt wurden? Sind Modifikationen dargestellt?
10. Welche Methoden wurden zur Analyse der Daten herangezogen? Wird deutlich, wie diese angewendet und gegebenenfalls modifiziert wurden?
11. Passen die Methoden der Datenerhebung und -auswertung zusammen?
12. Welche Ansätze und Kriterien wurden zur Überprüfung des eigenen Vorgehens verwendet?
13. Wurden die Ergebnisse in Bezug auf frühere Studien und auf die theoretische Literatur zum Thema eingeordnet und diskutiert?
14. Macht die Studie ihren Geltungsbereich und dessen Grenzen deutlich? Sind Aspekte der Verallgemeinerung behandelt worden?

Planungen explizit machen: Exposégestaltung für empirische Arbeiten

Umsetzung von Sozialforschung wird im Rahmen des Studiums insbesondere bei der Abschlussarbeit relevant. Meist ist für die Anmeldung einer Abschlussarbeit ein Exposé notwendig. Wenn dies nicht der Fall ist, kann die Erstellung eines Exposés ein wichtiger und hilfreicher Schritt sein für die Planung der eigenen Arbeit und für die Abschätzung, ob sie sich unter den gegebenen Rahmenbedingungen, vor allem Zeit, aber auch eigene Vorkenntnisse, realisieren lässt. Ein Exposé für eine empirische Abschlussarbeit sollte die folgenden Punkte und Unterpunkte umfassen, die in Tabelle 12.1 aufgeführt werden.

Die Einleitung beleuchtet kurz den Hintergrund der Studie (Warum will ich diese durchführen?) und die Relevanz des Themas. Die Beschreibung des Forschungsproblems fasst knapp den Stand der Forschung und die vorliegende Literatur zusammen und leitet dabei aus den deutlich gewordenen Forschungslücken das eigene Forschungsinteresse ab. Die Gewichtung der einzelnen Punkte wird von der Art der geplanten Studie abhängen. So fällt bei einer quantitativen Studie der Literaturüberblick ausführlicher aus als bei einer qualitativen Studie. Der Zweck der Studie und das Ziel ihrer Durchführung sollten kurz umrissen werden. Ein zentraler Punkt im Exposé ist die Formulierung der Fragestellung (vgl. hierzu Kapitel 2), wenn möglich bzw. notwendig unterteilt in Haupt- und Teilfragestellungen.

Ob die Formulierung einer Hypothese notwendig ist, hängt wieder vom Forschungstyp ab, bei quantitativer Forschung gehört dies eigentlich immer dazu. In jedem Fall müssen die methodischen Vorgehensweisen benannt und beschrieben werden. Bei qualitativer Forschung ist eher als bei quantitativen Studien zu begründen, warum mit qualitativen Methoden gearbeitet wird und warum mit den gewählten Verfahren. Die Forschungsstrategie – z. B. ein entdeckender, hypothesenprüfender oder evaluativer Ansatz – sollte beschrieben werden (vgl. Kapitel 4). Im Exposé wird bereits das Forschungsdesign (vgl. Kapitel 4) in seinen wesentlichen Grundzügen skizziert – welche Stichprobe wird einbezogen, wie umfangreich wird sie sein, und welche Vergleichsperspektive liegt dem zugrunde? Schließlich enthält das Exposé eine kurze Beschreibung und Begründung, welche Methoden zur Datenerhebung (vgl. Kapitel 5) und zur Analyse (vgl. Kapitel 6) vorgesehen sind und wonach die Qualität der eigenen Untersuchung beurteilt wird (vgl. Kapitel 10). In vielen Kontexten wird bereits vorausgesetzt, dass die ethischen Belange (Datenschutz, Nichtschädigung, informierte Einwilligung etc. – vgl. Kapitel 11) angesprochen werden, und der Forscher zeigt, wie er sie in der Umsetzung der Forschung berücksichtigen will.

In diesem Zusammenhang stellt sich auch die Frage nach den zu erwartenden Ergebnissen und deren Relevanz im Lichte vorheriger Resultate und praktischer Belange (vgl. Kapitel 1 und 11). Themen wie der Stand der Literatur oder die vorliegenden Ergebnisse aus früherer Forschung sowie die erwarteten eigenen Ergebnisse können beim Schreiben des Exposés nur ansatzweise und vorläufig behandelt werden. Die Ausarbeitung des Forschungsstandes erfolgt dann im Rahmen der Erstellung der eigentlichen (Bachelor-)Arbeit. Dennoch ist unbedingt zu empfehlen, sich schon in der Planungsphase einen ersten Überblick über die Literatur zu verschaffen, um zu vermeiden, dass eine bereits hinreichend beantwortete Fragestellung aufgegriffen wird. Schließlich sollte man kurz auf die praktischen Bedingungen der Durchführung der Studie eingehen. Dazu ist die Entwicklung eines Zeitplans hilfreich und die Darlegung der eigenen Erfahrungen mit Forschung (vgl. Kapitel 4). Am Ende sollte ein vorläufiges Literaturverzeichnis stehen (vgl. Tabelle 12.1).

Mit der Ausformulierung der in Tabelle 12.1 benannten Punkte wird eine gut begründete Planung und Umsetzung der eigenen Studie mit der darauf aufbauenden Abschlussarbeit gefördert.

Durchführung eigener Studien

Das vorliegende Buch ist als Orientierung im Feld der quantitativen und qualitativen Sozialforschung konzipiert. Damit soll es natürlich auch eine Hilfestellung für die Durchführung eigener Studien geben, insbesondere was die Klärung von Zielen, die Planung der Umsetzung und die Einschätzung der Angemessenheit des eigenen Vorgehens angeht.

1. Einleitung
2. Forschungsproblem
    a) Stand der Literatur
    b) Bestehende Forschungslücken
    c) Forschungsinteresse
3. Ziel und Zweck der Studie
4. Fragestellung
    a) Hauptfragestellung
    b) Teilfragestellungen
    c) (Gegebenenfalls) Hypothese(n)
5. Methoden und Vorgehensweisen
    a) Eigenschaften des gewählten Ansatzes (qualitativer bzw. quantitativer Forschung) und Darlegung, warum dieser Ansatz für diese Studie der geeignete Weg ist
    b) Forschungsstrategie
    c) Forschungsdesign
        - Sampling/Stichprobe
        - Vergleichsperspektiven: Welche Gruppen sollen gegenübergestellt werden?
        - Geplante Anzahl von Teilnehmern oder Fällen oder Feldern oder Situationen oder Dokumenten?
    d) Methoden der Datenerhebung
    e) Methoden der Datenanalyse
    f) Qualitätsfragen: Gütekriterien bzw. Strategien der Qualitätssicherung
6. Ethische Aspekte
7. Erwartete Ergebnisse
8. Bedeutsamkeit, Relevanz, praktische Implikationen der Studie
9. Vorliegende vorläufige Ergebnisse aus Pilotstudien oder früherer Forschung
10. Eigene Erfahrung mit Forschung
11. Zeitplan, benötigte Ressourcen
12. Literaturverzeichnis

Tabelle 12.1: Aufbau und Gliederung eines Exposés für empirische Arbeiten

Jenseits dieser Orientierung ist für die Durchführung eigener Studien jedoch eine ergänzende Lektüre zur Vorbereitung zu empfehlen. Diese sollte sich in drei Richtungen erstrecken:

- Lehrbücher der qualitativen Forschung (z.B. Flick 2007a) bzw. der quantitativen Sozialforschung (z.B. Diekmann 2007) und gegebenenfalls der Statistik sollten je nach gewähltem Forschungsansatz zur Vertiefung herangezogen werden.
- Darüber hinaus empfiehlt es sich, Originalarbeiten zu der gewählten Methode zu lesen. Bei der Verwendung des narrativen Interviews beispielsweise sollten Arbeiten von Schütze (z.B. 1983), bei der qualitativen Inhaltsanalyse Arbeiten von Mayring (z.B. 1983) durchgearbeitet werden. Bei der Verwendung von Fragebogen sollte der Forscher sich mit spezifischen Lehrbüchern zu dieser Methode vertraut machen.
- Schließlich ist es nicht nur unter inhaltlichen, sondern auch unter methodischen Aspekten ratsam, Studien zu lesen, die mit den anzuwendenden Methoden ähnliche oder andere Fragestellungen untersucht haben, um einen Eindruck der methodischen und praktischen Probleme, aber auch der sich dabei ergebenden Möglichkeiten zu gewinnen.

Wie im Verlauf des Buchs hoffentlich deutlich geworden ist, sollte die Entscheidung für ein konkretes Vorgehen im Wesentlichen aus zwei Bezugspunkten abgeleitet sein: der Fragestellung, die beantwortet werden soll, und dem untersuchten Gegenstand bzw. Feld und ihren Eigenschaften. Diese Bezugspunkte sollten gegenüber eher dogmatischen Festlegungen, was Sozialforschung ist und was nicht (konkret: welche methodischen Vorgehensweisen akzeptabel sind und welche nicht), das stärkere Gewicht haben.

Für die Überprüfung eines eigenen Forschungsvorhabens lassen sich abschließend einige Leitfragen formulieren.

Leitfragen für die Überprüfung des eigenen Forschungsvorhabens		
Thema	**Leitfragen**	**Relevante Aspekte**
Relevanz	Wofür ist die Studie bedeutsam?	– Was ist der theoretische und empirische Erkenntniswert der Ergebnisse? – Welche praktische Bedeutung haben die Ergebnisse?
Klarheit	Wie eindeutig ist die Studie konzipiert?	– Wie deutlich ist die Zielsetzung der Studie? – Wie klar ist die Fragestellung formuliert?
Vorkenntnis	Auf welcher Grundlage stehen die Studie und ihre Durchführung?	– Wurden der Forschungsstand und das Wissen über den Untersuchungsgegenstand daraufhin geprüft, ob beides für eine standardisierte, hypothesentestende Studie ausreicht bzw. genügend Lücken aufweist, um eine qualitative Studie zu begründen? – Welche methodischen Kenntnisse liegen aufseiten des Forschers vor?
Machbarkeit	Lässt sich die Studie realisieren?	– Reichen die Ressourcen (z. B. Zeit) für die Durchführung der Studie? – Ist der Zugang zum Feld und zu den Teilnehmern geregelt, bzw. ist es wahrscheinlich, dass er sich herstellen lässt? – Gibt es (ausreichend) Personen, die die Fragen beantworten können?
Reichweite	Ist der Ansatz zu eng konzipiert?	– Werden ausreichend unterschiedliche Fälle, Gruppen, Ereignisse etc. erfasst? – Wird der Rücklauf bzw. die Teilnahmebereitschaft groß genug sein? – Welche Art der Verallgemeinerung kann mit den Ergebnissen angestrebt werden?

Thema	Leitfragen	Relevante Aspekte
Güte	Welche Qualitätsansprüche können an die Ergebnisse gestellt werden?	– Werden die Methoden in sich richtig angewendet? – Werden die Aussagen der Teilnehmer verlässlich sein? – Werden die Daten so aussagekräftig sein, dass die Analysen damit durchgeführt werden können?
Neutralität		– Kann ich dem Feld und den Teilnehmern unvoreingenommen gegenübertreten, auch wenn ich ihre Ansichten nicht teile? – Wie vermeide ich, dass ich einseitig für oder gegen bestimmte Beteiligte Partei ergreife? – Kann ich Grenzen meines methodischen Vorgehens erkennen und akzeptieren?
Ethik		– Kann ich ohne Täuschung bzw. Schädigung der Beteiligten vorgehen? – Wie sind Anonymität, Datenschutz und Vertraulichkeit gewährleistet?

Tabelle 12.2: Leitfragen für die Überprüfung des eigenen Forschungsvorhabens

Die in Tabelle 12.2 genannten Leitfragen sollen die Umsetzung und Umsetzbarkeit eines eigenen Projekts fördern.

Kernpunkte

- Die in diesem Buch behandelten Themen bieten eine Orientierung für die Rezeption empirischer Forschungsberichte in Artikeln oder Büchern.
- Sie geben weiterhin Anhaltspunkte für die Ausformulierung eines Exposés für eine Abschlussarbeit.
- Daraus lassen sich Leitfragen für die Umsetzung und Einschätzung des Vorgehens in einem eigenen Forschungsprojekt ableiten.

Weiterführende Literatur

Diekmann, A. (2007). Empirische Sozialforschung (17. Auflage). Reinbek bei Hamburg: Rowohlt.

Flick, U. (2007a). Qualitative Sozialforschung – Eine Einführung. Reinbek bei Hamburg: Rowohlt (Kapitel 9).

Flick, U. (Hrsg.) (2007b). The SAGE Qualitative Research Kit (8 Bände). London, Thousand Oaks, New Delhi: Sage.

Punch, K. (1998). Introduction to Social Research. London, Thousand Oaks, New Delhi: Sage.

Glossar

Abhängige Variable: Variable, die zum «Dann»-Teil einer Hypothese gehört und in der sich die Wirkungen der unabhängigen Variablen (Ursache, Wirkungen) zeigen.

Aktionsforschung: Durch die Forschung sollen auch Veränderungen im untersuchten Feld bewirkt werden. Dies wird z. B. durch eine entsprechende Anlage von Interviews und Rückmeldungen an die Teilnehmer der Untersuchung erreicht. Die Betroffenen in einem Feld werden zu aktiven Mitbeteiligten am Forschungsprozess gemacht.

Alltagstheorie: Theorien, die im alltäglichen Handeln gebildet und verwendet werden, um Erklärungen und Voraussagen zu treffen.

Angewandte Forschung: Im Gegensatz zur Grundlagenforschung werden die Untersuchungen in bestimmten Anwendungsfeldern durchgeführt und Theorien auf Anwendungskontexte (z. B. das Krankenhaus) hin überprüft.

Assessment: Messung der (kognitiven) Leistungsfähigkeit oder z. B. des Gesundheits- und Krankheitszustandes von Patienten.

Auditing: Überprüfung einer Methode oder eines Prozesses anhand der durchlaufenen Schritte.

Beschreiben: Untersuchungen liefern (nur) eine genaue Darstellung eines Zusammenhangs oder Sachverhalts.

Bivariate Analyse: Bestimmt die Zusammenhänge zwischen zwei Variablen.

Burn-out (dt.: Ausbrennen)**:** Bezeichnet ein Syndrom der Erschöpfung durch den eigenen Beruf, meist durch hohe Belastung und fehlende positive Rückmeldung bedingt.

Datenschutz: Gewährleistung der Anonymität von Forschungsteilnehmern. Sicherstellung, dass Daten nicht in unbefugte Hände gelangen bzw. weitergegeben werden.

Deduktion: Der logische Schluss vom Allgemeinen auf das Besondere, oder anders formuliert: von der Theorie auf das empirische Beobachtbare.

Doppelblindversuch: Empirische Untersuchung, bei der die Untersuchungsteilnehmer und die Untersuchungsleiter das Ziel der Studie nicht kennen. Ein «blinder» Untersuchungsleiter weiß nicht, ob er die Untersuchungsgruppe oder die Kontrollgruppe vor sich hat. Damit sollen unbewusste Beeinflussungen der Untersuchungsteilnehmer ausgeschaltet werden.

Episode: Eine kürzere Situation, in der etwas passiert. Beispiel: Krankheitsepisode.

Erkenntnistheorie: Philosophische Grundlagentheorien, die erklären, wie wissenschaftliche Erkenntnisprozesse ablaufen.

Erklären: Regelmäßigkeiten und Zusammenhänge im Erleben und Verhalten werden ermittelt, indem etwa äußere Ursachen angenommen und untersucht werden.

Ethikkodex: Fachgesellschaften legen fest, welche ethischen Standards bei der Forschung in diesem Fach einzuhalten sind.

Ethikkommission: Gremium in einer Institution (z. B. Klinik) oder Fachgesellschaft, das Forschungsanträge auf ihre ethische Angemessenheit prüft.

Ethnographie: Eine Untersuchungsform, die Beschreibung bestimmter Bereiche des Alltags liefert, welche auf teilnehmender Beobachtung beruhen.

Ethnomethodologie: Forschungsrichtung, die Methoden der Alltagsgestaltung untersucht.

Evaluationsforschung: Richtet sich auf die bewertende Analyse einer Behandlung oder Maßnahme unter Einsatz von Forschungsmethoden, um den Erfolg oder Gründe für den Misserfolg der Behandlung oder Maßnahme aufzuzeigen.

Evidenzbasierung: Entscheidungen über die Eignung von Medikamenten oder Interventionen werden aufgrund von Studien getroffen, die nach bestimmten Standards durchgeführt wurden.

Experiment: Eine empirische Untersuchung, bei der gezielt bestimmte Bedingungen hergestellt und in ihren Auswirkungen beobachtet werden. Untersuchungsobjekte werden per Zufallsverteilung auf die Experimental- und Kontrollgruppe verteilt.

Externe Validität: Bestimmt die Übertragbarkeit von Ergebnissen auf andere als die Untersuchungssituation.

Externe Variablen: Andere Einflussgrößen als diejenigen, die untersucht werden sollen.

Faktorenanalysen: Durch statistische Analysen werden zugrunde liegende Faktoren zusammengefasst, die Zusammenhänge in einem Feld erklären können.

Fallkontrastierung: Vergleiche werden vorgenommen, indem verschiedene Fälle als Ganzes mit anderen Fällen (als Ganzes) verglichen werden.

Falsifikation: Widerlegung einer Hypothese.

Feldforschung: Untersuchungen werden nicht im Labor durchgeführt, sondern in praktischen Handlungsfeldern – etwa dem Krankenhaus –, um die untersuchten Phänomene unter Realbedingungen zu analysieren.

Feldnotizen: Bei der Feldforschung werden Beobachtungen, Aussagen etc. notiert, die die Datenbasis darstellen.

Forschungsdesign: Der Plan, nach dem eine Studie durchgeführt werden soll, umfasst die Auswahl der Untersuchungsteilnehmer, die Art und Zielsetzung der durchgeführten Vergleiche und die Gütekriterien, nach denen die Ergebnisse überprüft werden sollen.

Forschungsmethoden: Alltagstechniken wie Fragen, Beobachten, Verstehen werden in systematischer Weise verwendet, um Daten zu erheben und auszuwerten.

Fragebogen: Eine feststehende Liste von Fragen wird zusammengestellt, die in identischer Weise jedem Teilnehmer einer Untersuchung in schriftlicher oder mündlicher Form vorgelegt wird und von ihm beantwortet werden soll, wobei häufig eine begrenzte Auswahl von Antwortmöglichkeiten vorgegeben wird.

Freitextfragen: Offene Fragen in einem Fragebogen, die der Befragte in Stichworten beantworten kann.

Gegenstandsbegründete Theorie (grounded theory): Diese Theorien sind nicht allgemeingültig, sondern auf einen bestimmten Gegenstand in einem bestimmten Kontext bezogen – z. B. Tod und Sterben im Krankenhaus – oder wurden aus der empirischen Untersuchung dieses Gegenstandes entwickelt.

Generalisierung: Der verallgemeinernde Schluss von den Ergebnissen, die mit einer Stichprobe erzielt wurden, auf die Verhältnisse in der entsprechenden Grundgesamtheit.

Geschlossene Frage: Mehrere Antwortmöglichkeiten werden vorgegeben (gegebenenfalls in Form einer Skala von Antwortmöglichkeiten).

Grundgesamtheit (Population): Menge aller potenziellen Untersuchungsobjekte, über die etwas ausgesagt werden soll (z. B. die Krankenschwestern). Untersucht werden in der Regel nur Auswahlen (eine Stichprobe) aus dieser Population und die Ergebnisse dann auf diese verallgemeinert.

Grundlagenforschung: Geht von einer bestimmten Theorie aus und will deren Gültigkeit überprüfen. Dabei ist kein Bezug zu einem bestimmten Anwendungsfeld oder Gegenstand vorhanden.

Homogene Stichprobe: Alle Elemente der Stichprobe haben dieselben Eigenschaften (z. B. Alter und Beruf).

Homologieannahme: Es wird eine homologe (identische) Struktur zwischen der Erzählung und dem, was erzählt wird, angenommen.

Hypothese: Annahme, die zu Untersuchungszwecken formuliert wird (meist aus der Literatur oder bestehenden Theorien abgeleitet), um sie im Laufe der Untersuchung empirisch zu überprüfen. In der Regel in der Form von «Wenn-dann-Aussagen» formuliert.

Idealtypus: Reine Fälle, die besonders typisch das untersuchte Phänomen abbilden können, werden konstruiert.

Indexbildung: Verschiedene Einzelindikatoren werden zusammengefasst und in dieser Form erhoben und analysiert (z. B. wird der Sozialstatus aus dem Bildungsgrad, dem Beruf und dem Einkommen zusammengesetzt).

Indikation: Begründung für die Eignung von bestimmten Behandlungen (in der Therapie) bzw. bestimmten Methoden in der Forschung.

Indikator: Ein Hinweis auf ein bestimmtes, nicht direkt zugängliches Phänomen.

Induktion: Der Schluss vom Besonderen auf das Allgemeine, oder anders gesagt: von der empirischen Beobachtung auf die Theorie.

Informierte Einwilligung: Untersuchungsteilnehmer werden über eine Studie aufgeklärt und stimmen auf dieser Grundlage ihrer Teilnahme zu.

Interne Validität: Bestimmt, wie eindeutig ein gemessener Zusammenhang bestimmt werden kann (inwieweit Störeinflüsse externer Variablen ausgeschlossen werden können).

Interviews: Systematische Form der Befragung zu Forschungszwecken – entweder in offener Form unter Verwendung eines Leitfadens oder in standardisierter Form ähnlich einem Fragebogen.

In-vivo-Kode: Aus den Aussagen eines Interviewpartners übernommener Begriff als Kode.

Kategorisierung: Zuordnung von bestimmten Ereignissen zu einer Kategorie. Zusammenfassung mehrerer gleicher oder ähnlicher Ereignisse zu einem Begriff.

Kodierung: Unterschiedlichen Antworten (z. B. in Fragebogen) werden systematisiert und Zahlenwerten zugeordnet. Bei Interviews werden unterschiedlichen Inhalte systematisiert und Kategorien zugeordnet.

Kommunikative Validierung: Zu erhobenen Daten, Interpretationen oder Ergebnissen wird die Zustimmung der Studienteilnehmer eingeholt.

Konstruktivismus: Erkenntnistheorie, die davon ausgeht, dass Wahrnehmung und Wissen durch soziale und/oder neurobiologische Prozesse bestimmt werden und dass deren Gegenstände nicht unmittelbar zugänglich sind.

Kontextsensitivität: Methoden, die den Kontext einer Aussage berücksichtigen.

Kontingenzanalyse: Analysiert, wie häufig bestimmte Begriffe gemeinsam mit bestimmten anderen Begriffen gemeinsam im Untersuchungszeitraum in der Presse auftreten.

Kontrollgruppendesign: Die Untersuchung wird mit zwei Gruppen durchgeführt, wobei eine Gruppe die zu untersuchende Behandlung nicht erhält, um zu kontrollieren, ob die in der behandelten Gruppe beobachteten Wirkungen nicht auch ohne Behandlung auftreten, sondern tatsächlich auf die Behandlung zurückzuführen sind.

Konversationsanalyse: Methode zur Analyse von Gesprächen.

Korrelation: Allgemeine Bezeichnung zur Beschreibung von Zusammenhängen zwischen Variablen – z. B. Zahl der Scheidungen und Höhe des Einkommens.

Kritischer Rationalismus: Erkenntnistheorie, die eine Prüfung von Hypothesen durch Falsifikation begründet.

Längsschnittstudie: Untersuchung, bei der die Untersuchungseinheit wiederholt hinsichtlich derselben Variablen untersucht oder wiederholt befragt werden.

Leitfadeninterview: Es wird zwar ein Satz von Fragen formuliert, der jedoch in variabler Reihenfolge und gegebenenfalls leicht umformuliert gestellt wird, um den Interviewten zu ermöglichen, seine Sicht auf bestimmte Dinge zu entfalten.

Likert-Skala: Fünfstufige Skala zur Messung von Einstellungen, bei der bestimmte Aussagen vorgegeben werden und die Zustimmung zu diesen Aussagen abgefragt wird.

Marktforschung: Verwendung von Forschungsmethoden in der Analyse von Märkten für Produkte.

Member Check: Bewertung von Ergebnissen durch Studienteilnehmer.

Messen: Die Zuordnung einer Zahl zu einem bestimmten Objekt oder Ereignis in Abhängigkeit von deren Merkmalsausprägung nach festgelegten Regeln.

Metaanalyse: Vergleichende, systematische Auswertung mehrerer Studien zu einem Thema.

Mixed Methods: Kombination von qualitativen und quantitativen Methoden in einer Studie.

Multivariate Analyse: Bestimmt den Zusammenhang zwischen mehr als zwei Variablen.

Narrative Analysen: Analyse von Erzählungen, bei der die Gestalt der Erzählung mitberücksichtigt wird.

Narratives Interview: Der Interviewpartner wird gebeten, die Geschichte seines Lebens in einer zusammenhängenden Erzählung darzustellen, ohne dass der Interviewer darin eingreift.

Objektive Hermeneutik: Ein Verfahren zur Analyse von Texten und anderen Materialien, bei dem deren zugrunde liegende Strukturen herausgearbeitet werden.

Objektivität: Gibt an, inwieweit ein Messwert unabhängig ist von der Person, die die Messung durchführt.

Operationalisierung: Maßnahme zur empirischen Erfassung von Merkmalsausprägungen. Dabei werden ein Datenerhebungsverfahren und Messoperationen festgelegt.

Paralleltest-Reliabilität: Die Reliabilität eines Instruments wird durch den parallelen Einsatz eines zweiten Messinstrumentes bestimmt.

Paraphrase: Ersetzung der ursprünglichen Aussage durch eine verknappte Formulierung ihrer wesentlichen Bestandteile.

Partizipative Forschung: Die Untersuchungsteilnehmer sind in die Gestaltung der Studie einbezogen. Ziel ist Veränderung durch Forschung.

Patientenkarriere: Die Stationen einer Abfolge von Behandlungen bei einer z. B. chronischen Erkrankung in verschiedenen Institutionen.

Peer Review: Bewertung (von Artikeln vor der Veröffentlichung) durch Fachkollegen als Gutachter.

Peer Debriefing: Einholen von Kommentaren von Fachkollegen zu Ergebnissen von Forschung.

Placebo: Eine Tablette, die keinen Wirkstoff enthält.

Population (Grundgesamtheit): Menge aller potenziellen Untersuchungsobjekte, über die etwas ausgesagt werden soll (z. B. die Erzieherinnen). Untersucht wird in der Regel nur eine Auswahl (eine Stichprobe) aus dieser Population. Anschließend werden die Ergebnisse auf die Population verallgemeinert.

Pragmatische Theorieprüfung: Im Alltag werden implizite Theorien dadurch überprüft, dass sie zur Erklärung bestimmter Zusammenhänge und zur praktischen Handlung in dem jeweiligen Zusammenhang verwendet werden können.

Pretest: Anwendung eines methodischen Instruments (Fragebogen oder Kategoriensystem) mit dem Ziel, dieses vor der eigentlichen Untersuchung zu überprüfen.

Prinzip der Offenheit: Bei qualitativer Forschung wird häufig auf die Formulierung von Hypothesen verzichtet, und Fragen werden möglichst offen formuliert, um den Sichtweisen der Untersuchungsteilnehmer möglichst nahe zu kommen.

Qualitative Methoden: Sind an der genauen Beschreibung von Verläufen und Sichtweisen interessiert und arbeiten deshalb häufig mit kleinen Fallzahlen bei der Datenerhebung.

Quantitative Methoden: Zielen darauf ab, untersuchte Phänomene in ihrer Häufigkeit oder Verteilung zu erfassen, und arbeiten deshalb mit großen Fallzahlen bei der Datenerhebung.

Rekonstruieren: Das Herausarbeiten von durchgängigen Themen oder grundlegender Konflikte etwa aus einer Lebensgeschichte eines Patienten.

Reliabilität: Gütekriterium, das angibt, wie stark die Messwerte durch Störeinflüsse oder Fehler belastet sind.

Repräsentative Stichprobe: Eine Auswahl entspricht in den wesentlichen Eigenschaften der Grundgesamtheit: Eine repräsentative Stichprobe aller Deutschen entspricht in ihren Eigenschaften (z. B. Altersverteilung) den Eigenschaften der deutschen Bevölkerung.

Rücklauf: Die Anzahl bzw. der Anteil der Fragebogen, die bei einer Untersuchung zurückgeschickt werden.

Sampling: Auswahlverfahren, um eine Stichprobe aus einer Population bzw. Grundgesamtheit zu ziehen.

Schichtzugehörigkeit: Die soziale Verortung von Menschen in der Gesellschaft – etwa in der Unterschicht oder der Oberschicht – wird nach Einkommen, Bildungsgrad und Beruf bestimmt.

Schlüsselperson: Eine Person, die dem Forscher den Zugang zum untersuchten Forschungsfeld oder zu bestimmten Personen ermöglichen oder erleichtern soll.

Segmentierung: Zerlegung eines Textes in die kleinsten bedeutungtragenden Einheiten.

Sekundärdaten: Daten, die nicht für die aktuelle Forschung eigens erstellt wurden, sondern aus anderen Untersuchungen oder etwa aus der Dokumentation von Verwaltungsabläufen bereits zur Verfügung stehen.

Sequenzanalyse: Ein Text wird Sequenz für Sequenz analysiert – beispielsweise Zeile für Zeile.

Signifikanter Zusammenhang: Ein Zusammenhang ist (statistisch) so stark, dass er höher als die Wahrscheinlichkeit bei Annahme seines Nichtvorliegens ist.

Skalierung: Die Zuordnung von Zahlenwerten zu einem Objekt oder Ereignis führt zur Aufstellung einer Skala.

Standardisierung: Vereinheitlichung der Eigenschaften und Anwendung von Datenerhebungstechniken und Untersuchungssituationen.

Stichprobe: Auswahl von Untersuchungsteilnehmern aus einer Population.

Streuung: Ein Maß für die Unterschiedlichkeit von Messwerten.

Standardabweichung: Wurzel aus der Varianz.

Survey: Repräsentative Umfrage.

Teilnehmende Beobachtung: Der Forscher nimmt längere Zeit am Alltag der Untersuchten (z.B. einer Station) teil und beobachtet dabei die Abläufe in diesem Alltag.

Theoretische Sättigung: Der Punkt, ab dem zusätzliche Fälle, Daten oder Analyse keine zusätzlichen theoretischen Erkenntnisse liefern oder versprechen.

Theoretisches Kodieren: Textanalyseverfahren zur Entwicklung einer Theorie aus dem Material. Drei Formen: offenes, axiales, selektives Kodieren.

Theoretisches Sampling: Die Bestandteile einer Stichprobe werden Schritt für Schritt im Zuge der Datenerhebung und -analyse ausgewählt, um die zu entwickelnde Theorie möglichst gehaltvoll werden zu lassen.

Theorieentwicklung: Aus empirischen Beobachtungen wird eine neue Theorie abgeleitet.

Theorieprüfung: An empirischen Beobachtungen wird überprüft, ob eine bestehende Theorie gültig ist oder nicht.

Transkription: Verschriftung von Interviews, Tonband- oder Videoaufzeichnungen.

Triangulation: Ein Gegenstand wird mit zwei Methoden oder von zwei Forschern analysiert.

Trichterprinzip: Fragen werden zunächst breit und allgemein gestellt, dann im Fortgang der Befragung zunehmend konkreter und enger.

Typologie: Es lassen sich verschiedene Typen eines Phänomens differenzieren.

Unabhängige Variable: Variable, die zum «Wenn»-Teil einer Hypothese gehört.

Untersuchungsdesign: Der Plan, nach dem eine Studie durchgeführt werden soll, umfasst die Auswahl der Untersuchungsteilnehmer, die Art und Zielsetzung der durchgeführten Vergleiche und die Gütekriterien, nach denen die Ergebnisse überprüft werden sollen.

Validität: Gütekriterium zur Bestimmung der Gültigkeit: Misst das Messinstrument, was es zu messen vorgibt?

Variable: Eine Eigenschaft, nach der sich Fälle unterscheiden.

Varianz: Summe der quadrierten Abweichung der Werte vom Mittelwert.

Verallgemeinerbarkeit: Können die Ergebnisse, die an einer Stichprobe gewonnen wurden, auf die Population übertragen werden?

Verdeckte Beobachtung: Beobachtung von Menschen, die nicht darüber informiert werden, dass sie beobachtet werden.

Verstehen: Analyse eines Ereignisses oder Zusammenhangs aus der Sicht der Beteiligten.

Verwendungsforschung: Studien, die untersuchen, wie Forschungsergebnisse in Praxiskontexten aufgegriffen werden.

Vollerhebung: Alle Elemente einer zuvor definierten Grundgesamtheit werden in die Stichprobe aufgenommen und untersucht (z. B. befragt).

Vulnerable Gruppe: Personen die aufgrund ihrer sozialen Problemlage (z. B. Obdachlosigkeit), Behinderung, gesundheitlichen Einschränkung o. Ä. besonders verletzlich sind.

Zentrale Tendenz: Durchschnittswert in einer Verteilung (z. B. Mittelwert, Median etc.).

Zufallsstichprobe: Stichprobe, die per Zufallsprinzip aus einer vollständigen Liste aller Objekte einer Population ausgewählt wird (z. B. jeder dritte Eintrag auf jeder Seite im Telefonbuch), sodass jedes Objekt der Population die gleiche Auswahlwahrscheinlichkeit (Chance, in die Untersuchung aufgenommen zu werden) hat. Im Gegensatz zur gezielten Stichprobe oder zum theoretischen Sampling.

Literatur

Albert, H. (1992). Kritischer Rationalismus. In: H. Seiffert & G. Radnitzky (Hrsg.). Handlexikon zur Wissenschaftstheorie. München: Oldenbourg, S. 177–182.

Allmark, P. (2002). The Ethics of Research with Children. *Nurse Researcher*, 10: 7–19.

Atkinson, P. & Hammersley, M. (1998). Ethnography and Participant Observation. In: N. Denzin & Y. S. Lincoln (Hrsg.). Strategies of Qualitative Inquiry. London, Thousand Oaks, New Delhi: Sage, S. 110–136.

Ayaß, R. & Bergmann, J. (Hrsg.) (2006). Qualitative Methoden in der Medienforschung. Reinbek bei Hamburg: Rowohlt.

Banks, M. (2008). Using Visual Data in Qualitative Research. London, Thousand Oaks, New Delhi: Sage.

Barton, A. H. & Lazarsfeld, P. F. (1955/1993). Einige Funktionen von qualitativer Analyse in der Sozialforschung. In: C. Hopf & E. Weingarten (Hrsg.). Qualitative Sozialforschung. Stuttgart: Klett-Cotta, S. 41–89.

Beck, U. & Bonß, W. (Hrsg.) (1989). Weder Sozialtechnologie noch Aufklärung? Analysen zur Verwendung sozialwissenschaftlichen Wissens. Frankfurt a. M.: Suhrkamp.

Becker, H. S. (1993). Schreiben und Denken in den Sozialwissenschaften – Ein Erlebnisbericht. *Leviathan*, 21: 69–88.

Becker, H. S. (1996). The Epistemology of Qualitative Research. In: R. Jessor, A. Colby & R. A. Shweder (Hrsg.). Ethnography and Human Development. Chicago: The University of Chicago Press, S. 53–72.

Berger, P. L. & Luckmann, T. (1969). Die gesellschaftliche Konstruktion der Wirklichkeit. Eine Theorie der Wissenssoziologie. Frankfurt a. M.: Fischer.

Bergmann, J. R. (1985). Flüchtigkeit und methodische Fixierung sozialer Wirklichkeit. Aufzeichnungen als Daten der interpretativen Soziologie. In: W. Bonß & H. Hartmann (Hrsg.). Entzauberte Wissenschaft – Zur Realität und Geltung soziologischer Forschung. Göttingen: Schwartz, S. 299–320.

Bergmann, J. R. (2008). Konversationsanalyse. In: U. Flick, E. v. Kardorff & I. Steinke (Hrsg.). Qualitative Forschung – ein Handbuch (6. durchgesehene und aktualisierte Auflage). Reinbek bei Hamburg: Rowohlt, S. 524–538.

Blumer, H. (1973). Der methodologische Standort des Symbolischen Interaktionismus. In: Arbeitsgruppe Bielefelder Soziologen (Hrsg.). Alltagswissen, Interaktion und gesellschaftliche Wirklichkeit. Reinbek bei Hamburg: Rowohlt, S. 80–146.

Böhm, A. (2008). Theoretisches Codieren. In: U. Flick, E. v. Kardorff & I. Steinke (Hrsg.). Qualitative Forschung – ein Handbuch (6. durchgesehene und aktualisierte Auflage). Reinbek bei Hamburg: Rowohlt, S. 475–485.

Bohnsack, R. (2007). Rekonstruktive Sozialforschung. Einführung in Methodologie und Praxis qualitativer Forschung (6. Auflage). Opladen: Barbara Budrich.

Bortz, J. & Döring, N. (2006). Forschungsmethoden und Evaluation für Sozialwissenschaftler (3. überarbeitete Auflage). Berlin u. a.: Springer.

Braun, B., Kühn, H. & Reiners H. (1998). Das Märchen von der Kostenexplosion: Populäre Irrtümer zur Gesundheitspolitik. Frankfurt a. M.: Fischer.

Bryman, A. (1988). Quantity and Quality in Social Research. London: Unwin Hyman.

Bryman, A. (1992). Quantitative and qualitative research: further reflections on their integration. In: J. Brannen (Hrsg.). Mixing Methods: Quantitative and Qualitative Research. Aldershot: Avebury, S. 57–80.

Bryman, A. (2004). Social Research Methods (2. Auflage). Oxford: Oxford University Press.

Bude, H. (1985). Der Sozialforscher als Narrationsanimateur. Kritische Anmerkungen zu einer erzähltheoretischen Fundierung der interpretativen Sozialforschung. *Kölner Zeitschrift für Soziologie und Sozialpsychologie*, 37: 327–336.

Bude, H. (1989). Der Essay als Form der Darstellung sozialwissenschaftlicher Erkenntnisse. *Kölner Zeitschrift für Soziologie und Sozialpsychologie*, 41: 526–539.

Bude, H. (1995). Verallgemeinerung und Darstellung. Workshop des Projektes Q1b im Berliner Forschungsverbund Public Health (Mimeo).

Campbell, D. (1986). Relabeling Internal and External Validity for Applied Social Sciences. In: W. M. K. Trochin (Hrsg.). Advances in Quasiexperimental Design Analysis, *New Directions for Program Evaluation:* 67–77.

Campbell, D. T. & Fiske, D. W. (1959). Convergent and Discriminant Validation by the Multitrait-Multimethod Matrix. *Psychological Bulletin*, 56: 81–105.

Creswell, J. W. (1998). Qualitative Inquiry and Research Design – Choosing among Five Traditions. Thousand Oaks, London, New Dehli: Sage.

Creswell, J. W. (2003). Research Design – Qualitative, Quantitative, and Mixed Methods Approaches. Thousand Oaks, Cal.: Sage.

Creswell, J. W., Plano Clark, Vicki L., Gutman, Michelle, L. & Hanson, W. E. (2003). Advanced Mixed Methods Research Design. In: A. Tashakkori & C. Teddlie (Hrsg.). Handbook of Mixed Methods in Social & Behavioral Research. Thousand Oaks: Sage, S. 209–240.

Denscombe, M. (2007). The Good Research Guide: For Small-scale Social Research Projects (3. Auflage). Maidenhead: McGraw Hill.

Denzin, N. K. (1970/1989). The Research Act (3. Auflage). Englewood Cliffs, New York: Prentice Hall.

Denzin, N. & Lincoln, Y. S. (2005). Introduction: The Discipline and Practice of Qualitative Research. In: N. Denzin & Y. S. Lincoln (Hrsg.). Handbook of Qualitative Research (3. Auflage). London, Thousand Oaks, New Delhi: Sage, S. 1–32.

Department of Health (2001). Research Governance Framework for Health and Social Care. London: Department of Health.

Deutsche Forschungsgemeinschaft (DFG) (1998). Vorschläge zur Sicherung guter wissenschaftlicher Praxis – Empfehlungen der Kommission «Selbstkontrolle in der Wissenschaft»: Denkschrift. Weinheim: Wiley-VCH.

Diekmann, A. (2007). Empirische Sozialforschung (17. Auflage). Reinbek bei Hamburg: Rowohlt.

Drew, P. (1995). Conversation Analysis. In: J. A. Smith, R. Harré & L. v. Langenhove (Hrsg.). Rethinking Methods in Psychology. London, Thousand Oaks, New Delhi: Sage, S. 64–79.

Edwards, D. & Potter, J. (1992). Discursive Psychology. London, Thousand Oaks, New Delhi: Sage.

Ernst, S. (2006). Die Evaluation von Qualität – Möglichkeiten und Grenzen von Gruppendiskussionsverfahren. In: U. Flick (Hrsg.). Qualitative Evaluationsforschung – Konzepte, Methoden, Anwendungen. Reinbek bei Hamburg: Rowohlt, S. 183–213.

Ethik-Kodex der Deutschen Gesellschaft für Soziologie und des Berufsverbandes Deutscher Soziologen (1993). *DGS-Informationen*, 1: 13–19.

Flick, U. (1989). Vertrauen, Verwalten, Einweisen. Subjektive Vertrauenstheorien in sozialpsychiatrischer Beratung. Opladen: Deutscher Universitätsverlag.

Flick, U. (Hrsg.) (1995a). Psychologie des Sozialen. Repräsentationen in Wissen und Sprache. Reinbek bei Hamburg: Rowohlt.

Flick, U. (1995b). Stationen des qualitativen Forschungsprozesses. In: U. Flick, E. v. Kardorff, H. Keupp, L. v. Rosenstiel & S. Wolff (Hrsg.). Handbuch Qualitative Sozialforschung (2. Auflage). München: Psychologie Verlags Union, S. 148–175.

Flick, U. (1998). The Social Construction of Individual and Public Health: Contributions of Social Representations Theory to a Social Science of Health. *Social Science Information*, 37: 639–662.

Flick, U. (2000). Episodic Interviewing. In: M. Bauer & G. Gaskell (Hrsg.). Qualitative researching with Text, Image and Sound – a Handbook. London: Sage, S. 75–92.

Flick, U. (Hrsg.) (2006a). Qualitative Evaluationsforschung – Konzepte, Methoden, Anwendungen. Reinbek bei Hamburg: Rowohlt.

Flick, U. (2006b). Interviews in der qualitativen Evaluationsforschung. In: U. Flick (Hrsg.). Qualitative Evaluationsforschung – Konzepte, Methoden, Anwendungen. Reinbek bei Hamburg: Rowohlt, S. 214–232.

Flick, U. (2007a). Qualitative Sozialforschung – Eine Einführung. Reinbek bei Hamburg: Rowohlt.

Flick, U. (Hrsg.) (2007b). The SAGE Qualitative Research Kit (8 Bde.). London, Thousand Oaks, New Delhi: Sage.

Flick, U. (2008a). Triangulation – Eine Einführung (2. Auflage). Wiesbaden: VS-Verlag für Sozialwissenschaften.

Flick, U. (2008b). Designing Qualitative Research. London, Thousand Oaks, New Delhi: Sage.

Flick, U. (2008c). Managing Quality in Qualitative Research. London, Thousand Oaks, New Delhi: Sage.

Flick, U. (2008d). Konstruktivismus. In: U. Flick, E. v. Kardorff & I. Steinke (Hrsg.). Qualitative Forschung – ein Handbuch (6. durchgesehene und aktualisierte Auflage). Reinbek bei Hamburg: Rowohlt, S. 150–164.

Flick, U., Hoose, B. & Sitta, P. (1998). Gesundheit und Krankheit gleich Saúde & Doenca? – Gesundheitsvorstellungen bei Frauen in Deutschland und Portugal. In: U. Flick (Hrsg.). Wann fühlen wir uns gesund? – Subjektive Vorstellungen von Gesundheit und Krankheit. Weinheim: Juventa, S. 141–159.

Flick, U., Kardorff, E. v. & Steinke, I. (Hrsg.) (2008). Qualitative Forschung – ein Handbuch (6. durchgesehene und aktualisierte Auflage). Reinbek bei Hamburg: Rowohlt.

Flick, U. & Röhnsch, G. (2008). Gesundheit und Krankheit auf der Straße – Vorstellungen und Erfahrungsweisen obdachloser Jugendlicher. Weinheim: Juventa.

Flick, U., Walter, U., Fischer, C., Neuber, A. & Schwartz, F. W. (2004). Gesundheit als Leitidee? – Gesundheitsvorstellungen von Ärzten und Pflegekräften. Bern: Huber.

Friedrichs, J. (1980). Methoden empirischer Sozialforschung. Reinbek bei Hamburg: Rowohlt.

Früh, W. (1991). Inhaltsanalyse. Theorie und Praxis (3. Auflage). München: Ölschläger.

Garms-Homolovà, V. & Flick, U. (Hrsg.) (2009). Schlafqualität und Management von Schlafstörungen im Alter. Göttingen: Hogrefe (i. V.).

Gergen, K. J. (1994). Realities and Relationship: Soundings in Social Construction. Cambridge, Mass.: Harvard University Press.

Gerhardt, U. (1986). Patientenkarrieren. Eine medizinsoziologische Studie. Frankfurt a. M.: Suhrkamp.

Glaser, B. G. (1969). The Constant Comparative Method of Qualitative Analysis. In: G. J. McCall & J. L. Simmons (Hrsg.). Issues in Participant Observation. Reading: Addison-Wesley, S. 216–227.

Glaser, B. G. & Strauss, A. L. (1965/2002). Awareness of Dying. Chicago: Aldine (dt.: Interaktion mit Sterbenden. Bern: Huber 2002).

Glaser, B. G. & Strauss, A. L. (1967/2005). The Discovery of Grounded Theory. Strategies for Qualitative Research. Chicago: Aldine (dt.: Grounded Theory. Strategien qualitativer Forschung. Bern: Huber 2005).

Glaser, B. G. & Strauss, A. L. (1993). Die Entdeckung gegenstandsbegründeter Theorie: Eine Grundstrategie qualitativer Forschung. In: C. Hopf & E. Weingarten (Hrsg.). Qualitative Sozialforschung. Stuttgart: Klett-Cotta, S. 91–112.

Glasersfeld, E. v. (1992). Aspekte des Konstruktivismus: Vico, Berkeley, Piaget. In: G. Rusch & S. J. Schmidt (Hrsg.). Konstruktivismus: Geschichte und Anwendung. Frankfurt a. M.: Suhrkamp. S. 20–33.

Glasersfeld, E. v. (1996). Radikaler Konstruktivismus: Ideen, Ergebnisse, Probleme. Frankfurt a. M.: Suhrkamp.

Guggenmoos-Holzmann, I., Bloomfield, K, Brenner, H. & Flick, U. (Hrsg.) (1995). Quality of Life and Health – Concepts, Methods and Applications. Berlin u. a.: Blackwell.

Habermas, J. (1981). Theorie des kommunikativen Handelns. Frankfurt a. M.: Suhrkamp

Hammersley, M. (1995). The Politics of Social Research. London: Sage.

Hammersley, M. & Atkinson, P. (1995). Ethnography – Principles in Practice (2. Auflage). London, New York: Routledge.

Harré, R. (1995). Zur Epistemologie sozialer Repräsentationen. In: U. Flick (Hrsg.). Psychologie des Sozialen. Repräsentationen in Wissen und Sprache. Reinbek bei Hamburg: Rowohlt, S. 165–174.

Hermanns, H. (1995). Narratives Interview. In: U. Flick, E. v. Kardorff, H. Keupp, L. v. Rosenstiel & S. Wolff (Hrsg.). Handbuch Qualitative Sozialforschung (2. Auflage). München: Psychologie Verlags Union, S. 182–185.

Hitzler, R. & Honer, A. (Hrsg.) (2002). Sozialwissenschaftliche Hermeneutik (2. Auflage). Opladen: Leske & Budrich.

Hochschild, A. (2006). Das gekaufte Herz – Die Kommerzialisierung der Gefühle. Frankfurt a. M.: Campus.

Hoinville, G. et al. (1985). Survey Research Practice. Aldershot: Gower.

Hopf, C. (2008). Forschungsethik und Qualitative Forschung. In: U. Flick, E. v. Kardorff & I. Steinke (Hrsg.). Qualitative Forschung – ein Handbuch (6. durchgesehene und aktualisierte Auflage). Reinbek bei Hamburg: Rowohlt, S. 589–600.

Hurrelmann, K., Klocke, A., Melzer, W. & Ravens-Sieberer, U. (2003). Konzept und ausgewählte Ergebnisse der Studie (http://www.hbsc-germany.de/pdf/artikel_hurrelmann_klocke_melzer_urs.pdf – Zugriff 30. 6. 2008).

Jahoda, M. (1995). Jahoda, M., Lazarsfeld, P. & Zeisel, H. (1933): Die Arbeitslosen von Marienthal. In: U. Flick, E. v. Kardorff, H. Keupp, L. v. Rosenstiel & S. Wolff (Hrsg.). Handbuch Qualitative Sozialforschung (2. Auflage). München: Psychologie Verlags Union, S. 119–122.

Jahoda, M., Lazarsfeld, P. & Zeisel, H. (1933). Die Arbeitslosen von Marienthal. Leipzig: Hirzel (Frankfurt a. M.: Suhrkamp 1980).

Jörgensen, D. L. (1989). Participant Observation. A Methodology for Human Studies. London, Thousand Oaks, New Delhi: Sage.

Kelle, U. (1994). Empirisch begründete Theoriebildung – Zur Logik und Methodologie interpretativer Sozialforschung. Weinheim: Deutscher Studienverlag.

Kelle, U. & Erzberger, C. (2008). Quantitative und Qualitative Methoden – kein Gegensatz. In: U. Flick, E. v. Kardorff & I. Steinke (Hrsg.). Qualitative Forschung – ein Handbuch (6. durchgesehene und aktualisierte Auflage). Reinbek bei Hamburg: Rowohlt, S. 299–309.

Kelle, U. & Kluge, S. (1999). Vom Einzelfall zum Typus. Fallvergleich und Fallkontrastierung in der qualitativen Sozialforschung. Opladen: Leske & Budrich.

Kelle, U. & Lüdemann, C. (1995). «Grau, treuer Freund ist alle Theorie ...» Rational Choice und das Problem der Brückenannahmen. *Kölner Zeitschrift für Soziologie und Sozialpsychologie*, 47: 249–267.

Keller, R., Hirseland, A., Schneider, W. & Viehöver, A. (Hrsg.) (2001). Handbuch Sozialwissenschaftliche Diskursanalyse (Bd. 1): Theorien und Methoden. Opladen: Leske & Budrich.

Keller, R., Hirseland, A., Schneider, W. & Viehöver, A. (Hrsg.) (2003). Handbuch Sozialwissenschaftliche Diskursanalyse (Bd. 2): Forschungspraxis. Opladen: Leske & Budrich.

Kirk, J. L. & Miller, M. (1986). Reliability and Validity in Qualitative Research. Beverly Hills: Sage.

Knoblauch, H., Schnettler, B., Raab, J. & Soeffner, H.-G. (Hrsg.) (2006). Video Analysis: Methodology and Methods. Frankfurt a. M. u. a.: Peter Lang.

Knorr-Cetina, K. (1984). Die Fabrikation von Erkenntnis. Frankfurt a. M.: Suhrkamp.

Kromrey, H. (2006). Empirische Sozialforschung. Modelle und Methoden der standardisierten Datenerhebung und Datenauswertung (11. Auflage). Opladen: Leske & Budrich/UTB.

Kuhn, T. (1962). Die Struktur wissenschaftlicher Revolutionen. Frankfurt a. M.: Suhrkamp.

Kühnel, S. & Krebs, D. (2006). Statistik für die Sozialwissenschaften: Grundlagen, Methoden, Anwendungen. Reinbek bei Hamburg: Rowohlt.

Laswell, H. D. (1938). A Provisional Classification of Symbol Data. *Psychiatry*, 1: 197–204.

Latour, B. (2007). Eine neue Soziologie für eine neue Gesellschaft. Frankfurt a. M.: Suhrkamp.

Latour, B. & Woolgar, S. (1979). Laboratory Life. The social construction of Scientific Facts. Beverly Hills: Sage.

Legewie, H. (1987). Interpretation und Validierung biographischer Interviews. In: G. Jüttemann & H. Thomae (Hrsg.). Biographie und Psychologie. Berlin: Springer, S. 138–150.

Liamputtong, P. (2007). Researching the Vulnerable: A Guide to Sensitive Research Methods. Thousand Oaks: Sage.

Lillis, G. (2002). Delivering Results in Qualitative Market Research. (Vol. 7 of the Qualitative Market Research Kit). London, Thousand Oaks, New Delhi: Sage.

Lincoln, Y. S. & Guba, E. G. (1985). Naturalistic Inquiry. London, Thousand Oaks, New Delhi: Sage.

Lofland, J. (1974). Styles of Reporting Qualitative Field Research. *American Sociologist*, 9: 101–111.

Lofland, J. (1976). Doing Social Life: The Qualitative Study of Human Interaction in Natural Settings. New York: Wiley.

Lofland, J. & Lofland, L.H. (1984). Analyzing Social Settings (2. Auflage). Belmont: Wadsworth.

Lucius-Hoene, G. & Deppermann, A. (2002). Rekonstruktion narrativer Identität. Ein Arbeitsbuch zur Analyse narrativer Interviews. Opladen: Leske & Budrich.

Lüders, C. (1995). Von der teilnehmenden Beobachtung zur ethnographischen Beschreibung. In: E. König & P. Zedler (Hrsg.). Bilanz qualitativer Forschung (Bd. 2): Methoden. Weinheim: Deutscher Studien Verlag, S. 311–342.

Lüders, C. (2006). Qualitative Daten als Grundlage der Politikberatung. In: U. Flick (Hrsg.). Qualitative Evaluationsforschung – Konzepte, Methoden, Umsetzungen. Reinbek bei Hamburg: Rowohlt, S. 444–462.

Lüders, C. (2008). Herausforderungen qualitativer Forschung. In: U. Flick, E. v. Kardorff & I. Steinke (Hrsg.). Qualitative Forschung – ein Handbuch (6. durchgesehene und aktualisierte Auflage). Reinbek bei Hamburg: Rowohlt, S. 632–643.

Marshall, C. & Rossman, G.B. (2006). Designing Qualitative Research (4. Auflage). Thousand Oaks, London, New Dehli: Sage.

Matt, E. (2008). Darstellung qualitativer Forschung. In: U. Flick, E. v. Kardorff & I. Steinke (Hrsg.). Qualitative Forschung – ein Handbuch (6. durchgesehene und aktualisierte Auflage). Reinbek bei Hamburg: Rowohlt, S. 578–588.

Maxwell, J.A. (2005). Qualitative Research Design – An Interactive Approach (2. Auflage). Thousand Oaks, London, New Dehli: Sage.

Mayring, P. (1983). Qualitative Inhaltsanalyse. Grundlagen und Techniken. Weinheim, Basel: Beltz (8. Auflage 2003).

McKeown, Th. (1982). Die Bedeutung der Medizin – Traum, Trugbild oder Nemesis. Frankfurt a.M.: Suhrkamp.

Mensching, A. (2006). Zwischen Überforderung und Banalisierung – zu den Schwierigkeiten der Vermittlungsarbeit im Rahmen qualitativer Evaluationsforschung. In: U. Flick (Hrsg.). Qualitative Evaluationsforschung – Konzepte, Methoden, Umsetzungen. Reinbek bei Hamburg: Rowohlt, S. 339–360.

Merton, R.K. & Kendall, P.L. (1993). Das fokussierte Interview. In: C. Hopf & E. Weingarten (Hrsg.). Qualitative Sozialforschung. Stuttgart: Klett-Cotta, S. 171–204 (zuerst 1945/46).

Meuser, M. (2003). Interpretatives Paradigma. In: R. Bohnsack, W. Marotzki & M. Meuser (Hrsg.). Hauptbegriffe Qualitativer Sozialforschung. Ein Wörterbuch. Opladen: Leske & Budrich, S. 92–94.

Miles, M.B. & Huberman, A.M. (1994). Qualitative Data Analysis: A Sourcebook of New Methods (2. Auflage). Newbury Park: Sage.

Mishler, E.G. (1990). Validation in Inquiry-Guided Research: The Role of Exemplars in Narrative Studies. *Harvard Educational Review*, 60: 415–442.

Morse, J.M. (1998). Designing Funded Qualitative Research. In: N. Denzin & Y.S. Lincoln (Hrsg.). Strategies of Qualitative Research. London, Thousand Oaks, New Delhi: Sage, S. 56–85.

Morse, J.M. (2001). Qualitative Verification: Strategies for Extending the Findings of a Research Project. In: J.M. Morse, J. Swanson & A. Kuzel (Hrsg.). The Nature of Evidence in Qualitative Inquiry. Newbury Park, Cal.: Sage, S. 203–221.

Morse, J.M., Swanson, J. & Kuzel, A.J. (Hrsg.) (2001). The Nature of Qualitative Evidence. Thousand Oaks: Sage.

Murphy, E. & Dingwall, R. (2001). The Ethics of Ethnography. In: P. Atkinson, A. Coffey, S. Delamont, J. Lofland & L. Lofland (Hrsg.). Handbook of Ethnography. London: Sage, S. 339–351.

Nentwig-Gesemann, I. (2006). Dokumentarische Evaluationsforschung. In: U. Flick (Hrsg.). Qualitative Evaluationsforschung – Konzepte, Methoden, Umsetzungen. Reinbek bei Hamburg: Rowohlt, S. 159–182.

Neuman, W.L. (2000). Social Research Methods – Qualitative and Quantitative Approaches (4. Auflage). Boston: Alley and Bacon.

Oevermann, U., Allert, T., Konau, E. & Krambeck, J. (1979). Die Methodologie einer «objektiven Hermeneutik» und ihre allgemeine forschungslogische Bedeutung in den Sozialwissenschaften. In: H. G. Soeffner (Hrsg.). Interpretative Verfahren in den Sozial- und Textwissenschaften. Stuttgart: Metzler, S. 352–433.

Patton, M.Q. (2002). Qualitative Evaluation and Research Methods (3. Auflage). London: Sage.

Piaget, J. (1937). La construction du réel chez l'enfant. Neuchâtel: Delachaux & Niestlé.

PISA Konsortium Deutschland (Hrsg.) (2007). PISA 2006: Die Ergebnisse der dritten internationalen Vergleichsstudie. Münster: Waxmann.

Popper, K. (1971). Logik der Forschung. Tübingen: Mohr (zuerst 1934).

Porst, R. (2000). Question Wording – Zur Formulierung von Fragebogen-Fragen. ZUMA How-to-Reihe, Nr. 2 (http://www.gesis.org/fileadmin/upload/forschung/publikationen/gesis_reihen/howto/how-to2rp.pdf – Zugriff am 17. 3. 2009).

Potter, J. & Wetherell, M. (1995). Soziale Repräsentationen, Diskursanalyse und Rassismus. In: U. Flick (Hrsg.). Psychologie des Sozialen. Repräsentationen in Wissen und Sprache. Reinbek bei Hamburg: Rowohlt, S. 177–200.

Punch, K. (1998). Introduction to Social Research. London, Thousand Oaks, New Delhi: Sage.

Ragin, C.C. (1994). Constructing Social Research. Thousand Oaks, London, New Dehli: Pine Forge Press.

Ragin, C.C. & Becker, H.S. (Hrsg.) (1992). What is a Case? Exploring the Foundations of Social Inquiry. Cambridge: Cambridge University Press.

Richter, M. (2003). Anlage und Methode des Jugendgesundheitssurveys. In: K. Hurrelmann, A. Klocke, W. Melzer & U. Ravens-Sieberer (Hrsg.). Jugendgesundheitssur-

vey. Internationale Vergleichsstudie im Auftrag der Weltgesundheitsorganisation WHO. Weinheim: Juventa, S. 9–18.
Richter, M., Hurrelmann, K., Klocke, A., Melzer, W. & Ravens-Sieberer, U. (Hrsg.) (2008). Gesundheit, Ungleichheit und jugendliche Lebenswelten: Ergebnisse der zweiten internationalen Vergleichsstudie im Auftrag der Weltgesundheitsorganisation WHO. Weinheim: Juventa.
Rosenberg, M.: The Logic of Survey Analysis (New York 1968).
Rosenbrock, R. (2002). Die Public Health Perspektive: Krankheit vermeiden – Gesundheit fördern. In: U. Flick (Hrsg.). Innovation durch New Public Health. Göttingen: Hogrefe, S. 20–41.
Rosenthal, G. (2006). Interpretative Sozialforschung: Eine Einführung. Weinheim: Juventa.
Rosenthal, G. & Fischer-Rosenthal, W. (2008). Analyse narrativ-biographischer Interviews. In: U. Flick, E. v. Kardorff & I. Steinke (Hrsg.). Qualitative Forschung – ein Handbuch (6. durchgesehene und aktualisierte Auflage). Reinbek bei Hamburg: Rowohlt, S. 456–468.
Schatzki, T., Knorr-Cetina, K. & Savigny, E. v. (Hrsg.) (2001). The Practice Turn in Contemporary Theory. Routledge Chapman & Hall.
Scheele, B. & Groeben, N. (1988). Dialog-Konsens-Methoden zur Rekonstruktion Subjektiver Theorien. Tübingen: Francke.
Schmidt, L. & Fröhling, H. (1998). Gesundheits- und Krankheitsvorstellungen von Kindern und Jugendlichen. In: U. Flick (Hrsg.). Wann fühlen wir uns gesund? – Subjektive Vorstellungen von Gesundheit und Krankheit. Weinheim: Juventa, S. 33–44.
Schneider, G. (1985). Strukturkonzept und Interpretationspraxis der objektiven Hermeneutik. In: G. Jüttemann (Hrsg.). Qualitative Forschung in der Psychologie. Weinheim: Beltz, S. 71–91.
Schneider, G. (1988). Hermeneutische Strukturanalyse von qualitativen Interviews. *Kölner Zeitschrift für Soziologie und Sozialpsychologie*, 40: 223–244.
Schnell, M.W. & Heinritz, C. (2006). Forschungsethik: Ein Grundlagen- und Arbeitsbuch mit Beispielen aus der Gesundheits- und Pflegewissenschaft. Bern: Huber.
Schnell, R., Hill, P.B. & Esser, E. (2008). Methoden der empirischen Sozialforschung (6. Auflage). München, Wien: Oldenbourg.
Schütz, A. (1971–1972). Gesammelte Schriften (Bd. 1–2). Den Haag: Nijhoff.
Schütze, F. (1983). Biographieforschung und narratives Interview. *Neue Praxis*, 3: 283–293.
Shell Deutschland Holding (Hrsg.) (2006). Jugend 2006. 15. Shell Jugendstudie: Eine pragmatische Generation unter Druck. Frankfurt a. M.: Fischer.
Spradley, J. P. (1980). Participant Observation. New York: Rinehart & Winston.
Sprenger, A. (1989). Teilnehmende Beobachtung in prekären Handlungssituationen.

Das Beispiel Intensivstation. In: R. Aster, H. Merkens & M. Repp (Hrsg.). Teilnehmende Beobachtung. Werkstattberichte und methodologische Reflexionen. Frankfurt a. M.: Campus, S. 35–56.

Stark, K. & Guggenmoos-Holzmann, I. (2003). Wissenschaftliche Ergebnisse deuten und nutzen. In: F. W. Schwartz (Hrsg.). Das Public Health Buch. Heidelberg: Elsevier, Urban & Fischer, S. 393–418.

Steinke, I. (1999). Kriterien qualitativer Forschung. Ansätze zur Bewertung qualitativ-empirischer Sozialforschung. Weinheim, München: Juventa.

Stockmann, Reinhard (Hrsg.) (2004). Evaluationsforschung. Grundlagen und ausgewählte Forschungsfelder (2. Auflage). Opladen: Leske & Budrich.

Strauss, A. L. (1994). Grundlagen qualitativer Sozialforschung – Datenanalyse und Theoriebildung in der empirischen soziologischen Forschung. München: Fink.

Strauss, A. L. & Corbin, J. (1990/1996). Basics of Qualitative Research. London, Thousand Oaks, New Delhi: Sage (dt.: Grundlagen qualitativer Sozialforschung. Weinheim: Psychologie Verlags Union 1996; 2. Auflage 1998).

Stryker, S. (1976). Die Theorie des Symbolischen Interaktionismus. In: M. Auwärter, E. Kirsch & K. Schröter (Hrsg.). Seminar: Kommunikation, Interaktion, Identität. Frankfurt a. M.: Suhrkamp, S. 257–274.

Tashakkori, A. & Teddlie, Ch. (Hrsg.) (2003a). Handbook of Mixed Methods in Social & Behavioral Research. Thousand Oaks, Cal.: Sage.

Tashakkori, A. & Teddlie, Ch. (2003b). Major Issues and Controversies in the Use of Mixed Methods in Social and Behavioral Research. In: A. Tashakkori & Ch. Teddlie (Hrsg.). Handbook of Mixed Methods in Social & Behavioral Research. Thousand Oaks, Cal.: Sage, S. 3–50.

Thomson, H., Hoskins R., Petticrew, M., Ogilvie, D., Craig, N., Quinn, T. & Lindsay, G. (2004). Evaluating the Health Effects of Social Interventions. *BMJ*, 328: 282–285.

Unger, H. v. & Wright, M. T. (Hrsg.) (2008). An der Schnittstelle von Wissenschaft und Praxis – Dokumentation einer Tagung zu partizipativer Forschung in Public Health. Berlin. WZB-Discussion Paper SPI 2008-307.

Van Maanen, J. (1988). Tales of the Field: On Writing Ethnography. Chicago: University of Chicago Press.

Walter, U., Flick, U., Fischer, C., Neuber, A. & Schwartz, F. W. (2006). Alt und gesund? – Altersbilder und Präventionskonzepte in der ärztlichen und pflegerischen Praxis. Wiesbaden: VS-Verlag.

Weingart, P. (2001). Die Stunde der Wahrheit? Zum Verhältnis der Wissenschaft zu Politik, Wirtschaft und Medien in der Wissensgesellschaft. Weilerswist: Velbrück.

Weischer, C. (2007). Sozialforschung: Theorie und Praxis. Konstanz: UVK/UTB.

Wernet, A. (2006). Einführung in die Interpretationspraxis der Objektiven Hermeneutik (2. Auflage). Wiesbaden: VS-Verlag.

Wiedemann, P. M. (1995). Gegenstandsnahe Theoriebildung. In: U. Flick, E. v. Kar-

dorff, H. Keupp, L. v. Rosenstiel & S. Wolff (Hrsg.). Handbuch Qualitative Sozialforschung (2. Auflage). München: Psychologie Verlags Union, S. 440–445.
Willig, C. (2003). Introducing Qualitative Research in Psychology-Adventures in Theory and Method. Buckinghamshire: Open University Press.
Wilson, T.P. (1973). Theorien der Interaktion und Modelle soziologischer Erklärung. In: Arbeitsgruppe Bielefelder Soziologen (Hrsg.). Alltagswissen und gesellschaftliche Wirklichkeit. Reinbek bei Hamburg: Rowohlt, S. 54–79.
Wilson, T.P. (1982). Quantitative «oder» qualitative Methoden in der Sozialforschung. *Kölner Zeitschrift für Soziologie und Sozialpsychologie*, 34: 469–486.
Wolff, S. (1986). Das Gespräch als Handlungsinstrument. Konversationsanalytische Aspekte sozialer Arbeit. *Kölner Zeitschrift für Soziologie und Sozialpsychologie*, 38: 55–84.
Wolff, S. (1987). Rapport und Report. Über einige Probleme bei der Erstellung plausibler ethnographischer Texte. In: W. v. d. Ohe (Hrsg.). Kulturanthropologie. Beiträge zum Neubeginn einer Disziplin. Berlin: Reimer, S. 333–364.
Wolff, S. (2008a). Dokumenten- und Aktenanalyse. In: U. Flick, E. v. Kardorff & I. Steinke (Hrsg.). Qualitative Forschung – ein Handbuch (6. durchgesehene und aktualisierte Auflage). Reinbek bei Hamburg: Rowohlt, S. 502–514.
Wolff, S. (2008b). Wege ins Feld und ihre Varianten. In: U. Flick, E. v. Kardorff & I. Steinke (Hrsg.). Qualitative Forschung – ein Handbuch (6. durchgesehene und aktualisierte Auflage). Reinbek bei Hamburg: Rowohlt, S. 334–349.
World Health Organization (1986). Ottawa Charta for Health Promotion. First International Conference on Health Promotion, Ottawa. www.who.int/hpr/docs/ottawa.html.
Wottawa, H. & Thierau, H. (1998). Lehrbuch Evaluation (2. Auflage). Bern: Huber.

Verzeichnis der Abbildungen

Verzeichnis der Tabellen

Verzeichnis der Kästen

Personenregister

Sachregister